Azita Amini Renken

Neue Wege
Biografische Erzählungen über das Erwachsenwerden in der Ankunftsgesellschaft

Azita Amini Renken

NEUE WEGE
Biografische Erzählungen über das Erwachsenwerden
in der Ankunftsgesellschaft

Bibliografische Information der Deutschen Nationalbibliothek
Die Deutsche Nationalbibliothek verzeichnet diese Publikation in der Deutschen Nationalbibliografie; detaillierte bibliografische Daten sind im Internet über http://dnb.d-nb.de abrufbar.

Bibliographic information published by the Deutsche Nationalbibliothek
Die Deutsche Nationalbibliothek lists this publication in the Deutsche Nationalbibliografie; detailed bibliographic data are available in the Internet at http://dnb.d-nb.de.

ISBN-13: 978-3-8382-1739-0
© *ibidem*-Verlag, Stuttgart 2022
Alle Rechte vorbehalten

Das Werk einschließlich aller seiner Teile ist urheberrechtlich geschützt. Jede Verwertung außerhalb der engen Grenzen des Urheberrechtsgesetzes ist ohne Zustimmung des Verlages unzulässig und strafbar. Dies gilt insbesondere für Vervielfältigungen, Übersetzungen, Mikroverfilmungen und elektronische Speicherformen sowie die Einspeicherung und Verarbeitung in elektronischen Systemen.

All rights reserved. No part of this publication may be reproduced, stored in or introduced into a retrieval system, or transmitted, in any form, or by any means (electronical, mechanical, photocopying, recording or otherwise) without the prior written permission of the publisher. Any person who does any unauthorized act in relation to this publication may be liable to criminal prosecution and civil claims for damages.

Printed in the EU

Inhalt

Vorwort 9

Einleitung 11

I. Stand der Forschung 15
1. Adoleszenz und Identitätsbildung von Mädchen und jungen Frauen mit Migrationserfahrung 15
2. Intergenerationale Beziehungen in Familien mit Migrationserfahrung 19

II. Methodologie und Methode 21
1. Qualitative Forschung und Rekonstruktion von Biografien 21
2. Das biografisch-narrative Interview 22
3. Erhebung und Auswertung der Daten 25
3.1 Memos 26
3.2 Methodentriangulation 26
4. Auswertungssettings und Ergebnisvalidierung 31

III. Die empirische Untersuchung 33
1. Die Untersuchungsgruppe 33
2. Suche nach Interviewpartnerinnen 34
3. Forschungssituation 36
3.1 Der Interviewrahmen 36
3.2 Prinzip der freien Sprachwahl 36
4. Die Interviewpartnerinnen im alphabetischen Überblick 38

IV. Feinanalytische Interpretationen von zwei ausgewählten Biografien 45
1. Shirin 45
1.1 Vor dem Interview 45
1.1.1 Kontaktaufnahme 45
1.1.2 Das Treffen 46
1.1.3 „Ein Zimmer für sich" oder der besetzte Raum 48
1.1.4 Das Interviewsetting 48
1.2 Kurzbiografie 49
1.3 Erste Interviewsequenz – Kindheit im Krieg 50
1.4 Intergenerationale Beziehungsverläufe 53

1.4.1	Sehnsucht nach der primären Bezugsperson, der Großmutter	54
1.4.2	Rebellion gegen den dominanten Vater	55
1.4.3	Hinwendung zur selbstbewussten Mutter	61
1.4.4	Der „kleine" Bruder - Ein Wegbegleiter	64
1.4.5	Die „kleine" Schwester - „Sie ist ganz anders"	68
1.5	Kindheit in der „Fremde"	70
1.6	Beste Freundin	72
1.7	Erste Beziehung zu einem Jungen	74
1.8	Eine (un-) mögliche Iranreise	77
1.9	Identitätsprozesse im „Exil"	80
1.10	Moralische Werte	82
1.11	Resümee	85
2.	Roxana	88
2.1	Vor dem Interview	88
2.1.1	Kontaktaufnahme	88
2.1.2	Die Begegnung	88
2.1.3	Die Interviewsituation	89
2.2	Kurzbiografie	90
2.3	Erstes Interviewsegment - Die Leichtigkeit des Seins	92
2.4	Intergenerationale Beziehungsverläufe	99
2.4.1	Die Erfahrung von Einheit und Dichotomie in der Geschwisterwelt	99
2.4.2	Vaterrolle zwischen beschützend und hilflos	103
2.4.3	Die vermittelnde Mutter	112
2.5	Position der Muttersprache	119
2.6	Familienfeste - Norus und Weihnachten	126
2.7	Kulturelle Zuschreibungen: Iranischsein - Deutschsein	130
2.8	Soziale Kontrolle	134
2.9	Peers türkischer Herkunft	136
2.10	Aktuelle Partnerschaft	139
2.11	Resümee	143
V.	Ergebnisse der Feinanalysen	147
VI.	Themenspezifische Analyse	149
1	Väter und Töchter	149
2	Mütter und Töchter	159
3	Mädchenfreundschaften	172
4	Die Entwicklung der Herkunftssprache	175

5	Glaube	180
6	Beruf und Familie	183
7	Resümee	186

VII. Die Entstehung des Neuen - Zusammenfassung und Perspektiven 192

Literatur 197

Transkriptionssystem 215

Vorwort

Dieses Buch handelt von den Lebensgeschichten junger Frauen iranischer Herkunft, die als Kinder oder Jugendliche während des ersten Golfkrieges nach Deutschland kamen. Im Rahmen von biografischen Interviews erzählen sie rückblickend über die Phase des Erwachsenwerdens zwischen den unterschiedlichen Anforderungen ihrer Lebenswelt. Im Mittelpunkt stehen die Analyse der Entwicklungsverläufe sowie die Herausarbeitung der Bewältigungsstrategien soziokultureller Aspekte entlang zentraler Themen aus den Erzählungen meiner Interviewpartnerinnen mit Fokus auf der lebensgeschichtlichen Phase der Adoleszenz. Es handelt sich um eine Neuauflage der im Jahr 2012 veröffentlichten Studie, die erstmals im Rahmen der Schriftenreihe der Oldenburger Beiträge zur Geschlechterforschung im BIS-Verlag der Universität Oldenburg unter dem Titel „Adoleszenz und Migration" erschien. Die vorliegende Auflage enthält neben einem neuen Titel ein ebenfalls neues Vorwort sowie einige wenige orthografische, inhaltliche und formale Anpassungen.

Vieles hat sich in den letzten Jahren seit der Entstehung dieser Studie geändert. Unsere Gesellschaft ist nicht zuletzt durch zunehmende globale Wanderungsprozesse pluraler geworden und noch vielfältiger. Krieg, Vertreibung, wirtschaftliche Not zwingen die Menschen weiterhin, sich auf den Weg begeben, in der Hoffnug auf eine sicherere und bessere Zukunft. Aktuelle Beispiele dafür sind die Zuwanderungen aus Syrien seit dem Bürgerkrieg 2011, aus dem Irak und Afghanistan sowie die jüngste Krise in der Ukraine, die die Flucht von Millionen Menschen verursacht, darunter auch viele Kinder und Jugendliche. Unser Leben wird auf unterschiedlichen Ebenen des sozialen, kulturellen, politischen, ökologischen und wirtschaftlichen Zusammenwirkens auf die Probe gestellt. Des Weiteren erleben wir durch die weltweite Pandemie der letzten drei Jahre, dass die Strukturen, in denen wir uns bewegen, nicht selbstverständlich sind und dass wir in der Lage sein müssen, uns auf Veränderungen einzustellen und solidarisch zu handeln. Ein solches Ereignis wie eine Pandemie zwingt uns erneut dazu, uns Gedanken zu machen, wie es gelingen kann, neue kollektive Strukturen zu entwickeln, in denen sich die Individuen als soziale Wesen wahrnehmen können, die nicht nur für sich selbst, sondern auch für andere Veranrwortung tragen. Schaffen wir es, ein neues Wir-Gefühl zu entwickeln, welches uns ermöglicht, verschieden und gerade in der Vielfalt vereint zu sein? Und wie können wir, jede und jeder Einzelne von uns, einen Beitrag zur Dialogbereitschaft und zur Stärkung demokratischer Strukturen leisten?

Die Chancen und Risiken, die eine solche postmoderne Gesellschaft des 21. Jahrhunderts in sich birgt, liegen auf der Hand. Die Entwicklungen der letzten Jahre zeigen uns deutlich, dass wir nur vorankommen, wenn wir einander zu Wort kommen lassen, bereits sind zuzuhören und uns aufeinander zubewegen. Wenn Menschen die Gelegenheit erhalten, über ihre Erfahrungen zu berichten, werden sie verlanlasst, ihre eigenen Geschichten zu konstruieren. Sie bekommen die Möglichkeit, dafür Worte zu finden und auch über das Erzählte nachzudenken. Auf diese Weise kann das Erzählen der eigenen Lebensgeschichte dazu verhelfen, mehr Mündigkeit und Bewusstsein für das eigene Denken und Handeln zu entwickeln. Und die Hörer:innen und Leser:innen können ihre Fähigkeit stärken, hinzuhören und versuchen zu verstehen. Gewissermaßen handelt auch diese Arbeit auf einer Metaebene von der Kraft des Erzählens, des Hinhörens und der Sichtbarwerdung von Lebensthemen aus Biografien, die in einer pluralen Gesellschaft existieren.

Die hier gewählte Form des biografisch-narrativen Erzählens gestattet eine in hohem Maße authentische Wiedergabe der thematischen Schwerpunkte. Viele der interviewten Frauen bekommen in diesem Rahmen erstmalig die Möglichkeit über ihre Erfahrungen zu berichten. In ihrem Bemühen, als Heranwachsende zur Mehrheitsgesellschaft zu gehören, berichten sie, hätten sie häufig ihre eigenen Bedürfnisse und Emotionen „zurückgestellt", diese gar „versteckt". Sie hatten das Gefühl, dass ihre (Herkunfts-) Geschichte im öffentlichen Raum der Schule, in ihrem Verein und in der Politik nicht „zählte", als habe sie keine wirkliche gesellschaftliche „Relevanz" gehabt. Aus dieser „benachteiligten" Situation heraus versuchten sie für sich Wege zu finden, um die widersprüchlichen Anforderungen ihrer Lebenswelt, in die eigene Biografie zu integrieren. Dieser Prozess ermöglichte die Freisetzung kreativer Poteziale, die, wie die Studie zeigt, den Weg ebnen für die Entstehung eines kulturell Dritten. In dieser dritten Dimension liegt eine große Chance für neue Wege des interkulturellen Zusammenlebens der Gegenwart und der Zukunft. Die produktiven Potenziale können sich im Prozess der Identitätsbildung nur entfalten, wenn sie auch bildungspolitisch und institutionell unterstützt werden und Beachtung erfahren. Aus dieser Perspektive heraus ist die Untersuchung von Lebensthemen unterschiedlicher Gruppierungen mit Bezug auf ihre Besonderheiten und Gemeinsamkeiten aktueller und bedeutsamer denn je. Dazu möge diese Studie einen sensibilisierenden sowie motivierenden Beitrag leisten.

Einleitung

> *Überall entstehen kulturelle Identitäten, die nicht fixiert sind, sondern im Übergang zwischen verschiedenen Positionen schweben, die zur gleichen Zeit auf verschiedene kulturelle Traditionen zurückgreifen und die das Resultat komplizierter Kreuzungen und kultureller Verbindungen sind, die in wachsendem Maße in einer globalisierten Welt üblich werden.*
>
> Stuart Hall

Das zentrale Anliegen dieser empirischen Studie besteht darin, anhand der Rekonstruktion von erzählten Lebensgeschichten junger Frauen mit iranischer Migrationsgeschichte und der Analyse zentraler Lebensthemen die Bewältigungsstrategien heterogener soziokultureller Aspekte im Identitätsbildungsprozess der Adoleszenz herauszuarbeiten und sichtbar zu machen. In der Bundesrepublik Deutschland gibt es innerhalb einer (Leit-) Kultur viele verschiedene gelebte Kulturen, die unser soziales Zusammenleben bestimmen und mitgestalten. Die Entwicklung einer Identität setzt die Existenz und auch die Erkämpfung von Möglichkeitsräumen voraus, in denen sich Wege der Entfaltung für Jugendliche anbahnen können. Innerhalb dieser Räume können die Heranwachsenden experimentieren, sich mit gegebenen Fähigkeiten und Grenzen auseinandersetzen, diese akzeptieren, umgestalten und überschreiten, um Neues entstehen zu lassen.

Die Reflektion über die eigene Identität und die Bedingungen des Gewordenseins sind ein biografischer Prozess, der in der lebensgeschichtlichen Phase der Adoleszenz zum ersten Mal bewusst stattfindet. Wie die Adoleszenz verläuft, hängt gleichzeitig auch von den Potenzialen ab, welche im Laufe der Kindheit in der Auseinandersetzung mit der Umwelt von den Individuen erworben werden. So ist die Adoleszenz stets als eine prozesshafte Lebensphase aus der Gesamtbiografie heraus zu betrachten. Aus diesen Gründen erweist sich die biografische Methode als ein geeignetes Instrument, um die facettenreiche und komplexe Lebenswelt von jungen Frauen mit Migrationserfahrung zu durchleuchten.

Der Untersuchung liegen Interviews mit jungen Frauen iranischer Herkunft zugrunde, die auf der Basis der Grounded Theory geführt wurden. Sie sind zwischen zwanzig und dreiunddreißig Jahre alt und befinden sich damit in einem Alter, in dem sie rückblickend über ihr Leben erzählen und sich selbst und ihre Umwelt kritisch zueinander in Beziehung setzen sowie darüber reflektieren können (vgl. Nökel 2002: 19). Aus den Interviews heraus wurden die Biografien der Frauen rekonstruiert und ausgewertet.

Die erste theoretische Säule der Arbeit bildet Kapitel I mit einem Überblick zum aktuellen Stand der Forschung über die Adoleszenz junger Frauen mit Migrationserfahrung und deren Identitätsbildungsprozesse sowie die Rolle intergenerationaler Beziehungen bei der Bewältigung adoleszenter Anforderungen. Als nächstes wird in Kapitel II die Rekonstruktion von Biografien als eine qualitative Methodologie der Sozialforschung, wie sie der vorliegenden Studie zugrunde liegt, erläutert. Zudem wird das biografisch-narrative Interview hinsichtlich seiner Bedeutung und Sinnhaftigkeit zur Erhebung identitätsbildender Prozesse und familialer Beziehungsgefüge in der Migration vorgestellt. Desweiteren befasst sich Kapitel II mit der Methodentriangulation für die Auswertung der erhobenen Daten. Diese setzt sich zusammen aus dem narrationsanalytischen Ansatz nach Fritz Schütze (1983) sowie der psychoanalytisch orientierten Methode der Tiefenhermeneutik, wie sie von Alfred Lorenzer (1986) für die sozialwissenschaftliche Forschung entwickelt wurde. Die Entscheidung für die Zusammenführung dieser Analysemethoden erwies sich als ertragreich, um sowohl die unterschiedlichen Lebensstadien der jungen Frauen mit ihren unterschiedlichen Dimensionen der Erfahrungsaufschichtung narrationsanalytisch zu untersuchen als auch die tiefgreifenden und die nicht zur Sprache gekommenen latenten Wünsche und Ängste der Gesprächspartnerinnen zu erfassen, die sich häufig in den Leerstellen eines Textes, in abgebrochenen Worten und nicht zu Ende geführten Sätzen und in missverständlichen Kommunikationspassagen zwischen der Interviewerin und der Interviewten niederschlagen. Die in der Interviewsituation erzeugten spezifischen Spannungsverhältnisse werden hinterfragt und auf ihre Bedeutung hin für die Forschungsergebnisse überprüft und einbezogen. Die Forschungsgruppen, in denen die Interviews ausgewertet wurden, sind nicht nur für die psychoanalytisch orientierte Methode unentbehrlich gewesen, sondern erwiesen sich auch für die narrative Analyseform als sinnvoll und unersetzbar. Kapitel III widmet sich der Differenzierung der empirischen Untersuchung. Dabei werden zum einen die spezifischen Forschungsfragen und Ziele der Studie ausformuliert und zum anderen die Interviewpartnerinnen als die

Untersuchungsgruppe in ihrer Gesamtheit und ihrer Binnendifferenzierung präsentiert[1]. Weitere Schwerpunkte bilden der Such- und Auswahlprozess der Interviewpartnerinnen sowie die Forschungssituation an sich.

Im empirischen Teil der Arbeit werden zunächst in Kapitel IV feinanalytische Interpretationen von zwei ausgewählten Biografien dargelegt. Dabei handelt es sich um die Lebensgeschichten von Shirin und Roxana, die jeweils detailliert mit dem Fokus auf der Phase der Adoleszenz aufgeschlüsselt werden, um daraus Schlussfolgerungen hinsichtlich der Verarbeitung adoleszenter Anforderungen zu ziehen. Eine solche detaillierte Analyse aus den Erzählungen *aller* meiner Interviewpartnerinnen hätte den Rahmen dieser Arbeit gesprengt und die zur Verfügung gestandene Zeit weit überschritten. Daher fiel die Wahl auf zwei Biografien, in denen eine möglichst große Vielfalt an zentralen identitätsbildenden Lebensthemen und ihre Verarbeitung zum Tragen kommen. Die Ergebnisse der Feinanalysen werden in Kapitel V als eine Zwischenbilanz zu Umgehensweisen mit den adoleszenten Anforderungen präsentiert. Kapitel VI widmet sich anschließend der themenspezifischen Analyse aus den gesamten der Arbeit zugrunde liegenden biografischen Erzählungen. Dabei werden nach zentralen thematischen Schwerpunkten einzelne Lebensbereiche unter Berücksichtigung der Gemeinsamkeiten und Unterschiede in den Umgangsweisen und Erfahrungen der jungen Frauen untersucht und erläutert.

Die Einbeziehung sowohl personenbezogener feinanalytischer Interpretationen als auch einer themenzentrierten Untersuchung zielt darauf ab, die Phase der Identitätsbildung mit all ihren besonderen Facetten und Schichten zu erfassen. Auf diese Weise soll eine größere Einsicht in die Entwicklungsverläufe gewonnen und folglich ein umfassenderes Verständnis für die Konflikte und die daraus resultierenden Handlungsstrategien der jungen Frauen erreicht werden, um der Bildung möglichst gegenstandsnaher Theoriekonzepte näherzukommen. Den Abschluss bildet das Kapitel VII mit der theoretischen Einbettung der empirischen Ergebnisse und der Diskussion der Entstehung neuer Identitäten als eine zentrale Schlussfolgerung dieser Arbeit.

---

[1] Sämtliche Namen und Daten, die mögliche Rückschlüsse auf die Interviewpartnerinnen ziehen lassen, wurden selbstverständlich verändert und anonymisiert.

I. Stand der Forschung

1. Adoleszenz und Identitätsbildung von Mädchen und jungen Frauen mit Migrationserfahrung

Die Adoleszenzforschung befasste sich bis zum Ende der 1980er Jahre weitgehend mit den Identitätsbildungsprozessen und der psychosozialen Entwicklung nordamerikanischer und westeuropäischer Jugendlicher. In Anbetracht der anhaltenden Migrationsprozesse wird jedoch die Betrachtung der Entwicklungverläufe von Jugendlichen mit Migrationserfahrung zunehmend bedeutsam. Sozial- und erziehungswissenschaftliche Forschungen seit dem Jahr 2000 liefern in Verbindung mit nationaler, kultureller und ethnischer Diversität der Adoleszenz in der Einwanderungsgesellschaft Ergebnisse, die die Identitätsdebatte nachhaltig beeinflussen (King/Koller 2006; Boos-Nünning/Karakasoglu 2005; Mecheril 2003; Badawia 2002; Nohl 2001). Die Untersuchungen zeigen unter anderem die Entstehung *neuer* Identitäten auf, die die Vereinbarkeit unterschiedlicher soziokultureller Aspekte von Adoleszenten in kritischer Auseinandersetzung mit sich und der Umwelt beinhalten. Tarek Badawia (2002) spricht von einer neuen Identitätsposition bildungserfolgreicher Immigrantenjugendlicher, die sich durch die herkunftsbedingte Konfrontation mit zwei Kulturen herausbildet. So wird das herkömmliche sprachliche Bild, sich „zwischen zwei Stühlen" zu befinden, im Prozess der Entstehung einer neuen Identität aufgeweicht und letztlich durch das Bild eines eigenen *dritten* Stuhls dieser Jugendlichen ersetzt. Es geht um die Transformation soziokultureller Bedingungen durch die Doppelrolle der sozialen „Beobachtung" und „Teilnahme" von Immigrantenjugendlichen, welche häufig mit strukturell ungünstigen Entwicklungsbedingungen einhergeht (vgl. Badawia 2002; Gomolla/Radtke 2000).

Die Auseinandersetzung mit Jugendlichen, die Migrationserfahrungen aufweisen, beinhaltet stets die Beschäftigung mit einer soziokulturellen Vielfältigkeit, die in der mehrfachen ethnischen, nationalen und kulturellen Zugehörigkeit begründet liegt. Alexandra Alund (2003) stellt in ihrer Studie über Migrantinnen zweiter Generation in multiethnischen Umgebungen Schwedens fest, dass der Alltag der Jugendlichen geprägt sei von „engem und dauerhaftem Kontakt mit einer intensiven kulturellen Vielfalt" (Alund 2003:

38). In der Vermischung und Überschneidung kultureller Einflüsse entstehen Prozesse, in denen sich neue Identitäten entfalten. Der Minderheitenstatus der Jugendlichen bedeutet gleichzeitig ein Zugang zu „alternativen kulturellen Referenzrahmen" und stellt eine Ressource dar, die auf innovative Weise genutzt werden kann. Die Innovation beinhaltet das Verbinden alternativer Kulturen und die Entwicklung neuer Bedeutungen und sozialer Strategien. Alund thematisiert weiterhin die Bemühung der Jugendlichen, ein Kontinuum zwischen der Vergangenheit und der Gegenwart herzustellen. Mit „Vergangenheit" ist die Sozialisation der Herkunftskultur gemeint, die vor allem die Kindheit der Jugendlichen z.B. durch vorangegangene Generationen geprägt hat. Die „Gegenwart" ist das, womit sich die Jugendlichen im Hier und Jetzt beschäftigen. Diese Gegenwart kann jedoch nicht abgetrennt von der Vergangenheit existieren. Erst in der Herstellung eines Kontinuums zwischen diesen beiden Zeiten wird ein größeres emanzipatorisches Potenzial freigegeben, mit dem eine eigene Zukunft produktiv gestaltet werden kann. Alund stellt fest, dass die Fähigkeit, Altes und Neues zu verbinden, sich als „kreative Kraft" darstellt, „um in Wechselbeziehung stehen zu können, um zu übersetzen, um zu überschreiten." (Alund 2003: 62).

Um diese Fähigkeiten nutzen und entfalten zu können, bedarf es eines geeigneten rechtlichen und politischen Rahmens für die Heranwachsenden. In Deutschland besteht die Gesellschaft mittlerweile aus diversen Ethnien, die nebeneinander existieren, jedoch rechtlich und politisch einander vielfach über- bzw. untergeordnet sind. Dies bekommen die Jugendlichen auch in der staatlichen Institution Schule zu spüren, die in ihrem weitgehend monokulturell orientierten Strukturaufbau *die eine* Ethnie anderen voranstellt und der sozialen Vielfalt der Schülerschaften auf diese Weise nicht länger gerecht werden kann. In der vergleichenden Dreiländer-Studie (Deutschland, Frankreich und Großbritannien) von Werner Schiffauer (2002) präsentiert sich die Bundesrepublik Deutschland als eine Schicksalsgemeinschaft der Deutschen, wobei „Ausländer" nicht Teil dieser Schicksalsgemeinschaft seien. Anders als in Großbritannien fände die langjährige Geschichte der Migration in Deutschland wenig bzw. kaum Beachtung. Weiterhin wird festgestellt, dass in Deutschland die Vermittlung von gesellschaftlich akzeptiertem Verhalten in der Verantwortung der Familien liege, während in Frankreich diese Verantwortung von den Schulen getragen würde. Dies sei eine Erklärung für die häufig fehlende Interaktion zwischen unterschiedlichen kulturellen Gruppen in Deutschland, da sie sich nicht verstehen. Heike Diefenbach und Bernhard Nauck (2000) betonen die Notwendigkeit einer

Umgestaltung des deutschen Bildungswesens, so dass eine „institutionelle Diskriminierung" der Einwander:innen ausgeschlossen werden könne, da der Bildungserfolg von Jugendlichen mit Migrationsgeschichte für ihre Lebenschance von zentraler Bedeutung sei (vgl. Diefenbach/Nauck 2000: 43). Auch Mechthild Gomolla und Frank-Olaf Radtke (2000) konstatieren, dass institutionelles Handeln eine wesentliche Ursache für die vorhandenen Ungleichheitsmuster zwischen Kindern und Jugendlichen verschiedener Ethnien an deutschen Schulen sei. Sie sprechen von „Mechanismen" direkter und indirekter Diskriminierung allochthoner Schüler:innen, die meist unsichtbar, nur an ihren Effekten ablesbar und auf der Entscheidungsebene schwer nachzuweisen seien. Die Autor:innen sprechen die Notwendigkeit von bildungs- und schulpolitischen Maßnahmen sowie einer aktiven Antidiskriminierungspolitik an, um die „Sonderbehandlung" von Migrantenkindern und ihre Ausgrenzung zu unterbinden. Zur gerechten Handhabung der Heterogenität in den Schulen und zur Unterstützung mehrsprachiger Jugendlicher plädiert Martina Weber für eine schulbegleitende Unterstützung allochthoner Schüler:innen in Form einer Vermittlung von unterrichtsbezogenen Fachsprachen, individueller Beratung und Hilfestellung beim Lernen und bei der Entwicklung eigener Zukunftsperspektiven (vgl. Weber 2003: 272 f.).

Eine differenzierte Untersuchung der Lebensphase der Adoleszenz in Verbindung mit Migrationserfahrung bedarf ebenfalls der Einbeziehung von „Geschlecht" als eine zentrale Forschungskategorie. Trotz der vorhandenen Untersuchungen über die geschlechtsspezifische Identitätsbildung und der bewussten Einbeziehung der ethnischen Herkunft in die Erforschung der Lebenssituation von Menschen mit Migrationsgeschichte ((King/Flaake 2005, Nökel 2002, Rohr 2001, Bohnacker 2001) herrscht auf dem sozialwissenschaftlichen und pädagogischen Forschungsgebiet nach wie vor die Grundtendenz, sowohl in der Jugend- als auch in der Geschlechter- und der Migrationsforschung eine Differenzierung nach dem Genderaspekt zu vernachlässigen (vgl. Booos-Nünning/Karakasoglu 2005: 15). Dies verwundert umso mehr, da die Notwendigkeit einer differenzierten genderspezifischen Betrachtungsweise der heterogenen sozialen Gruppen in der Einwanderungsgesellschaft längst nicht mehr zur Debatte steht. Die Geschlechtsidentität hat sowohl Einfluss auf die Wahrnehmung als auch auf die Bewältigung adoleszenter Anforderungen. Nach Ursula Apitzsch (2003) stellt Adoleszenz in der Migration nicht nur im Vergleich zur Adoleszenz autochthoner Jugendlicher etwas Spezifisches dar, sondern auch in ihrem Prozess des „doing gender". Die Betrachtung der geschlechtsspezifischen Entwicklung in der Adoleszenz ist für das Verständnis der individuellen und kollektiven Entscheidungs- und Handlungsstrategien einer sozialen Gruppe von enormer Wichtigkeit. Der Prozess des Zur-Frau- oder Zum-Mann-Werdens leitet den Abschied von der Kindheit ein und veranlasst oder - präziser ausgedrückt - erzwingt die Heranwachsenden, sich auf eine neue Weise mit ihrer zukünftigen Geschlechterrolle zu beschäftigen. Körperliche, psychische und soziale Prozesse treten in eine besondere und neue Wechselwirkung zueinander (vgl. Flaake/King 2003). Die Heranwachsenden begeben sich auf einen neuen Pfad der geschlechtsspezifischen Selbstfindung und der Verortung ihrer biografisch angeeigneten und weiterzuentwickelnden Geschlechterzugehörigkeit in der Gesellschaft. Hierbei spielen die Eltern als Identifikationsfiguren eine zentrale Rolle. Die Tochter nimmt wahr, dass sie nun eindeutig zum Geschlecht der Mutter gehört (vgl. Flaake 2001: 226). Das Gleiche gilt für den Sohn im Verhältnis zu seinem Vater. Dieser Prozess, bei dem es um das Akzeptieren einer eindeutigen soziokulturellen Geschlechterzugehörigkeit geht, verläuft nicht immer reibungslos, besonders wenn sich ein Kind bis dahin eher am gegengeschlechtlichen Elternteil orientiert hat. Sich nun als Mädchen endgültig dem Geschlecht der Mutter bzw. als Junge dem Geschlecht des Vaters anzunähern, stellt sich dann als eine Herausforderung dar, die mit innerfamiliären Konflikten einhergehen kann. Carol Hagemann-White (2003) spricht in diesem Zusammenhang von Konflikten mit den Eltern und der älteren Generation, die durch den biologischen Wandel der Pubertät ausgelöst werden (vgl. Hagemann-White 2003: 65). Der Blick auf die Herkunftsfamilie als ein konfliktbeladener Ort der Auseinandersetzung mit Geschlechterzugehörigkeiten und Identitätsfragen schließt die erzieherischen und sozialisationsbedingten Merkmale individueller Prägung der Heranwachsenden mit ein. So ist es wichtig zu schauen, welche soziokulturellen Geschlechterbilder in der Familie reproduziert und welche Anteile daraus von den Jugendlichen übernommen, reflektiert und umgestaltet werden.

Meine Interviewpartnerinnen nehmen die Adoleszenz als eine Lebensphase wahr, in der sie verstärkt mit ihrer Geschlechterrolle und den Vorstellungen und Bildern von Weiblichkeit und Männlichkeit aus zwei kulturellen Räumen konfrontiert werden. Sie sind um die Herstellung einer Kontinuität zwischen ihren beiden kulturellen Sphären bemüht und versuchen, Lösungsstrategien zu entwickeln, um die differenten kulturellen Anforderungen zu vereinbaren. Diese Bemühungen und die daraus resultierenden Strategien der jungen Frauen bei der Bewältigung kultureller Differenzen sind es, die den Weg für die Entstehung neuer Identitäten anbahnen und die in den erzählten Lebensgeschichten zum Tragen kommen.

2. Intergenerationale Beziehungen in Familien mit Migrationserfahrung

Seit Ende der 1990er Jahre gibt es zunehmend Untersuchungen zu den Beziehungsstrukturen zwischen den Generationen in der Migration, die nicht wie zuvor üblich aus einem defizitären Blick, sondern aus der Sicht der Betroffenen selbst und lösungsorientiert durchgeführt wurden (Boos-Nünning/Karakasoglu 2005, King 2005, Hummrich 2003, Baros 2001). Die Autor:innen signalisieren die Unerlässlichkeit der Betrachtung familialer Beziehungsgefüge für die Jugend- und Migrationsforschung, da die Familie einen zentralen Faktor der Lebenswelt der Individuen mit dem jeweiligen kulturellen, religiösen und bildungsspezifischen Hintergrund darstelle. Die Auseinandersetzung mit den Familienmitgliedern bedeutet in der Phase des Heranwachsens gleichzeitig auch eine Auseinandersetzung mit der Migrationsgeschichte der Familie und den damit verbundenen Erfahrungen. So wie die Migration an sich ein Wandel bedeutet, sind die innerfamiliären Dynamiken nach der Ankunft im Aufnahmeland ebenfalls von Bewegungsabläufen gekennzeichnet, die sich während der Adoleszenz in der Auseinandersetzung der Heranwachsenden mit der Elterngeneration im neuen gesellschaftlichen Kontext innerhalb von zwei bzw. mehrfach soziokulturellen Räumen vollziehen.

Die Transformation der Migrationsprozesse gepaart mit der Transformation adoleszenter Anforderungen wird von Vera King und Angelika Schwab als eine „doppelte Transformationsanforderung" beschrieben, mit der es diese jungen Menschen zu tun haben (King/Schwab 2000). Die Aspekte der „Trennung" und der „Umgestaltung" benennen die Autorinnen als spezifische Merkmale sowohl der Adoleszenz als auch der Migration. Nicht nur die Veränderungsprozesse zwischen Kindheit und Erwachsensein, sondern auch die Erfahrung der Migration an sich bedürften einer von den Individuen selbst geleisteten Transformation. Diese Transformation, an der die Töchter und Söhne wie die Eltern beteiligt sind, bezeichnet King als „intergenerational" (King 2005: 61). Das bedeutet, dass die Bewältigung der Adoleszenz in Verbindung mit der Migrationserfahrung seitens der Kinder und die Verarbeitung der Migration seitens der Eltern in einer „subtilen Weise" in Wechselwirkung zueinander stehen. In der Adoleszenz der Kinder werden „die Migration, ihre Folgen für die Familie und der Art der Verarbeitung seitens der Eltern zwangsläufig ein Thema" (King 2005: 61). Dies beinhaltet eine sich gegenseitig bedingende Transformationsentwicklung der Migration sowohl in der Generation der

Adoleszenten als auch in der ihrer Eltern. Ursula Boos-Nünning und Yasemin Karakasoglu (2005) sprechen in diesem Zusammenhang von Veränderungen in den Erziehungsstilen der Eltern in der Migration und deren Einfluss auf die Entwicklung der Familienstrukturen. Merle Hummrich (2003) belegt in ihrer Untersuchung zu „Generationsbeziehungen bildungserfolgreicher Migrantinnen" auf anschauliche Weise, dass Angehörige der ersten Migrantengeneration in ihrer Rolle als Eltern von den Handlungen und Bestrebungen ihrer Kinder bewegt und beeinflusst würden und dass die Transformationsentwicklungen der Kinder in einem generationalen Zusammenhang stünden, so dass die Wandlungen und möglichen Veränderungen in der Elterngeneration hinsichtlich kultureller Wahrnehmungen und Überzeugungen bei der Untersuchung adoleszenter Herausforderungen der Töchter und Söhne in der Migration stets mitzubedenken seien. Weiterhin spricht Hummrich von einer „internen Transformation" im Prozess der Subjektrekonstruktion, die in einem Balanceakt zwischen den Differenzen der Herkunftsfamilie und den Werten und Normen der Aufnahmegesellschaft, wie sie im Bildungssystem repräsentiert würden, stattfinde. Während sich die Übertragung soziokultureller Werte im familiären Prozess vollzieht, geschieht deren Übernahme und Umsetzung in einem gesellschaftlichen Kontext. Folglich ist die Identitätsbildung in ein Geflecht aus familialen und gesellschaftlichen Möglichkeitsräumen eingebunden, in die sich die Heranwachsenden hineinbegeben. Daher ist die Betrachtung der Beziehung zu der Elterngeneration und deren Veränderungen für das Verständnis der Entscheidungsmotive und der Bewältigungsstrategien der Adoleszenten in der Phase des Erwachsenwerdens unabdingbar; dies stets in dem Bewusstsein, dass die Entwicklung bei Mädchen und Jungen sowohl zeitlich als auch sozial- und entwicklungspsychologisch unterschiedlich verläuft (vgl. Hagemann-White 2003: 66).

Um einen möglichst gegenstandsnahen und realistischen Eindruck von den intergenerationalen Beziehungen zu gewinnen, bieten sich besonders empirische Untersuchungen mit Interviews und teilnehmender Beobachtung an, in denen die Untersuchungsgruppen selbst zur Sprache kommen. So ist es auch mein Anliegen gewesen, über biografische Interviews mit den jungen Frauen herauszufinden, wie sie die Phase der Adoleszenz im intergenerationalen Kontext wahrnehmen und die soziokulturellen Anforderungen in der Lebenswelt der Familie und der Lebenswelt der Aufnahmegesellschaft bewältigen und verarbeiten. Daher werden unter der Berücksichtigung der Gesamtbiografie die migrationsbedingten Entwicklungs- und Veränderungsprozesse in der Beziehung der Heranwachsenden zu ihren Müttern, Vätern und Geschwistern beleuchtet.

II. Methodologie und Methode

1. Qualitative Forschung und Rekonstruktion von Biografien

Das Wort „qualitativ" stammt von dem griechischen „qualia" ab, was „ganzheitlich" bedeutet. So versucht die qualitative Forschung, ganzheitliche Merkmale eines sozialen Feldes möglichst gegenstandsnah zu erfassen (vgl. Terhart 1997: 27). Kennzeichnend für eine qualitative Annäherung ist die Offenheit der Forscherin und des Forschers gegenüber dem Untersuchungsfeld und die Entdeckungsbereitschaft für das Neue. Dabei wird auf vorab formulierte Hypothesen und deren Überprüfung an der Wirklichkeit weitgehend verzichtet. Bei dieser Herangehensweise werden entstehende Fragestellungen und theoretische Überlegungen im Laufe des Forschungsprozesses ständig modifiziert und erweitert. Ein weiteres Merkmal qualitativer Forschungsansätze ist das Einbeziehen der Forscherin und des Forschers in das Feld und die Reflektion über die Interaktion mit dem Untersuchungsgegenstand. Aufgabe der Forschenden ist es, die Sicht der Handelnden sowie den Ablauf sozialer Situationen oder Regeln im Untersuchungsfeld zu verstehen und verstehbar zu machen. Klassische Güterkriterien, die weitgehend aus der quantitativen Forschung stammen und für die qualitative zum Teil reformuliert wurden (vor allem die Güterkriterien der Validität und der Reliabilität), wurden in den letzten Jahren durch neuere methodenangemessene qualitative Kriterien ersetzt. Dazu zählen unter anderem das Konzept der analytischen Induktion sowie die Kombination zweier oder mehrerer Auswertungsverfahren, wie sie dieser Studie zugrunde liegen.

Die analytische Induktion zielt auf die Entwicklung einer vorläufigen Theorie auf der Basis von Fallanalysen. Dabei wird so lange nach abweichenden Fällen gesucht, bis eine universelle Annahme erreicht ist. Diese Herangehensweise macht sich die Grounded Theory (Glaser/Strauss 1967/2005) zu eigen, indem sie weniger als eine Methode, sondern als ein Stil und eine Methodologie versucht, soziale Phänomene analytisch zu erforschen und die in den Daten schlummernden Theorien zu entdecken. Im Forschungsprozess ist das Benutzen wissenschaftlicher Vorkenntnisse und das Wissen der Forschenden über das Untersuchungsthema genauso wichtig wie die Bereitschaft zu deren Revision. Dazu bedarf es die Fähigkeit, sensibel, detailliert und gründlich bei der Untersuchung und der

Analyse empirischer Phänomene vorzugehen und gleichzeitig offen zu sein für neue Entdeckungen. Das Prinzip der Offenheit spielt im gesamten Forschungsprozess eine zentrale Rolle, da jederzeit neue Aspekte und unerwartete Gesichtspunkte auftauchen können, die zur Umstrukturierung des Forschungsablaufes oder gar der anfänglichen Fragestellung führen können. Eine Vorgehensweise bei der Untersuchung sozialer Phänomene, die zunehmend in der sozialwissenschaftlichen Forschung zum Einsatz kommt, stellt die Analyse von erzählten Lebensgeschichten dar.

Die Migrationsprozesse und Globalisierungsfolgen der letzten Jahrzehnte haben die Herausbildung diversifizierender Lebensverhältnisse enorm begünstigt und dazu geführt, dass das sozialwissenschaftliche Muster der „Normalbiografie" von einer Vielzahl an unterschiedlichen Biografieentwürfen abgelöst worden ist. Die Existenz eines leitenden Konzeptes von Biografie gehört längst nicht mehr zu den Alltagsstrukturen unserer Gesellschaft. Dies bewirkt, dass unsere Gesellschaft heute mehr Risiken in sich birgt, da sie undurchsichtiger geworden ist, aber auch mehr Chancen als je zuvor bietet auf soziale Veränderungen und den Ausbau und die Weiterentwicklung demokratischer Strukturen, da sie durch die Komplexität der Lebensverhältnisse der darin lebenden Menschen dazu herausgefordert wird. Insofern erweist sich die Rekonstruktion von Biografien als äußerst hilfreich, um über die Untersuchung von individuellen Erfahrungs- und Erlebniswelten in Verbindung mit den sozialen Gegebenheiten dem Verhältnis von Individuum und Gesellschaft näherzukommen (vgl. Rosenthal 1995). Um komplexe Biografien rekonstruieren zu können, bedarf es geeigneter sozialwissenschaftlicher Instrumente und Methoden der Erhebung und der Analyse. Drei rekonstruktive Verfahren der empirischen Sozialforschung, die sich in der Biografieforschung etabliert haben, sind das biografisch-narrative Interview nach Fritz Schütze, die objektive Hermeneutik nach Ulrich Oevermann und die dokumentarische Methode nach Ralf Bohnsack. Da hier das biografisch-narrative Interview als Instrument zur Rekonstruktion von biografischen Erzählungen zugrunde liegt, soll die Vorgehensweise mit diesem Verfahren im Folgenden näher erläutert werden.

2. Das biografisch-narrative Interview

In meiner Untersuchung versuche ich mich auf der Basis biografisch-narrativer Interviews (Schütze 1983) der Erhebung lebensweltlicher Erfahrungsräume meiner Gesprächspartnerinnen anzunähern. Die Frage, die zu Anfang des Interviews als

Erzählstimulus gestellt wird, lautet: „Kannst du mir etwas über dein Leben erzählen?" Die Gesprächspartnerin beginnt mit ihrer spontanen Erzählung, ich höre zu und unterbreche sie nicht, bis ihre Erzählung zu Ende ist und sie mir dies in irgendeiner Form signalisiert. Die Anfangserzählungen können unterschiedlich lang sein; so dauern sie bei meinen Gesprächspartnerinnen zwischen zehn Minuten und einer Stunde. Erst wenn ihre Antwort auf die Eingangsfrage beendet ist, was häufig durch eigene Coda wie „Das war's." oder „Mehr fällt mir im Moment nicht ein." etc. signalisiert wird, folgen Verständnisfragen von meiner Seite zum Erzählten. In einem vorbereiteten Nachfrageteil werden zusätzliche thematische Fragen zur Lebensphase der Adoleszenz angesprochen und beantwortet. Diese Form des Interviews ermöglicht es den Befragten, ihre Prioritäten beim Erzählen ihrer Biografie selbst zu setzen und somit den Schwerpunkt auf die ihnen wichtig erscheinenden Aspekte und Ereignisse im Prozess der Identitätsfindung zu legen.

Durch die Wahl meiner Eingangsfrage, mir „etwas" aus ihrer Lebensgeschichte zu erzählen, sortieren die Interviewpartnerinnen im raschen Tempo ihre Gedanken und legen spontan den Fokus ihrer Erzählung auf einen bestimmten Sachverhalt. Somit beinhaltet das wie beiläufig in meiner Frage enthaltene Wort „etwas" eine lenkende Funktion auf die Entscheidung der Interviewten bezüglich ihrer Erzählung. Sie legen sich zu Beginn des Interviews auf einen für sie als wichtig und erzählenswert erscheinenden Aspekt oder einen wichtigen Abschnitt aus ihrem Leben fest. Shirin zum Beispiel entscheidet sich spontan dafür, mir „etwas" über das Iranischsein aus ihrem Leben zu erzählen, um später auf Ereignisse zurückzukommen, die zeitgleich zu ihrer Geburt und danach passiert sind. Sie möchte mir als erstes über ihre Kriegserlebnisse berichten, die sie unter anderem mit der Tatsache in Verbindung bringt, dass sie eine Iranerin ist, die einen Teil ihrer Kindheit in einer Kriegssituation verbracht hat. Roxana beginnt ihre Erzählung mit ihrer Kindheit in Deutschland. Ihre frühen Erlebnisse aus dem Iran baut sie erst später in ihre Erzählung ein. Ihr ist es wichtig, mir zunächst über die schönste Zeit ihres Lebens zu berichten, nämlich ihre Kindheit in Deutschland. Sara wiederum antwortet mir auf meine Eingangsfrage, mir etwas aus ihrem Leben zu erzählen, ebenfalls mit einer Frage. Sie möchte wissen, ob sie mir etwas aus ihrem Leben „in Deutschland" oder „überhaupt" erzählen soll. Für sie scheint in Deutschland ein neues Kapitel ihres Lebens begonnen zu haben, was sich im Laufe des Interviews bestätigt. Die Kontinuität, die sie in ihrer Bindung zu ihren Eltern im Iran erfahren hat, wird zwei Jahre nach der Auswanderung nach Deutschland durch den plötzlichen Tod ihrer Mutter unterbrochen, der Vater kehrt in den Iran zurück und Sara lebt fortan bei ihren „iranischen" Großeltern in Deutschland. Vida erzählt als Erstes, wann sie nach Deutschland gekommen ist und knüpft daran sogleich ihre Erinnerung an die Auswanderung, die ihr als Kind zunächst wie eine Reise mit Rückkehr vorgekommen ist, bis ihr nach zwei Wochen langsam „bewusst" wurde, dass „es für immer ist". Sie hat Sehnsucht nach all den Dingen gespürt, die sie nicht in ihren Koffer gepackt hatte, und sich mit neun Jahren gefragt: „Ah Mann, was hast du alles liegen lassen?" Indem sich die Gesprächspartnerinnen zunächst für die Erzählung von „etwas" Bestimmtem aus ihrem Leben entscheiden, erfahre ich als Interviewerin gleich am Anfang, was ihnen aus ihrer Biografie spontan zentral erscheint und sie zum Zeitpunkt des Interviews besonders beschäftigt. Möglich, dass meine Gesprächspartnerinnen diese Eingrenzung ohnehin vorgenommen hätten, auch wenn die Eingangsfrage gelautet hätte: „Kannst du mir bitte über dein Leben erzählen?", denn bereits die besondere Interviewsituation und die nicht endlos verfügbare Zeit verursachen „narrative Zugzwänge", denen die Darlegung lebensgeschichtlicher Daten folgen (Schütze 1981). Meine Art der Fragestellung stützt den „Zugzwangcharakter" des narrativen Interviews und macht der Interviewten das Angebot, „etwas" aus dem großen Repertoire des Lebens zu erzählen, was die jungen Frauen positiv aufnehmen, wie es in der Reaktion meiner Interviewpartnerin Narges auf die Eingangsfrage besonders deutlich wird:

„Über ein Leben kann man stundenlang erzählen, aber ich versuch's mal äh so bisschen einzuschränken, das was ... ... irgendwie den äußeren Rahmen meines Lebens ausmacht. So, ich bin [...]"

Die jungen Frauen beginnen auf eine authentische Weise aus ihrem Leben zu berichten. Dabei komponieren und kommentieren sie die Erlebnisse und Erfahrungen aus ihrem Alltag und setzen dabei stets sich selbst und ihre Umwelt, Subjekt und System, in einen Zusammenhang (vgl. Nökel 2002). So können über die Analyse einzelner narrativer Interviews Rückschlüsse auf die gesellschaftlichen Zusammenhänge gezogen werden, in denen die Erzählenden ihre Sozialisation erfahren haben.

Die Tatsache, dass ich die Herkunft meiner Interviewpartnerinnen teile, verschafft uns eine vertrauensvolle Atmosphäre, die vor allen Dingen auf dem gemeinsamen Sozialisationshintergrund und dem Teilen eines gemeinsamen geschichtlichen Zeitverständnisses beruht. Meist am Ende der narrativen Erzählungen betonen die Gesprächspartnerinnen, dass diese Art der Erzählung ihnen geholfen habe, über Erlebnisse zu berichten, die sie auf diese Weise noch nicht zur Sprache gebracht hätten. Dass sich jemand mit ähnlichem Erfahrungshintergrund auf wissenschaftlicher Basis für ihre Lebensgeschichte interessiert, wirkt auf sie erfrischend und hoffnungsbeladen. Die narrativen Erzählungen meiner Interviewpartnerinnen können als „Teil eines kollektiven Gedächtnisses seit der iranischen Revolution von 1979" bezeichnet werden, das sich durch Migration und Neuanfang in der deutschen Ankunftsgesellschaft formiert.

3. Erhebung und Auswertung der Daten

Meine Studie basiert auf vierzehn biografisch-narrativen Erzählungen von Frauen iranischer Herkunft, die zum Zeitpunkt der Interviews zwischen zwanzig und dreiunddreißig Jahre alt gewesen sind. Die Interviews wurden in einer zeitlichen Abfolge von etwa vier Monaten auf der Grundlage der Grounded Theory durchgeführt. Mit der Verschriftlichung und der Rekonstruktion der ersten erzählten Lebensgeschichten wurde bereits während der laufenden Interviewphase in den Interpretationsgruppen begonnen. Folglich konnten bereits in einem frühen Forschungsstadium die empirischen Daten miteinander in Vergleich gesetzt und auf ihre Übereinstimmungen und Kontrastierungen hin überprüft werden, so dass sich erste Annahmen und Konzepte herauskristallisierten, die im weiteren Arbeitsverlauf präzisiert und zusammengefügt werden konnten. Beim Ordnen der vielfältigen Einsichten und bei der Untersuchung der aus der Empirie entstandenen theoretischen Entdeckungen wurde so lange nach abweichenden Fällen gesucht, bis sich ein Zustand der Datensättigung (*theoretical sampling*) einstellte. Sicherlich hätte ich zur weiteren Überprüfung und Festlegung der Erkenntnisse noch viele weitere Interviews führen können, die wiederum das Feld für neue Entdeckungen geöffnet hätten. Genau aus diesem Grund ist die Entscheidung *für* eine qualitative Studie stets auch eine Entscheidung *gegen* die Erhebung von *massenhaften* Daten, die bei ihrer Auswertung nach anderen Kriterien verlangen als eine auf wenige Daten und Einsichten komprimierte Studie, die sich die detaillierte Analyse der bisher wenig entdeckten Lebensphase der Adoleszenz bei einer spezifischen Gesellschaftsgruppe zum Thema macht. Die gleichzeitige Erhebung und Auswertung der Daten als ein zirkuläres Verfahren erwies sich als eine ertragreiche Vorgehensweise, um die wechselseitige Wirkung der in den Interviews schlummernden Informationen zuzulassen und so die fortlaufende Entdeckung und Bildung neuer Theorien in einem *fluiden* Forschungsprozess (vgl. Strauss/Corbin 1994: 279) zu ermöglichen.

3.1 Memos

Zur gesamten Untersuchungsdauer gehörten Einträge in ein Forschungstagebuch, das sich als unentbehrlich für den Fortschritt der Studie erwies. Darin wurden unmittelbar nach den Interviews Ideen sowie methodische und konzeptuelle Fragen festgehalten, die im weiteren Verlauf geordnet und präzisiert in das Analyseverfahren integriert wurden. Auch die von mir als Forscherin wahrgenommenen Empfindungen in der Interviewsituation und die Eindrücke zu den jeweiligen Interviews und den Gesprächspartnerinnen konnten mit Hilfe der Memos zunächst in einem geschützten Rahmen ohne äußere Beurteilung verschriftlicht und daran anknüpfend in unterschiedlichen Settings (vgl. II. 4) aufgearbeitet und reflektiert werden. Die Eindrücke und Zwischenergebnisse der einzelnen Gruppensettings wurden ebenfalls in das Forschungstagebuch eingetragen und so in einen kontinuierlichen Denkprozess eingebunden. Das Integrieren einer fortlaufenden Reflektion sowohl der Arbeitsschritte als auch der Reaktionen der Forscherin und des Forschers selbst als ein im Prozess involviertes Subjekt bieten Strategien, die einzelnen Vorgehensschritte transparent zu gestalten, eigene Grenzen und Chancen kennen zu lernen und diese für die Arbeit nutzbar zu machen. Die Memos und deren Aufarbeitung leisteten einen erheblichen Beitrag bei der konstruktiven Weiterführung der Arbeitsschritte und der Entwicklung theoretischer Konzepte.

3.2 Methodentriangulation

Die Auswertung der Interviews basiert auf einem triangulären Verfahren, welches Elemente aus der Narrationsanalyse von Fritz Schütze (1983) und der Tiefenhermeneutik, wie sie von Alfred Lorenzer (1986) als sozialwissenschaftliche Methode zur psychoanalytischen Kulturforschung entwickelt wurde, zusammenführt und miteinander verknüpft. Die Narrationsanalyse oder die narrationsstrukturelle Auswertungsmethode wurde in den 1980er Jahren von Fritz Schütze in Anlehnung an die Grounded Theory von Barney Glaser und Anselm Strauss (1967/ 2005) zur Auswertung narrativer Erzählungen konzipiert und konnte seitdem in zahlreichen Untersuchungen der sozialwissenschaftlichen Biografieforschung erfolgreich angewandt werden (vgl. Schreiber 2005, Nökel 2002, Rosenthal 1995, Riemann 1987). Mittlerweile gehört sie zu den am häufigsten verwendeten Methoden in der qualitativen Sozialforschung und ist ein fester Bestandteil der Biografielandschaft im deutschsprachigen Raum. Das narrationsanalytische Vorgehen nimmt besonders die Prozesshaftigkeit eines Lebenslaufes unter die Lupe und versucht, die Struktur des Erzählten genau zu beschreiben. Es wird untersucht, *wie* die Erzählenden ihre subjektive Erfahrung in die Kette der Lebensereignisse integrieren und *welche Haltung* sie dazu einnehmen. Dabei wird vorrangig der *manifeste* Sinn des Textes aus der Erzählung heraus erforscht, während gleichzeitig auch Irritationen, die durch Brüche im Text, Pausen und Leerstellen entstehen, mit in die Analyse einbezogen werden. Diese irritierenden Stellen in einem Text können Hinweise geben auf eine mögliche unbewusste und somit latente Ebene der Erzählung, deren Erforschung einer analytisch tiefgehenden Betrachtungsweise der Texte bedarf, die mittels tiefenhermeneutischer Textinterpretation ermöglicht werden kann.

Alfred Lorenzer entwickelte in den 1980er Jahren in einer kritischen Auseinandersetzung mit den psychoanalytischen Grundpositionen Sigmund Freuds ein Interpretationsverfahren für sozialwissenschaftliche Untersuchungen. Er wollte die psychoanalytische Hermeneutik, deren Begriffe für ihn nicht direkt auf die kulturwissenschaftliche Praxis übertragbar waren, für sozialwissenschaftliche Arbeiten zugänglich und anwendbar machen. Es gelang ihm, anknüpfend an die kulturtheoretischen Ansätze Freuds, ein methodologisch und methodisch reflektiertes psychoanalytisches Verfahren für die Sozialwissenschaften zu entwerfen, die er mit dem Begriff „Tiefenhermeneutik" versah. Eine tiefenhermeneutische Analyse setzt die Annahme voraus, dass sich hinter dem gesprochenen Wort und dem manifesten Sinngehalt eines Textes ein latenter Erzählgehalt befindet, der aus verschiedenen Gründen nicht versprachlicht, jedoch stets mittransportiert wird. Das Unbewusste beschreibt Lorenzer als „die vom gesellschaftlichen Konsens ausgeschlossenen Lebensentwürfe" (Lorenzer 1986: 27), welche jenseits der Werte und Normen liegen, die der Mensch sich im Laufe seines Lebens „aufzwängen" lässt.

Das biografische Interview wird trotz seines narrativen Charakters und der als Monolog erscheinenden Erzählung am Anfang als ein Dialog zwischen zwei Akteur:innen verstanden, die sich durch ihre Vorerfahrungen, ihre Körpersprache und ihre Reaktionen beinflussen. Die Haltung der forschenden Person gestaltet von Beginn der Forschungssituation an den Gesamtprozess. Insofern liegt die Notwendigkeit der Betrachtung des Verborgenen weit vor dem Interview, nämlich bereits im Prozess der Suche nach geeigneten Interviewpartner:innen. Der erste Kontakt mit den Gesprächspartner:innen hat Einfluss auf den weiteren Verlauf der Beziehung zwischen der/dem Forschenden und den Interviewten. Die Art und Weise wie die Akteur:innen beim ersten Treffen aufeinander zugehen, und die Interviewsituation an sich beeinflussen die Reaktionen und die Antworten des jeweiligen Gegenübers und sollten mit in die Analysen einfließen. Als Forschende und Interviewerin muss ich mir meiner eigenen Rolle im Prozess bewusst werden und bereit sein, mich selbst immer wieder aus der Distanz und im Verhältnis zu den Informantinnen kritisch zu betrachten. Welche Rolle wird mir als Interviewerin im Gespräch übertragen und wie gehe ich damit um? Was löst mein Gegenüber in mir aus? Wie wirkt das Interview auf mich und auf die Gruppen, in denen es ausgewertet wird? Welche Assoziationen setzt das Interview beim Anhören vom Tonband und beim Lesen frei? Wie wirkt die Stimme der Interviewten auf mich als Forschende und auf die Gruppenmitglieder? Was macht das Erzählte mit uns? Welche Bilder und Eindrücke setzt es in uns frei? Die Übertragungen und Gegenübertragungen im gesamten Forschungsprozess, welche die Reaktionen und Assoziationen beinhalten, die bei den Akteur:innen durch ihre Anwesenheit und ihren verbalen und nonverbalen Austausch ausgelöst werden, sind fester Bestandteil in einem hermeneutischen Verstehensprozess (vgl. Devereux 1967).

Der erste Schritt bei der tiefenhermeneutischen Interpretation des transkribierten Interviews in der Gruppe ist es, den Text aufmerksam und „freischwebend" zu lesen und dabei allen spontanen Assoziationen freien Lauf zu lassen. Alle Einfälle und Ideen, die entstehen, werden in Form von „brainstorming" festgehalten und im späteren Verlauf auf ihre Verwendbarkeit hin überprüft. Das „freie Assoziieren" ermöglicht ein sich Loslösen vom Text und ein Produzieren von Interpretationsmöglichkeiten, um zu den unbewussten Ebenen des Textes durchzudringen. Brüche im Text und Unstimmigkeiten im Erzählfluss lassen das freie Assoziieren ins Stocken geraten und geben Hinweise auf mögliche verborgene Sinngehalte. Das Festhalten von Irritationen und deren Bündelung zu einem Gesamtkomplex eröffnen die Möglichkeit von ersten Deutungsversuchen innerhalb der Interpretationsgruppe. Die entstehenden Deutungen müssen stets am Text belegbar sein und auf ihre Stimmigkeit hin innerhalb der Gruppe(n) so lange geprüft werden, bis sie als triftig gelten können oder verworfen werden. Diese Überprüfung der Deutungsversuche in einer zweiten und dritten Interpretationsgruppe kann als eine hilfreiche Korrektivvariable in der Bekräftigung der Interpretationsaussagen dienen. Bei der hier vorliegenden Untersuchung wurden diejenigen Analyseergebnisse übernommen, die sich in allen Forschungsgruppen bei der Rekonstruktion der Interviews als argumentativ gerechtfertigt erwiesen.

Im konkreten Analyseprozess der lebensgeschichtlichen Interviews sah die Zusammenführung der Elemente aus der narrationsanalytischen Methode und der Tiefenhermeneutik für diese Arbeit wie folgt aus: Zunächst wurde die Erzählung nach dem narrationsanalytischen Verfahren auf ihre formale Textstruktur hin untersucht und in Segmente aufgeteilt. Das heißt, es wurde jeweils kodiert, wo die Erzählung zu einem bestimmten Thema beginnt und wo sie aufhört. Dabei wurde zwischen den narrativen und nicht-narrativen Abschnitten unterschieden. Während die narrativen Abschnitte das Handlungsmuster der Interviewpartnerin (*Wie handelt sie?*) widerspiegeln, enthalten die nicht-narrativen Abschnitte das Deutungsmuster der Erzählung (*Wie steht die Interviewte zum Erzählten, was sind ihre Theorien und Gedanken?*). Die narrativen Segmente wurden mit Überschriften versehen, die im Laufe der Analyse und mit zunehmender Übersichtlichkeit der Gesamtgestalt der Interviews zum Teil verändert oder ergänzt wurden. Die herausgearbeiteten Segmente wurden einzeln auf ihren Erzählgehalt hin beschrieben. Eine solche deskriptive Vorgehensweise ermöglicht die Bildung von ersten biografieanalytischen und theoretischen Kategorien, die im Verlauf der Arbeit im Sinne der Grounded Theory verworfen, modifiziert und erweitert werden können.

Diese Auswertungsphase leitete einen tieferen Einstiegsprozess in die einzelnen Themenfelder und Lebensphasen der jungen Frauen ein. Ich begann, mich mit den unterschiedlichen biografischen Lebensabschnitten zu befassen, die in den Interviews häufig unchronologisch auftauchten, um einen analytischen Blick für die Erzählungen zu gewinnen. Dabei stellte sich der Inhalt der ersten Sequenz als ausschlaggebend für die gesamte biografische Erzählung heraus, da hier häufig das für die Erzählende zentrale Thema der Lebensgeschichte zum Tragen kommt. Transparent wird dieser Aspekt besonders in der Darlegung der ausführlichen Interpretation von den Interviews mit Shirin und Roxana in Kapitel IV. Die erste Sequenz erwies sich in allen vierzehn geführten Interviews als eine Art Inhaltsangabe der gesamten Erzählung.

Nach der deskriptiven Textanalyse einzelner Interviewabschnitte wurden die Abschnitte in eine chronologische Reihenfolge gebracht, um einen Zusammenhang zwischen zeitlich aufeinanderfolgenden biografischen Erlebnissen herzustellen und die gesamte Lebensgeschichte zunächst in ihrem Verlauf transparent zu machen. In dieser Phase begann ich, durch das wiederholte Lesen und Beschreiben der Texte und durch die gleichzeitige Interpretation in Forschungsgruppen unterschiedliche Lesarten der Interviews zu entdecken und wie eine „Archäologin" die tieferen Sinnstrukturen der Erzählungen Schicht für Schicht zu rekonstruieren (vgl. Belgrad 1996). Die Interviews mit Shirin und Roxana, welche eine besondere Anhäufung an adoleszenten Themen und Konflikten aufweisen, wurden in ihrer gesamten Erzähl- und Textfülle tiefenhermeneutisch interpretiert. Das

Interview von Roxana war zudem mit dreiundfünfzig transkribierten Seiten das längste Interview und enthält die längsten narrativen Passagen. Da eine tiefenhermeneutische Analyse aller Interviews aus zeitlichen Gründen nicht möglich war, wurde der Fokus bei den weiteren Interviews auf die besonders für die Untersuchung der Phase der Adoleszenz relevanten Passagen gelenkt. So stellte sich die strukturelle Beschreibung der Interviews als ein vielschichtiger Analyseprozess heraus, in dessen Verlauf ganze Textpassagen ständig voneinander abgesetzt sowie wieder aufeinander bezogen wurden, um einzelne Textstellen und Erzählstränge besser verstehen, Irritationen entschlüsseln und vergleichen zu können.

Diese Kombination aus Beobachten, Sichentfernen von den Texten, um sich ihnen wieder anzunähern, erfordert vor allen Dingen eines: Geduld. Als Forscherin musste ich die Bereitschaft aufweisen, Zeit als eine dehnbare Einheit in meinem Arbeitsvorgehen zu akzeptieren, da sich der Arbeitsprozess nicht nach einem bestimmten Schema abwickeln lässt, sondern vielmehr nach - zum Teil unvorhersehbar - intensiver Zeit und einem psychologischen Spürsinn im Umgang mit den Texten verlangt. Manifeste und latente Sinngehalte der Erzählungen erschließen sich häufig erst beim wiederholten Betrachten aus verschiedenen Perspektiven. Gerade die unscheinbaren Erzählformen, ausgelassenen Worte und Brüche im Text offenbarten sich häufig bei der wiederholten Durchsicht der Protokolle und der Memos als essenzielle Stellen, um Sinngehalte zu erschließen.

Im Anschluss an die strukturelle Beschreibung der narrativen Segmente folgte die Einbettung aller Segmente in einen größeren biografischen Zusammenhang. Was gibt die biografische Analyse und die Herausarbeitung der Lebensphase der Adoleszenz mit ihren vielschichtigen Themenfeldern in ihrer Gesamtheit her und wie schätzen die Befragten ihre Lebensgeschichte selbst ein? Was wurde erzählt und welche Einstellung haben die Interviewten selbst zu ihren Lebensgeschichten? Wie gehen sie damit um? Die Klärung dieser Fragen und die Betrachtung der Biografie in ihrer Gesamtheit mit dem Fokus auf der Phase der Adoleszenz ist ein zentraler Schritt der Arbeit, um die Interviews miteinander in Beziehung setzen und vergleichen zu können. Bezogen auf das Thema meiner Arbeit war es für die vergleichende Analyse ausschlaggebend, wie die jungen Frauen die Phase des Erwachsenwerdens erleben und welche Bewältigungsstrategien sie im Umgang mit den adoleszenten Anforderungen in der Migration entwickeln. Auf diese Weise wurden die Gemeinsamkeiten und die Unterschiede in den adoleszenten Umgehensweisen der jungen Frauen festgehalten und über den Vergleich der verschiedenen Erzählungen zugunsten der Gewinnung allgemeiner Aussagen in die Theoriegenerierung eingebettet.

Bereits früh zeigte sich die Kombination der beiden Erhebungsverfahren der narationsanalystischen und der an die Tiefenhermeneutik angelehnten Methode als bereichernd und als sich gegenseitig ergänzend. Die einzelnen Arbeitsschritte verschmelzen im konkreten Analyseprozess miteinander, was sich auch in der Art der Wiedergabe der Gesamtergebnisse widerspiegelt.

Bei der Theoriegewinnung handelt es sich um eine vornehmlich induktive Vorgehensweise, bei der die theoretischen Forschungshypothesen in einer synchron verlaufenden Auseinandersetzung mit dem empirischen Material entwickelt wurden. Zwar gab es im Vorfeld Hypothesen, die aufgrund bereits vorhandener Forschungsergebnisse und eigener Vorannahmen existierten, jedoch fungierten diese - im Gegensatz zu einer deduktiven, auf die Prüfung der Hypothesen ausgerichteten Vorgehensweise -, nicht als leitende Variablen im Forschungsprozess. Die Entscheidung für eine rekonstruktive induktive Methode zielt darauf, die Gefahr einer Datenverzerrung durch das Einbringen möglicher unangemessener Vorannahmen zu verringern, um sich dem Entdecken neuer und gegenstandsbezogener Konzepte im Sinne von Glaser und Strauss (1984) zuwenden zu können.

4. Auswertungssettings und Ergebnisvalidierung

Die Interviews wurden in einem kontinuierlichen zweijährigen Analyseprozess in zum Teil parallel verlaufenden Forschungsgruppen zur Diskussion gestellt und ausgewertet. Dabei handelt es sich um sozial-psychologisch ausgerichtete interdisziplinäre Kolloquien sowie eine Forschungswerkstatt für qualitative empirische Sozialforschung, eine Auswertungsgruppe für für tiefenhermeneutische psychoanalytische Kutlturforschung, die gleichzeitig auch als Forschungsgemeinschaft zur Supervision fungierte, sowie einzelne Settings mit Wissenschaftler:innen für zusätzliche Besprechungen und Reflektionen der Interviews.

Die Interpretationsgruppen waren im gesamten Forschungsprozess eine zuverlässige Quelle und ein zentrales Korrektiv für die Ergebnisse der Untersuchung, ohne die das Auswertungsziel der Daten in dieser Kombination nie zustande gekommen wäre. Die vielfältigen Gelegenheiten der Präsentation und Diskussion des „work in progress" auf Tagungen und Workshops trugen wesentlich zur weiteren Ergebnisvalidierung bei.

III. Die empirische Untersuchung

1. Die Untersuchungsgruppe

Meine Gesprächspartnerinnen kamen in ihrer Kindheit oder frühen Jugend in den 1980er Jahren aus dem Iran nach Deutschland, wo sie seitdem ihren Lebensmittelpunkt haben. Grund für die große Welle der Emigration in den 1980er Jahren, die in dieser Form erstmalig in der Geschichte Irans stattfand, waren die politischen, soziokulturellen und ökonomischen Folgen der iranisch-islamischen Revolution von 1979 und des darauffolgenden achtjährigen Krieges zwischen Iran und Irak (der erste Golfkrieg). Daher war die Emigration auch gepaart mit der Hoffnung der Eltern auf mehr Sicherheit und Chancen für die Zukunft sowie auf bessere Bildungsmöglichkeiten für die Kinder.

Die Familien entschieden sich zum Teil gezwungenermaßen für die Auswanderung, da sie aufgrund ihrer politischen Haltung oder ihrer Zugehörigkeit zu einer religiösen Minderheit vom neuen Regime mit Verfolgung und Folterung bedroht wurden, um ihr Leben bangten und sich in ihrem Land nicht länger sicher fühlten. Dieses schwere Erbe der Vergangenheit wird zum Teil in den erzählten Biografien meiner Interviewpartnerinnen sichtbar. Aus den genannten Gründen sind zum Beispiel die Väter von Shirin, Vida und Roja jeweils ein Jahr bzw. zwei Jahre vor dem Rest der Familie geflüchtet. Die Väter von Lilli und Donya reisten ihren Familien sechs Monate bzw. zwei Jahre nach deren Emigration, ebenfalls auf Umwegen, nach. Roxana, Nuran, Minu, Puneh, Shiva und Sara kamen gemeinsam mit beiden Eltern und ihren Geschwistern nach Deutschland. Narges Vater ist im Iran verstorben, als sie zwei Jahre alt war. Viele Jahre später wanderten Narges und ihre Mutter gemeinsam nach Deutschland aus. Marjan und Farideh reisten allein aus, ihre Eltern leben noch im Iran.

Roxana, Nuran, Minu, Puneh, Lilli, Roja, Shirin und Vida erlebten ihre Adoleszenz in der traditionellen Kernfamilie mit Mutter, Vater und Geschwistern. Narges wuchs mit ihrer Mutter auf; Shiva mit ihrer Mutter und ihrem Bruder, da sich die Eltern kurze Zeit nach der Immigration trennten und der Vater in den Iran zurückkehrte. Saras Vater ging ebenfalls in den Iran zurück, als Saras Mutter zwei Jahre nach der Immigration verstarb. Sara blieb bei ihren Großeltern väterlicherseits in Deutschland. Donya wuchs aufgrund der

Scheidung der Eltern hauptsächlich mit ihrer Mutter und ihrer Schwester auf. Farideh und Marjan lebten ab dem zwölften bzw. fünfzehnten Lebensjahr in iranischstämmigen Pflegefamilien, die ihre Eltern zuvor bekannt waren.

Zum Zeitpunkt des Interviews befinden sich die Frauen in unterschiedlichen Phasen ihres Lebens. Vida, Sara, Lilli, Shirin und Roxana sind in den letzten Zügen ihres Studiums. Marjan, Farideh und Puneh haben einen Hochschulabschluss und sind berufstätig. Donya und Roja besitzen ebenfalls einen Hochschulabschluss und sind auf der Suche nach einer Arbeitsstelle. Nuran hat das Fachabitur und macht eine Ausbildung in der Medienbranche. Shiva verfügt über einen Realschulabschluss, jobbt und nutzt diese Zeit als Orientierungsphase, um sich für eine Ausbildung zu entscheiden. Minu und Narges befinden sich beide nach mehrjähriger Berufserfahrung in Elternzeit. Minu hat zwei kleine Kinder und Narges erwartet ihr erstes Kind.

2. Suche nach Interviewpartnerinnen

Meine Suche nach geeigneten Interviewpartnerinnen gestaltete sich über Aushänge in verschiedenen Universitäten, Anzeigen in zwei iranischen Internetforen in deutscher Sprache sowie Empfehlungen aus dem entfernten Bekanntenkreis. Nach den ersten Interviews hatte ich über die interviewten Frauen Kontaktadressen von weiteren potenziellen Interessierten bekommen und konnte so fortlaufend den Interviewprozess weiterführen. Dieser positiven Entwicklung ging jedoch eine mühevolle Zeit der Suche voraus, die in mir anfangs Zweifel an meiner Vorgehensweise aufkommen ließ. Die Probleme der anfänglichen Suchaktion möchte ich hier kurz schildern. Ich bekam auf meine Anzeigen im Internet und die Aushänge in den Universitäten eine insgesamt positive Resonanz, d.h. es meldeten sich einige Frauen, die sich interesssiert nach meinem Thema und der Gestaltung des Interviews erkundigten und zunächst eine Bereitschaft an einer Beteiligung zeigten. Nach ersten Informationen über die Art der Interviewführung zogen jedoch einige ihre Bereitschaft deutlich zurück. Zu diesen Frauen erhielt ich eine kurze Zeit lang den Kontakt über E-Mails und Telefongespräche aufrecht, um die Gründe ihrer Zurückhaltung zu eruieren. Ich erfuhr, dass ihnen der Rahmen der Interviewgestaltung zu persönlich oder intim erschien. Die meisten von ihnen äußerten den Wunsch nach einem Gruppeninterview oder einem möglichst wenig aufwendigen und schnellen Einzelinterview an einem Ort mit Publikumsverkehr, z.B. einem Cafe. Eine interessierte Frau äußerte

Sicherheitsbedenken und sagte, sie würde nur unter der Prämisse zustimmen, wenn das Gespräch nicht auf Tonband aufgenommen würde.

Ich bekam den Eindruck, dass mein Thema und meine Vorgehensweise in den Gesprächspartnerinnen eventuell alte Ängste weckten, die mit deren Vorgeschichte in einem Zusammenhang standen. Viele Iraner:innen, die in der Zeit nach der iranisch-islamischen Revolution in den Westen emigrierten, waren politisch Verfolgte oder politisch Unzufriedene, bei denen die Migration häufig einen fluchtartigen Charakter besaß. In den Schulen gab es Schülerinnen, die aus politischen Gründen andere Mitschülerinnen und deren Familien ausspionierten und der Schuldirektion regelmäßig Bericht erstatteten. Intimität und Vertrauen konnte es in diesem Fall nur innerhalb des kleinen privaten Rahmens in der Familie und mit nahen Freund:innen geben. Ganz gleich, was die Migrationsgründe für meine Interviewpartnerinnen waren, eines hatten die meisten gemeinsam: Sie und/oder ihre Familien kannten diese Lebensumstände. Nun kommt Jahre nach der Migration eine Frau mit ähnlichem Hintergrund auf sie zu, die Nachforschungen zu ihrer Lebensgeschichte anstellen und diese wissenschaftlich öffentlich machen möchte. Außerdem möchte sie das Interview mit ihnen in einem ruhigen Rahmen zu zweit gestalten. Als ich mir über die Gründe der Absagen Gedanken machte, wurde mir die Ungewöhnlichkeit der Situation bewusst, in einem „ruhigen" Rahmen über ein turbulentes und vermutlich sehr unruhiges Leben berichten zu sollen. Man sitzt irgendwo und erzählt von Kriegserfahrungen, Existenzängste der Familie, Migration und die Veränderungen nach der Einwanderung, die noch wenig mit einem Leben in Ruhe und „Normalität" zu tun haben. Ich fühlte mich plötzlich in die Rolle einer Spionin hineinversetzt, die die Frauen nach Dingen fragen wollte, die sie im Iran vermutlich niemals einer „fremden" Person anvertraut hätten, von einer Tonbandaufnahme ganz zu schweigen. Ich zweifelte, ob meine Vorgehensweise den gewünschten Erfolg bringen würde, blieb jedoch weiterhin bei meinem Entschluss, die Suche nicht verfrüht aufzugeben. Diese Entscheidung hat sich gelohnt. Ich fand viele Frauen, die bereit waren, freiwillig aus ihrem „unruhigen" Leben in einem ruhigen Setting zu erzählen und die ihre Freude über die Teilnahme äußerten.

Trotzdem bleibt die Frage offen, wie all die Frauen, die sich gegen eine Teilnahme entschieden, mit der Angst, die sie spüren und die sie auf mich übertrugen, leben. Wird diese Angst verdrängt oder sprechen die Frauen einfach nicht darüber?

3. Forschungssituation

3.1 Der Interviewrahmen

Das erste Treffen mit meinen Gesprächspartnerinnen fand in der Regel direkt am vereinbarten Interviewtag statt. Entweder fuhr ich mit der Bahn in die jeweilige Stadt, wo ich meist bereits am Bahnhof erwartet wurde, oder ich nahm bei etwas kürzeren Strecken den eigenen PKW. Die Interviews mit Donya, Lilli, Marjan, Minu, Narges, Nuran, Roxana, Roja, Sara und Shiva wurden in den Wohnungen bzw. Häusern der jungen Frauen geführt. Mit Farideh traf ich mich für unser Interview in einem Cafe, mit Shirin in der Universität ihrer Stadt, mit Puneh in der Wohnung eines Bekannten, der in derselben Stadt wie Puneh lebt, und das Gepräch mit Vida fand bei mir zuhause statt. Als Besucherin bei meinen Geprächspartnerinnen hatte ich die Gelegenheit, durch die Wohnatmosphäre auch etwas über sie selbst zu erfahren, was mir bei den vier zuletzt Genannten auf diese Weise nicht möglich war. Das Interview in der Universität, das ich mit Shirin führte, wurde trotz anfänglicher Unruhe zu einem sehr entspannten und ergiebigen, während sich das Treffen im Cafe mit Farideh am aufwendigsten gestaltete, da mein Gegenüber sehr aufgeregt war und wir das Interview des Öfteren unterbrechen mussten. Auch konnte die Aufnahme nur unvollständig transkribiert werden, da sie sich beim Anhören als zunehmend unverständlich herausstellte. Bei diesem Treffen ergab sich nach dem eigentlichen Interview und dem Ausstellen des Aufnahmegeräts ein viel freieres Gespräch, dessen Inhalte ebenfalls bei der Analyse berücksichtigt wurden. Das Interview mit Nuran konnte ebenfalls nicht komplett transkribiert werden, da sich die Aufnahme im Nachhinein aus technischen Gründen als unvollständig erwies. Ihre Biografie wurde mit Zuhilfenahme der eigenen Notizen zu Nurans Erzählung und dem Treffen mit ihr rekonstruiert. In der Regel hatten meine Gesprächspartnerinnen und ich genügend Zeit für das Treffen eingeplant, so dass im Vorfeld und im Nachhinein viel Raum zum Kennenlernen und Erzählen zur Verfügung stand. Die hier gesammelten Eindrücke flossen ebenfalls in die Analyse der Interviews ein.

3.2 Prinzip der freien Sprachwahl

Meine Universitätsaushänge waren sowohl in Deutsch als auch in Farsi verfasst, die Anzeigen in den Internetforen lediglich in deutscher Sprache.

Bei unserer ersten Kontaktaufnahme signalisierte ich meinen Interviewpartnerinnen, dass sie wählen können, in welcher der beiden Sprachen sie mit mir kommunizieren möchten. Die Frauen entschieden sich bis auf eine Interviewpartnerin für die deutsche Sprache. Während der Interviews machten fast alle von der Möglichkeit der bilingualen Sprachsituation Gebrauch und benutzten im Verlauf ihrer Erzählung in der deutschen Sprache spontan auch Formulierungen in Farsi, ohne ihren Erzählstrang zu unterbrechen, etwa wenn Shirin die Worte ihrer iranischen Großmutter in Farsi wiedergab oder Minu im Zusammenhang mit ihren Kindern über die Anwendung persischsprachiger Koseworte erzählte. Die Formulierungen in Farsi aus den Interviews wurden mit in die Transkription übernommen. Gerade der Begriff „Taarof", der keine direkte Entsprechung in der deutschen Übersetzung findet (vgl. IV. 2.8), wurde in den Gesprächen genau so von den Frauen gebraucht. Dabei handelt es sich um einen uralten persischen Kommunikations- und Höflichkeitsbrauch, der nach wie vor eine zentrale Rolle in persischen Sprachsituationen spielt. Da es in der Interviewsituation keinen Erklärungsbedarf persischsprachiger Phänomene bedurfte, benutzten die Erzählenden ihre Herkunftssprache situativ und spontan. Meine Interviewpartnerin Marjan, mit der die Kommunikation zunächst über E-Mails auf Deutsch verlief, sprach bei unserem Treffen und im Interview auf Farsi. Das Interview habe ich anschließend ins Deutsche übersetzt und transkribiert. Marjan wechselte an einigen Interviewstellen ins Deutsche, etwa um Dialoge aus ihrer Schulzeit in Deutschland oder Gesprächsinhalte mit ihrem Arbeitgeber wiederzugeben. Auch benutzte sie Ausdrücke in deutscher Sprache, die bei einer direkten Übersetzung ins Persische an ihrer Aussagekraft verlieren würden. Zum Beispiel nennt sie ihren alten Lateinlehrer einen „*Herrn der alten Schule*", ohne dies weiter auf Farsi zu kommentieren. Vor allem solche sprachlichen Redewendungen und Ausdrücke, die keine direkte Entsprechung in der persischen Sprache und umgekehrt in der deutschen Sprache haben, wurden in der Interviewsituation spontan ohne eine weitere Erklärung von den Interviewpartnerinnen benutzt. Insofern erwies sich die Möglichkeit der freien Sprachwahl als hilfreich, da die Frauen ihre Formulierungen nicht übersetzen mussten und so ihre Erzählung sprachlich frei und fließend gestalten konnten.

4. Die Interviewpartnerinnen im alphabetischen Überblick

Donya (30)

Donya kommt als Fünfzehnjährige mit ihrer Mutter und ihrer Schwester nach Deutschland. Die erste Zeit in einem Asylheim bezeichnet sie als die unglücklichste in ihrem Leben, da sie sich ohnmächtig und ausgeliefert fühlt. Auch in der Schule fällt ihr der Einstieg zunächst sehr schwer. Nach kurzer Zeit nimmt Donyas Mutter die Tochter einer befreundeten Familie aus dem Iran in ihre Obhut, die im gleichen Alter ist wie Donya. Die Mutter zieht mit ihren drei Mädchen in eine neue Wohnung. Donya und ihre Freundin und neue „Schwester" gehen zusammen in eine Klasse. Ab diesem Zeitpunkt beginnt Donya, sich besonders in der Schule sicherer und besser zu fühlen. Donyas Vater kommt nach etwa zwei Jahren ebenfalls nach Deutschland, bleibt jedoch nur für kurze Zeit bei der Familie wohnen, da sich die Eltern zum dritten Mal scheiden lassen. Zu diesem Zeitpunkt ist Donya siebzehn Jahre alt. Ihre Mutter erlebt Donya in der Adoleszenz als eine strenge Mutter. Donyas Leben „als Jugendliche" habe erst mit achtzehn Jahren angefangen. Das sei die Zeit gewesen, in der sie ihren ersten Freund und eine Clique gehabt habe, mit der sie und ihre Freundin trotz der einzuhaltenden Zeitvorgaben viel gemeinsam unternommen hätten. Nach der Schule entscheidet sich Donya für ein Studium, das sie mit viel Mühe absolviert. Momentan befindet sie sich nach einer kurzen Zeit der Berufstätigkeit wieder auf Arbeitssuche.

Farideh (30)

Faridehs Eltern schicken ihre Tochter im Alter von zwölf Jahren nach Deutschland, wo sie mit ihrem zuvor angereisten Bruder bei einer iranischen Pflegefamilie lebt und zunächst die Hauptschule besucht. Nach der zehnten Klasse wechselt Farideh auf das Gymnasium und entscheidet sich, ebenso wie ihr Bruder, mit Hilfe des Jugendamtes für ein betreutes Wohnen in einem Jugendheim. Mit achtzehn Jahren zieht sie in eine eigene Wohnung, absolviert ein Studium an der Fachhochschule und übt seitdem den erlernten Beruf aus. Ihre Eltern, die im Iran bis zur Pensionierung berufstätig gewesen sind, besuchen ihre Kinder sporadisch in Deutschland. Farideh selbst ist seit der Migration einmal im Iran gewesen. Sie sagt, dass sie momentan wenig Bezug zum Iran habe und ihre Freiheit und Selbstständigkeit in Deutschland sehr schätze.

Lilli (27)

Lilli ist fünf Jahre alt, als sie mit ihrer deutschen Mutter vom Iran nach Deutschland emigriert. Der Vater reist sechs Monate später nach. Lillis Eltern lernen sich in den 1970er Jahren in Deutschland kennen, als der Vater sich zu Studienzwecken in Deutschland aufhält. Sie heiraten und ziehen nach der Studienzeit gemeinsam in den Iran, wo die persische Monarchie noch besteht. Lilli wird in Teheran geboren und wächst in ihren ersten Lebensjahren zweisprachig auf. Als sie fünf Jahre alt ist entscheidet sich die Familie aufgrund der politischen Veränderungen nach der iranisch-islamischen Revolution für eine Emigration in die Heimat von Lillis Mutter nach Deutschland, wo sie zunächst bei Lillis Großeltern mütterlicherseits leben, bis der Vater nachkommt. Die Mutter findet nach kurzer Zeit eine Anstellung. Lilli bekommt mit zehn Jahren einen Bruder. Der Vater kümmert sich um die Kinder und den Haushalt. In der Pubertät versucht Lilli, sich mit den Reglementierungen, die ihr von ihrem Vater zuteilwerden, zu arrangieren, wodurch ihre Adoleszenz, wie sie selbst sagt, erst sehr spät - kurz vor dem Abitur - anfängt. Obwohl sie seit dem Studium nicht mehr zuhause lebt, verbringt sie gern Zeit bei ihren Eltern, vor allem genießt sie heute den Humor und die Nähe ihres Vaters. Lilli beherrscht die persische Sprache kaum noch und würde gern wieder in den Iran reisen, auch um ihre Sprachkenntnisse aufzubessern. Sie befindet sich in den letzten Zügen ihres Studiums und hat einen deutschen Partner, der ebenfalls studiert.

Marjan (30)

Marjans Eltern schicken ihre Tochter im Alter von fünfzehn Jahren nach Deutschland, mit der Absicht, selbst nachzukommen. Bis dahin soll eine in Deutschland wohnhafte iranische Freundin, die selbst zwei eigene Töchter hat, die Erziehungsberechtigung Marjans übernehmen. Mit der Zeit stellt Marjan fest, dass ihre Eltern nicht nach Deutschland kommen werden, und sie entscheidet sich, bei ihrer „Pflegefamilie" zu bleiben. Ab ihrem achtzehnten Lebensjahr verdient sie neben der Schule ihr eigenes Geld und finanziert später ihr Studium selbst. Während des Studiums bricht der Kontakt zu ihrer „Pflegefamilie" ab. Heute ist sie erfolgreiche Abteilungsleiterin einer Firma und führt mit ihrem langjährigen Lebenspartner iranischer Herkunft aufgrund ihrer Jobs an zwei verschiedenen Orten eine Wochenendbeziehung.

Minu (26)

Minu ist drei und ihre Schwester ein Jahr alt, als die Eltern auswandern müssen, weil sie zu einer von der iranisch-islamischen Regierung religiös verfolgten Minderheit gehören. In Deutschland hat Minu zunächst Probleme, mit anderen Kindern im Kindergarten in Kontakt zu treten, und fühlt sich als Außenseiterin. In der Grundschule hat sie eine beste Freundin, ebenfalls iranischer Herkunft, mit der sie auch privat viel Zeit verbringt. Als Jugendliche ist Minu in ihrer Freizeit gern zuhause oder nimmt an Unternehmungen teil, die ihre Glaubensgemeinde für Jugendliche organisiert. In ihrer späten Adoleszenz kollidieren ihre Wünsche nach mehr Freiräumen mit den Erwartungen ihrer Eltern, mit denen sie sich zunächst arrangiert. Ihren ersten Freund lernt sie während ihrer Ausbildung mit achtzehn Jahren kennen. Nach ihrer Ausbildung arbeitet sie ein Jahr in ihrem Beruf, bevor sie von zuhause aus- und mit ihrem deutschen Freund zusammenzieht. Diesem Umzug folgen sehr bald die Heirat und die Geburt ihrer beiden Kinder. Minu erzieht ihre Kinder einsprachig, da sie die persische Sprache selbst nicht mehr spricht.

Narges (33)

Narges wandert mit fünfzehn Jahren mit ihrer Mutter nach Deutschland aus. Ihren „Quereinstieg" ins Gymnasium empfindet sie als schwierig, da sie nicht nur gleichzeitig die deutsche Sprache, sondern auch eine zweite Fremdsprache innerhalb kürzester Zeit erlernen muss. Trotzdem schließt sie schnell Freundschaften zu Schulkameradinnen und findet sich nach einem harten Schuljahr allmählich besser zurecht. Nach dem Abitur macht sie eine Ausbildung, mit dem Ziel, anschließend zu studieren. Diese Zeit ist geprägt von vielen Konflikten zwischen Mutter und Tochter, woraufhin Narges sich für einen Auszug von zuhause entscheidet, um ein selbstständigeres Leben zu führen. Diese Lebensphase nutzt sie, um ihren damaligen Partner besser kennenzulernen, ihre Ausbildung zu beenden und eine Iranreise zu unternehmen, die es ihr ermöglicht, sich mit ihrer Herkunftskultur auseinanderzusetzen. Durch diese Phase der Selbstfindung habe sie heute ein harmonischeres Verhältnis zu ihrer Mutter und ein tieferes Selbstverständnis für eigene Belange und Wünsche im Leben. Narges und ihr Partner deutscher Herkunft erwarten ihr erstes gemeinsames Kind.

Nuran (20)

Nuran lebt seit ihrem sechsten Lebensjahr in Deutschland. Der Einstieg in den Kindergartenalltag und in die deutsche Sprache fällt ihr leicht und sie findet spielerisch soziale

Kontakte zu anderen Kindern. Die Schule durchläuft sie bis zum Fachabitur, danach entscheidet sie sich für eine Ausbildung, die sie momentan mit viel Engagement absolviert. Ihre wenigen Erinnerungen an den Iran sind die schönen Urlaube in den Ferien, die sie mit der Großfamilie verbrachte. Die nahen Verwandten im Iran vermisst sie heute noch sehr. Die Adoleszenz wird für Nuran eine Zeit, in der sie bezüglich des Umgangs mit Freund:innen und ihrem ersten Partner deutscher Herkunft die ersten Konflikte mit ihren Eltern erlebt. Nurans Eltern hätten es lieber gesehen, wenn ihre Tochter zuerst die Schule beendet hätte, bevor sie eine Partnerschaft eingegangen wäre. Fast zeitgleich mit der Scheidung der Eltern trennt sich Nuran ebenfalls von ihrem Partner. Seitdem lebt sie bei ihrer Mutter, pflegt aber auch den Kontakt zu ihrem Vater.

Puneh (29)
Puneh ist elf Jahre alt, als die Familie nach Deutschland emigriert. Den eigentlichen Grund für die Auswanderung sieht Puneh in dem Ehrgeiz ihrer beiden älteren Schwestern, die gern im Ausland leben und studieren wollen. Puneh hat zudem eine jüngere Schwester. In Deutschland besucht Puneh zunächst die sechste Schulklasse; sie hat einen schwierigen Start in den Schulalltag, da sie die deutsche Sprache nicht beherrscht. Ein Jahr nach der Ankunft in Deutschland wird Punehs Großmutter väterlicherseits im Iran krank. Puneh, ihre jüngere Schwester und die Eltern kehren zurück, um für die Großmutter zu sorgen. Einige Monate später verstirbt die Großmutter und die Eltern beschließen, mit ihren Töchtern wieder nach Deutschland zu ziehen. Puneh besucht die Realschule und das Gymnasium bis zum Abitur. In der Phase der Adoleszenz hat sie ein gutes Verhältnis zu ihrer Mutter, während sich die Nähe zum Vater allmählich auflockert. Puneh beschreibt sich rückblickend als „keine gewöhnliche Pubertierende", da sie „keine Probleme" mit ihren Eltern gehabt habe. Mit den Erwartungen ihrer Eltern an sie habe sie sich in der Regel gut arrangieren können. Puneh wohnt mit ihrer jüngeren Schwester bei ihren Eltern und arbeitet im universitären Forschungsbereich.

Roja (29)
Roja emigriert als Neunjährige mit ihrer Mutter und ihrem sechs Jahre jüngeren Bruder aus dem Iran zu ihrem Vater nach Deutschland, der etwa zwei Jahre zuvor eingereist war. Roja erzielt bereits früh Erfolge in der Schule, und auch später, während der Ausbildung und im Studium, fällt ihr das Lernen leicht. Gleichzeitig spricht sie von einer „Identitätskrise" nach der Emigration, da sie sich häufig von ihrer Umwelt sowie von ihrer

"iranischen" Familie unverstanden gefühlt hat. Roja ist zwanzig Jahre alt, als sich ihre Eltern scheiden lassen. Der Vater verstirbt einige Jahre danach an einem Herzinfarkt. Während des Studiums lernt Roja ihren heutigen Ehemann deutscher Herkunft kennen. Sie hat kürzlich ihr Studium beendet und befindet sich auf Arbeitssuche.

Roxana (26)

Roxana emigriert im Alter von fünf Jahren mit ihren Eltern und ihrem jüngeren Bruder nach Deutschland. Sie erinnert sich gerne an ihre Kinder- und frühen Jugendtage zurück, als die Familie in einem Wohnheim für Studierende gewohnt hat und sie und ihr Bruder dadurch in einer "multikulturellen" Atmosphäre mit anderen Kindern aufgewachsen sind. Die Schulzeit nimmt Roxana als eine Verpflichtung wahr, die sie eher spielerisch, aber ungern bewältigt. Mit der Pubertät erlebt die zuvor harmonische Beziehung zwischen Roxana und ihrem Vater eine konfliktgeladene Wende, welche zu vielen Streitereien und Auseinandersetzungen führt. Dabei spielt auch die iranische Community als soziale Kontrollinstanz eine Rolle, von der Roxana sich zu distanzieren versucht. Mittlerweile befindet sich Roxana in der letzten Phase ihres Studiums und übt eine Nebentätigkeit aus. Privat hat sie eine Partnerschaft mit einem jungen Mann türkischer Herkunft, die von häufigen kulturellen Meinungsverschiedenheiten geprägt ist.

Sara (23)

Sara lebt seit ihrem zehnten Lebensjahr in Deutschland. Kurz nach der Emigration der Familie aus dem Iran verliert Sara ihre Mutter an den Folgen einer Krebserkrankung. In dieser Zeit bekommt die Familie viel Beistand von Saras Großeltern und dem Onkel väterlicherseits, die ebenfalls in Deutschland leben. Zwei Jahre später kehrt Saras Vater mit Saras einzigem jüngeren Bruder in den Iran zurück. Sara bleibt fünf Jahre bei ihren Großeltern wohnen. Als Siebzehnjährige zieht Sara zu ihrem Onkel und seiner Familie, da ihre Großeltern für einige Zeit in den Iran gehen. Mit achtzehn Jahren zieht sie in eine eigene Wohnung, schließt die Schule mit dem Abitur ab und beginnt zu studieren. Seitdem hat sie den Iran ein einziges Mal besucht und würde gern demnächst auch mit ihrem deutschen Partner, der ebenfalls studiert, dorthin reisen. Sara kann sich ein späteres Leben und Arbeiten sowohl in Deutschland als auch im Iran vorstellen.

Shirin (24)

Shirin ist sieben Jahre alt, als sie, ihre Mutter und ihr Bruder dem ein Jahr zuvor ausgewanderten Vater nach Deutschland folgen. In der ersten Zeit nach der Ankunft vermisst sie ihre Großmutter, die ihre erste Bezugsperson war, sehr und möchte am liebsten zu ihr zurückkehren. Mit der Zeit jedoch gewöhnt sie sich an die veränderten Umstände, schließt neue Freundschaften und baut eine neue positive Beziehung zu ihrer Mutter auf. Die Frage der sozialen Zugehörigkeit und Anerkennung als Iranerin und als Deutsche wird für Shirin in der Adoleszenz zu einem zentralen Identitätsthema. Ihr Bemühen, sich selbst zwischen den kulturellen Räumen ihrer Lebenswelt zu positionieren, führt zu vielen persönlichen und innerfamiliären Kämpfen. Heute bekennt sie sich zu den unterschiedlichen Anteilen ihrer Identität und möchte eines Tages auch wieder in den Iran reisen, um ihr Herkunftsland aus ihrer heutigen Perspektive kennenzulernen. Mit ihrem Partner deutsch-marokkanischer Herkunft teilt sie gemeinsame Erfahrungen hinsichtlich der mehrfach-kulturellen Zugehörigkeit. Beruflich hat sie für ihre Zukunft nach dem Studium konkrete Wünsche, die sie gern umsetzen möchte.

Shiva (22)

Shiva reist als Vierjährige mit ihren Eltern und ihrem zwei Jahre älteren Bruder nach Deutschland. Ein Jahr danach lassen sich die Eltern scheiden, der Vater kehrt in den Iran zurück, Shiva und ihr Bruder bleiben mit ihrer Mutter in Deutschland und besuchen den Vater im Iran jährlich. Mit vierzehn Jahren bleibt Shiva auf eigenem vehementen Wunsch für ein ganzes Jahr im Iran bei ihrem Vater und geht dort zur Schule. Danach beschließt sie selbst, wieder nach Deutschland zu ihrer Mutter zurückzukehren. Ihren Freund, mit dem sie mittlerweile viele Jahre zusammen ist, lernt sie kurz nach ihrer Rückkehr in Deutschland kennen. Er ist türkischer Herkunft und bewusst auf eine traditionelle „Mann-Frau-Rollenaufteilung" in einer Partnerschaft bedacht. Shiva fühlt sich oft zwischen seiner Weltansicht und der liberalen Erziehung ihrer Mutter hin- und hergerissen, möchte sich jedoch gern zu ihm bekennen und mit ihm eine Familie gründen. Sie hat einen Realschulabschluss, übt einen Aushilfsjob aus und möchte anschließend eine Ausbildung absolvieren.

Vida (28)

Vidas Eltern lernen sich in Deutschland während ihrer beruflichen und akademischen Ausbildung in den 1970er Jahren kennen und kehren danach gemeinsam in den Iran zurück. Vida und ihr Bruder kommen in Teheran auf die Welt. Als Vida sieben Jahre alt ist, verlässt der Vater aus sozialpolitischen Gründen den Iran. Zwei Jahre später folgt ihm der Rest der Familie nach Deutschland. In Deutschland besucht Vida die Schule von der fünften Klasse bis zum Abitur. Als sie in der zwölften Klasse ist, stirbt ihr Vater an Krebs. Der traurige Tod des Vaters und die darauffolgende Zeit läuten für Vida eine neue Lebensphase ein. Mit dem Abschied ihres Vaters verlieren die strengen Erziehungsmaßnahmen, unter denen Vida zuvor gelitten hat, ihre absolute Gültigkeit. Zu ihrer Mutter hat sie ein positives Verhältnis. Vida lebt heute mit ihrem Lebenspartner deutscher Herkunft zusammen, hat ihr Studium beendet und arbeitet in einem Wirtschaftsunternehmen.

IV. Feinanalytische Interpretationen von zwei ausgewählten Biografien

1. Shirin

1.1 Vor dem Interview

1.1.1 Kontaktaufnahme

Ich bekomme Shirins Mobiltelefonnummer von einer Interviewpartnerin, die Shirin flüchtig kennt. Ich rufe sie an, wir sprechen miteinander und sie sagt, dass sie bereits durch unsere gemeinsame Bekannte von mir und dem Interviewvorhaben weiß, sehr interessiert an dem Thema sei und gern mehr darüber erfahren würde. Ich erzähle Shirin, dass es in meiner Arbeit um Iranerinnen geht, die in Deutschland aufgewachsen sind, und dass ich untersuchen möchte, wie sie die Phase des Erwachsenwerdens in Deutschland erlebt haben. Ich setze sie auch darüber in Kenntnis, dass ich unser Gespräch gern auf Tonband aufnehmen würde, um es dann für die Analyse transkribieren zu können. Shirin hat keine Bedenken, so dass wir einen Termin für das Interview vereinbaren.

Shirin schlägt vor, dass sie mich am Bahnhof abholt und wir gemeinsam in ein Cafe gehen und dort das Interview führen. Diese Überlegung ist mir nicht neu. Die meisten Gesprächspartnerinnen äußerten den Wunsch, dass wir uns in einem Cafe oder mit mehreren in einer Gruppe treffen, weil es dann auch für mich zeitlich von Vorteil sein würde, gleich mehrere Menschen interviewen zu können. Meist wurden diese Vorschläge gemacht, nachdem ich erklärte, dass wir etwa zwei Stunden Zeit einplanen sollten und ich die Gespräche aufnehmen würde. Offenbar bereitete es meinen Gesprächspartnerinnen ein gewisses Unbehagen, allein mit mir an einem ruhigen Ort zu „sitzen" und mir von sich und ihrem Leben zu erzählen. Bei Shirin habe ich den Eindruck, dass sie zwar sehr gern teilnehmen möchte, ihr jedoch der intime Rahmen nicht ganz angenehm ist. Durch ein Treffen in einem Cafe würde das Interview etwas unverbindlicher erscheinen. Ich erzähle ihr, dass wir für unser Gespräch einen ruhigen Ort bräuchten, es hänge auch mit meinem Aufnahmegerät zusammen, welches alle Nebengeräusche mit aufzeichne und ich dann später Schwierigkeiten hätte, unsere Worte auf dem Tonband zu verstehen und zu transkribieren. Ich frage sie, ob es möglich sei, uns bei ihr zu treffen oder ob sie in ihrer Stadt einen Ort kenne, wo wir mehr Ruhe hätten als in einem Cafe, z.B. in der Universität. Ich will mit meiner Frage nicht zu aufdringlich wirken. Es fällt mir schwer, diese Frage zu stellen, weil ich ohnehin das Gefühl habe, dass Shirin bezüglich des Treffpunktes sehr reserviert ist. Ich kann es nachvollziehen, denn würden wir bei ihr zusammentreffen und wir wären uns nicht sympathisch oder sie würde sich mit mir überhaupt nicht wohlfühlen, wenn also die Anfangsbedingungen schlecht stünden, würde sie keine Ausweichmöglichkeit haben. Sie könnte mich bitten, zu gehen, aber es wäre trotzdem eine unangenehme Erfahrung für beide Seiten. Oder es ist einfach so, dass sie nicht jemand „Fremdes" in ihre Wohnung lassen möchte. Mir ist nicht bekannt, ob sie zuhause bei ihren Eltern wohnt oder ausgezogen ist, ob sie eine eigene Wohnung hat oder mit jemandem zusammenlebt. All diese Fragen gehen mir durch den Kopf, während wir über einen geeigneten Treffpunkt sprechen, und ich bekomme etwas Angst, dass sie ihre Zusgae zurückziehen könnte. Shirin aber schlägt vor, dass sie sich darum kümmern würde, einen Raum in der Universität zu finden, der an dem Tag frei sei. Den hätten wir dann „ganz für uns". Ich finde ihren Vorschlag gut und bin einverstanden.

Nach dem ersten Telefonat fällt mir auf, dass weder ich noch Shirin die Frage stellen, ob die andere auch Farsi spreche. Die persische Sprache ist kein Thema, woraus ich schließe, dass Shirin bereits sehr lange, also seit ihrer frühen Kindheit, in Deutschland leben muss. Vor unserem Treffen telefonieren wir noch einmal und Shirin sagt mir, dass sie einen Raum in der Universität ausgesucht habe, der frei wäre, sie mich am Bahnhof abhole und wir gemeinsam dorthin gehen. Es ist das erste Interview, welches an einem anderen Ort als im eigenen Wohnraum geplant ist, und ich finde es schade, weil ich denke, dass dadurch etwas Wesentliches wegfallen könnte.

Bis zu unserem vereinbarten Termin habe ich immer wieder unterschwellig die Befürchtung, dass Shirin einen Rückzieher machen könnte, weil ihr der Rahmen zu intim und zu ernst, zu verbindlich sein könnte.

1.1.2 Das Treffen

Ich freue mich auf das Treffen mit Shirin. Aus irgendeinem Grund ist sie mir sehr sympathisch und ich bin gespannt, mehr über sie zu erfahren.

Mein Zug kommt pünktlich an, ich steige aus und laufe durch das Menschengedränge zum Ausgang. Auf meinem Weg überlege ich, wie Shirin wohl aussieht und ob ich sie sofort erkenne, zumal wir keine Erkennungszeichen vereinbart und uns auch nicht über unser Äußeres ausgetauscht haben. Es ist ein schöner Sommertag, die Sonne scheint, als ich meinen Weg nach draußen finde. Shirin steht bereits dort und wartet. Wir sehen uns an, lächeln, fragen uns gegenseitig zur Absicherung nach unseren Namen und umarmen uns zur Begrüßung. Ich bin erleichtert und freue mich, Shirin zu sehen. Sie ist mittelgroß, sehr schlank, hat eine dunkle Hautfarbe und leuchtende braune Augen. Sie ist sportlich und gleichzeitig modisch gekleidet und wirkt jünger, als ich sie mir der Stimme nach vorgestellt habe. Ihr Gesichtsausdruck ist warm und herzlich. Mein positiver Eindruck von ihr am Telefon bestätigt sich bei unserem Zusammentreffen.

Wir machen uns auf den Weg zur Universität, sie hat ihr Fahrrad dabei und schiebt es neben sich her, während wir sofort in ein Gespräch kommen über ihre Kriegserinnerungen aus der Kindheit im Iran, die - wie sie erzählt - durch die aktuelle Berichterstattung in den Medien über die Irak-Krise in ihr wachgerufen worden sind. Ausgelöst wird das Gespräch durch ihre Frage, ob ich ihr mehr über mein Forschungsvorhaben erzählen könne, und durch meine Antwort, dass es mir darum ginge, die Iranerinnen, die seit ihrer Kindheit oder Jugend in Deutschland leben, aufzusuchen und ihre Geschichten sichtbar zu machen. Ich sage auch, dass ich mich über die positive Resonanz freue und dass viele mir sehr offen aus ihrem Leben erzählt haben. Für Shirin ist diese Bereitschaft nachvollziehbar. Sie sagt, man trage „das" die ganze Zeit mit sich herum und würde jetzt die Gelegenheit bekommen, „es" rauszulassen und loszuwerden. Dass man einen Krieg erlebt habe, dass man ein Kind war und nicht verstanden habe, warum der Strom ständig ausfiel, nachts Bomben fielen und die kleinen Jungen in den Krieg ziehen mussten. In einen Krieg, der keinen Sinn ergeben habe. Wenn sie sich mit anderen in ihrem Alter über Kriege unterhielte, stelle sie fest, dass es vielen nicht klar sei, was es heißt, im Krieg zu sein. Sie kennen es nicht selbst, sondern lediglich aus den Erzählungen ihrer Großeltern über den zweiten Weltkrieg, und das sei für sie auch „weiter weg". *Ihre* Geschichte sei eine Geschichte aus einem anderen Land, eingebettet in ihr Leben, aber sie würde es mit fast niemandem teilen. Die türkischstämmigen Menschen in Deutschland hätten eine große Gemeinschaft, in der sie sich austauschen und zusammen sein könnten. Bei „Iranern" sei es nicht so, besonders nicht bei den Mädchen. Ihr Bruder, der vier Jahre jünger sei, „hänge" viel mehr mit persischen Jungen „ab".

Während wir in einer Menschenmenge auf eine Ampel zulaufen, erzählt Shirin, dass ihre Eltern im Schah-Regime Staatsbedienstete waren. Nach der Revolution hätten die beiden zwar weitergearbeitet, jedoch bereits früh mit dem Gedanken gespielt, das Land zu verlassen. Während der Revolution im Iran sei ihre Mutter mit Shirin schwanger gewesen.

Sie habe die Unruhen also bereits im Bauch mitbekommen. Ihr Bruder habe fast gar keine Erinnerungen an den Iran, weil er zum Zeitpunkt ihrer Auswanderung nach Deutschland erst drei Jahre alt gewesen sei. Sie fände es „komisch", dass er trotzdem in Deutschland „so viel" mit Iranern zu tun habe. Ihr Vater sei ein Jahr vor der Familie ausgereist und der Rest der Familie, damals bestehend aus ihrer Mutter, ihrem Bruder und Shirin, sei über die Türkei nachgekommen.

1.1.3 „Ein Zimmer für sich" oder der besetzte Raum

Wir kommen an einem der Universitätsgebäude an, in dem sich der Raum befindet, den Shirin für unser Interview vorgesehen hat und der frei sein soll. An dem Raum angekommen, schauen wir auf den Seminarplan an der Tür, auf dem für die folgenden zwei Stunden kein Eintrag steht. Shirin öffnet die Tür und wir sehen, dass der Raum bereits von einer Gruppe besetzt ist. Shirin schließt die Tür wieder und wundert sich darüber, denn auch der Hausmeister hatte ihr zugesichert, dass der Raum zu dieser Zeit nicht besetzt sei. Wir machen uns auf die Suche nach einem neuen freien Raum, jedoch ohne Erfolg. Wir laufen zum Hausmeister, aber auch er kann nicht weiterhelfen. Es gibt keinen freien Raum.

1.1.4 Das Interviewsetting

Nachdem wir festgestellt haben, dass die Räume in dem Gebäude alle belegt sind, machen wir uns erneut auf die Suche nach einem geeigneten Ort. Shirin führt uns in die Fachbibliothek, in der sie zur Zeit auch häufig für ihre Abschlussprüfungen lernt. Ganz hinten machen wir es uns auf einer langen tiefangelegten Fensterbank bequem, die an einer großen Glaswand angebracht ist, mit Blick auf eine kleine Wiese, die zum Universitätsgelände gehört. Shirin sagt, dass sie hier gern lernt, weil sie die ruhige Lernatmosphäre mag und momentan sei dieser Ort ohnehin ihr zweites Zuhause, da sie sich hier auf ihre kommenden Prüfungen vorbereite. Wir sitzen uns gegenüber, ich hole mein Aufnahmegerät und meine Unterlagen aus der Tasche und wir halten währenddessen etwas „Small Talk". Gleichzeitig hoffe ich, dass wir unseren Gesprächsfaden vom Anfang wiederfinden und sie mir auch im Interview die gleiche Offenheit entgegenbringen wird.

Wir sitzen einander zugewandt auf einer Ebene auf der Bank, zwischen uns etwa dreißig Zentimeter Platz, das Aufnahmegerät steht links direkt neben uns am Fenster.

1.2 Kurzbiografie

Shirin wird als erstes Kind der Familie im Jahr 1979 in der iranischen Hauptstadt Teheran geboren. Dies ist in der Geschichte Irans gleichzeitig die Zeit der politischen Unruhen im Land, des Volksaufstandes für einen demokratischen Staat und des Sturzes des letzten iranischen Monarchen, Shah Reza Pahlavi und seiner Gemahlin, der Kaiserin Farah Diba. Als Folge dieser Revolution gründete der aus dem französischen Exil zurückgekehrte Ayatollah Khomeini die iranisch-islamische Republik. Shirin ist ein Jahr alt, als der Glaubenskrieg zwischen dem Iran und seinem Nachbarland Irak beginnt, der insgesamt acht Jahre andauert.

Shirins Eltern sind im Shah-Regime Beamte im öffentlichen Dienst, die ihren Beruf nach der Revolution unter erheblichen Strukturwandlungen am Arbeitsplatz fortsetzen. Da ihre Eltern beide berufstätig sind, wächst Shirin die ersten vier Jahre ihres Lebens in der Woche bei ihrer Großmutter mütterlicherseits auf. Im Alter von drei Jahren bekommt Shirin einen Bruder. In Teheran besucht sie den Kindergarten und die erste Klasse der Grundschule. In der Schule wird Shirin mit Erziehungsmaßnahmen konfrontiert, die im Kontrast zu ihrer familiären Erziehung stehen. Die mit der islamischen Revolution einhergehende politische Zusammenführung von Staat und Religion hat Konsequenzen, die sich auf alle Lebensbereiche auswirken. Dies bekommt Shirin auch in der Schule zu spüren. Während Shirins erstem Schuljahr wandert ihr Vater nach Deutschland aus; ein Bruder lebt hier bereits seit mehreren Jahren mit seiner Familie. Ein Jahr später flüchten die siebenjährige Shirin, ihre Mutter und ihr Bruder über die Türkei nach Ostdeutschland und danach nach Westdeutschland, wo der Vater auf sie wartet. Shirin, die ihren Vater sehr vermisst hat, ist bei ihrem Wiedersehen zutiefst enttäuscht. In ihren Augen ist er nicht mehr der Vater, den sie in Erinnerung hatte.

Die erste Zeit nach der Ankunft in Deutschland teilt sich die Familie eine kleine Wohnung. Der Vater ist erwerbslos und oft krank. Die Mutter erlernt die deutsche Sprache, wird beruflich aktiv und arbeitet als Übersetzerin. Shirin fühlt sich zunächst weder in ihrer Familie noch in der außerhäuslichen Umgebung wohl. Sie sehnt sich zurück nach ihrer Heimat und ihrer Großmutter. Als Shirin zehn Jahre alt ist, wird ihre Schwester geboren. Ihre Mutter, zu der sie bis dahin kein inniges Verhältnis hat, erhält allmählich eine neue Rolle in ihrem Leben. Shirin wendet sich langsam ihrer Mutter zu, und für die beiden beginnt eine Zeit der positiven Mutter-Tochter-Bindung.

Die Pubertät wird für Shirin eine Phase, in der sie heftig gegen die patriarchalischen Erziehungsstrukturen ihres Vaters rebelliert und gleichzeitig um Anerkennung von außen kämpft. Sie negiert ihre iranische Herkunft, möchte am liebsten „deutsch" sein und zu den anderen gehören. In dieser Lebensphase, die man bei Shirin als eine Sturm- und Drangphase bezeichnen kann, freundet sie sich mit einem iranischen Mädchen an, das ebenfalls gegen einen dominanten Vater rebelliert. Sie werden Freundinnen und Verbündete in der Not gegen die strengen Erziehungsmaßnahmen ihrer Väter. Diese Lebensphase dauert etwa vom vierzehnten bis zum achtzehnten Lebensjahr an. Das Erreichen der Volljährigkeit leitet eine neue Phase in Shirins Leben ein, da sie sich in Anlehnung an ihre gesetzlichen Rechte mit achtzehn Jahren von ihren Eltern eine Lockerung der erzieherischen Verbote erkämpft. Die neue Freiheit stellt für sie einen Möglichkeitsraum dar, den sie auch für ihre Persönlichkeitsentfaltung nutzt. Sie beginnt erneut sich kritisch mit ihrer „iranischen" Seite zu beschäftigen und bekennt sich allmählich zu den Anteilen, die sie für sich als „iranisch" bezeichnet.

Zum Zeitpunkt des Interviews befindet sich Shirin in der Abschlussphase ihres Studiums und hat klare Vorstellungen von ihrer beruflichen Zukunft. Privat lebt sie mit ihrem Lebensgefährten zusammen, der ebenfalls studiert. Mit vierundzwanzig Jahren beschreibt sie ihr Lebensresümee wie folgt:

„Wenn irgendwas anders gewesen wäre, wäre ich vielleicht nicht so wie ich jetzt bin. Und deswegen bin ich ganz froh, ... ähm... irgendwo angekommen zu sein."

1.3 Erste Interviewsequenz – Kindheit im Krieg

Auf meine Bitte an sie, mir etwas über ihr Leben zu erzählen, sortiert Shirin kurz ihre Gedanken und entscheidet sich dafür, mit dem Thema „Iranischsein" zu beginnen:

„Über mein Leben. Also das ers-te, woran ich mich erinnern kann ... war, oder was halt mit dem Iranischsein zu tun hat, ist ähm wirklich als ich in der Schule war im Iran ... und ... der Krieg anfing, bzw. ähm auf Hochtouren lief schon."

Shirins Stimme ist zart, fast kindlich, sie spricht leise, aber bestimmt. Ihre Erzählung beginnt mit Erinnerungen an ihre Kindheit im Iran, als sie in der Schule gewesen ist und sie die Kriegsatmosphäre wahrgenommen hat. Eine Frage, die sich mir in der Analyse dieses Abschnittes stellte, war, warum sie meine Bitte, mir etwas über ihr Leben zu erzählen, mit den Worten erweitert: „[...] oder was halt mit dem Iranischsein zu tun hat". Warum möchte sie mir als erstes etwas über das „Iranischsein" erzählen? Könnte die Art ihres Erzählbeginns damit zusammenhängen, dass sie mir als Iranerin etwas mitteilen möchte? Sieht sie in mir eine Interviewerin, die gleichzeitig mit ihr etwas gemeinsam hat, nämlich das „Iranischsein"? Wünscht sie sich, aufbauend auf diesen gemeinsamen Nenner, dass ich mich mit ihr verbünde? Oder sieht sie mich bereits als eine Verbündete an? Was bedeutet es für sie „iranisch" zu sein? Sie verbindet mit dem „Iranischsein" in ihrer Erzählung die Schule im Iran und mit der Schule den Krieg. Das „Iranischsein" scheint in frühen Erinnerungen an die Kriegszeit in der Schule verankert zu sein.

Ab dem Zeitpunkt ihrer Einschulung bekommt Shirin bewusst mit, dass die religiösen Vorstellungen und politisch-soziokulturellen Überzeugungen, die sie im öffentlichen Leben vor allem durch die Schule vermittelt bekommt, andere sind als die Werte und Vorstellungen in ihrem privaten familiären Umfeld. Bereits früh wird sie in der Schule mit Botschaften konfrontiert, die ihr rätselhaft erscheinen. Sie kann diese Botschaften nicht mit ihrem Verständnis der Dinge sowie den Werten und Überzeugungen ihrer Eltern vereinbaren. Das erste Beispiel für diese Diskrepanz gibt Shirin bereits am Anfang des Interviews, als sie von morgendlichen Parolen auf dem Schulhof berichtet:

„Und wir halt morgens ähm ... vor der Schule immer ähm `Nieder mit Amerika´ `Marg bar Amrika´ rufen mussten ... und ich überhaupt nicht verstanden hab, was das soll, weil meine Tante da gelebt hat. Ich hab das überhaupt nicht verstanden, warum wir das sagen mussten und hab dann da mit gesch- gerufen, weil es ja alle gemacht haben."

Es ist das Jahr 1985, Shirin ist sechs Jahre alt. Im Land herrscht Krieg und in der Schule gibt es jeden Morgen Parolenrituale gegen die Feinde. In diesem Fall sind es die USA als das Symbol für alles Westliche, was es im Land zu bekämpfen gilt, sowie der Irak, mit dem Iran Krieg führt. Die Parole „Marg bar Amrika", in wörtlicher Übersetzung „Tod für Amerika", kann Shirin nicht nachvollziehen. Sie versteht nicht, warum sie Amerika den Tod wünschen soll, wenn ihre Tante dort lebt. Wer oder was ist Amerika, dem sie den Tod wünschen soll? Vermutlich ist Amerika bisher für Shirin etwas gewesen, was sie nur mit ihrer Tante in Verbindung gebracht hat. In der Parole wird „Amerika" als Staat und Nation sprachlich personifiziert, als ein Mensch dargestellt, dem man den Tod wünscht. Erst auf einer sprachlich abstrakten Ebene bekommt die Parole die Bedeutung „Nieder mit den Vereinigten Staaten von Amerika". Zu diesem abstrakten Verständnis hat Shirin noch keinen Zugang, denn sie versucht, sich von ihrem Vater eine Erklärung für das Unerklärliche zu holen. Sie fragt ihn: *„Warum warum machen wir das? Wo ist denn Amerika? Was machen die denn Böses?"* Shirin nimmt wahr, dass es darum geht, zu den „Guten" oder zu den „Bösen" zu gehören. Aber sie versteht nicht, warum das „Böse" „böse" ist. Sie möchte mehr wissen über „Amerika" und ist neugierig zu erfahren, warum Amerika in der Schule als „böse" gilt. An dieser Stelle führt Shirin ihren Vater in ihre Erzählung ein. Sie bittet ihren Vater um Erklärung, nicht ihre Mutter oder eine andere Bezugsperson. Sie bekommt von ihm die Antwort, dass sie bei den Parolen gegen Amerika nicht mitmachen solle: „Dann ruf doch nicht mit. Die machen nichts Böses, ruf nicht mit."

Shirin stellt gegensätzliche Einstellungen fest, die sie einerseits in der Schule und andererseits im häuslichen Umfeld erlebt. Offensichtlich wurde sie vor der Zeit ihrer Einschulung nicht mit wichtigen Ritualen und Überzeugungen, die in der Öffentlichkeit bereits seit sechs Jahren praktiziert und vertreten werden, bekannt gemacht. Das bedeutet, dass diese Rituale im Kindergarten vermutlich noch keinen wesentlichen Raum einnahmen und in ihrer Familie nicht praktiziert und gelebt wurden.

Shirin folgt dem Rat ihres Vaters, nicht bei den Parolen mitzurufen; daraufhin wird sie zur Rektorin gebeten und bekommt Strafaufgaben. Nach diesem Vorfall versucht sie einen Weg zu finden, um nicht negativ aufzufallen und trotzdem auf den Rat ihres Vaters zu hören: „Und dann ... jedes Mal wenn ich weiter hinten stand... hab ich einfach aufgehört zu rufen." „Weiter hinten stehen" bezieht sich auf die Reihen, die jeden Morgen vor Unterrichtsbeginn für morgendliche Parolenrituale auf dem Schulhof aufgestellt wurden. Shirin entscheidet sich, bei den Parolen gegen Amerika nicht mitzurufen, wenn es niemand auf dem Schulhof sieht, und leistet damit einen inneren Widerstand gegen die Schulrituale und deren Inhalte.

An diesem Beispiel wird deutlich, dass Shirin sich zwischen zwei Lebensräumen bewegt, die sie zunächst nicht miteinander vereinbaren kann. Trotzdem versucht sie, zwischen „Richtigem" und „Falschem" zu unterscheiden, wobei die Worte ihres Vaters synonym für das „Richtige" und die Worte der Pädagoginnen synonym für das „Falsche" stehen. In diesem Spannungsfeld gelingt es Shirin, eine Kompromisslösung zu finden, um zwischen ihren konträren Lebensräumen zu bestehen und die widersprüchliche Situation bewältigen zu können.

Das Bemühen um das Vereinbaren von sozialen und individuellen Gegensätzen, von dem Shirin berichtet, ist nicht nur ein charakteristisches Merkmal ihrer Kindheit im Iran, sondern es bildet in ihrer weiteren Erzählung von der Suche nach der eigenen Identität in der Migration den roten Faden. So beinhaltet der Interviewanfang gleichzeitig das zentrale Thema aus Shirins Biografie, welches seine Anfänge in der Kindheit hat und später seinen Gipfel in der Adoleszenz erreicht.

1.4 Intergenerationale Beziehungsverläufe

Die Analyse von Shirins intergenerationalen Beziehungsverläufen zeigt ihre starke Bemühung um die Ablösung von ihrem Vater ab der Pubertät. Sie rebelliert gegen seine strengen Erziehungsmethoden und möchte sich von bestimmten Aspekten, die der Vater in ihren Augen repräsentiert - und dazu gehört für Shirin auch das „Iranischsein" -, distanzieren. Shirins Mutter dient ihr in dieser Zeit als Stütze. Sie übernimmt die Rolle der Vermittlerin zwischen Vater und Tochter, der Geheimnishüterin und - neben Shirins gleichaltriger ebenfalls iranischen Freundin - der Vertrauten Shirins. Erst ab dieser Lebensphase bekommt die Mutter eine greifbare und tatsächlich tragende Rolle in Shirins Erzählung. Es ist auch möglich, dass Shirin infolge der Abwendung von ihrem Vater und durch die Tatsache, dass ihre Bezugsperson aus den Kindertagen, ihre Großmutter, weit weg ist, nun eher in der Lage ist, sich ihrer Mutter emotional anzunähern und sich mit ihr zu solidarisieren. Mit den körperlichen Veränderungen in der Pubertät beginnt sich Shirin als eine heranwachsende junge Frau wahrzunehmen, die in ihrem Geschlecht der Mutter gleich ist. Die Mutter zeigt Verständnis für Shirins Wünsche nach einer gegengeschlechtlichen Beziehung, während der Vater darauf zunächst mit väterlicher Eifersucht reagiert. Shirins Großmutter, ihrem Vater sowie ihrer Mutter als ihre wichtigsten Bezugspersonen aus der Familie kommen – je nach der Entwicklungs- oder Lebensphase, in der sich Shirin befindet - unterschiedliche Gewichtungen zu. Auch die Verhältnisse in der Geschwisterreihe unterscheiden sich in ihrer Intensität und Qualität nicht zuletzt aufgrund der Altersunterschiede von jeweils vier bzw. zehn Jahren und der geschlechtlichen Konstellation. Im Folgenden sollen über die Analyse der familialen Beziehungsstrukturen adoleszenzbedingte Konflikte und Veränderungsdynamiken durchleuchtet und nachvollziehbar werden.

1.4.1 Sehnsucht nach der primären Bezugsperson, der Großmutter

Die Person, zu der Shirin sowohl in ihrer frühen Kindheit als auch heute die innigste emotionale Bindung spürt, ist ihre Großmutter mütterlicherseits, von der sie seit ihrem siebten Lebensjahr durch die Ausreise aus dem Iran getrennt lebt. Sie nimmt Shirin in den ersten Jahren ihres Lebens fast täglich in ihre Obhut, da Shirins Eltern in der Woche berufstätig sind. Dies ist der Anfang einer engen Bindung zwischen der Großmutter und der Enkelin:

„[...] die ersten paar Jahre war ich halt bei ihr die ganze Zeit, weil meine Eltern beide gearbeitet haben und ... ich war halt die ganze Zeit bei ihr. Und... das war glaube ich echt auch mit die schönste Zeit ...."

Shirin beschreibt, dass sie in ihren ersten Jahren „die ganze Zeit" bei ihrer Großmutter war und bezeichnet das Zusammensein mit ihr als „die schönste Zeit". Shirin kommt es so vor, als sei sie in ihren ersten Lebensjahren „die ganze Zeit" bei ihrer Großmutter gewesen. Und in der Tat mag die Großmutter für sie in den ersten drei oder vier Lebensjahren die konstante und fürsorgliche Bezugsperson gewesen seni, da „beide Eltern" außer Haus berufstätig waren. Seit sie die Großmutter mit sieben Jahren im Iran zurückließ, hat sie sie ein einziges Mal in Deutschland wiedergesehen, und dies sei schon lange her. Ansonsten bestehe ihr Kontakt lediglich aus sporadischen Telefonaten, die Shirin sehr traurig stimmen:

„Und wenn sie immer noch anruft, sagt sie immer: „Shirin djun tschetore?" („Wie geht es der lieben Shirin?") und so, ne? Und dann muss ich immer heulen, wenn ich ihre Stimme höre."

Shirin wechselt wie selbstverständlich ins Farsi, die gemeinsame Sprache der beiden, wenn sie die Worte ihrer Großmutter wiedergibt. Dies ist das einzige Mal im gesamten Interview, dass Shirin einen ganzen Satz in Farsi spricht. (An anderen Stellen benutzt sie einige Male persische Ausdrücke, für die es keine direkte Entsprechung im Deutschen gibt.) Ihre emotionale Betroffenheit angesichts der großen räumlichen Distanz zu der Großmutter zeigt sich in ihrer Reaktion, wenn sie die Stimme der Großmutter am Telefon hört und dabei „heulen" muss. Es stimmt sie traurig, dass sie ihre mittlerweile alte und pflegebedürftige „Oma" nicht im Iran besuchen und versorgen kann, so wie es die Großmutter für Shirin in der Kindheit getan hat.

Diese Ohnmachtsgefühle sind es, die in Shirin einen melancholischen Zustand auslösen, wenn sie von ihrer Großmutter erzählt. Sie würde in Teheran nicht mehr das Haus verlassen und sei auf die Hilfe ihrer Kinder und des Pflegepersonals angewiesen. Shirin beschreibt, wie sie sich um die Großmutter kümmern würde, wenn sie bei ihr sein könnte: *„[...] wenn ich wenn ich da wäre, ich würd jeden Tag mit ihr rausgehen ..., jeden Tag zu ihr gehen."* Shirin fällt es sehr schwer zu akzeptieren, dass ein Rückweg für sie momentan versperrt ist und dass dieser Umstand auf das Schicksal der Beziehung zwischen ihr und ihrer Großmutter einen solch erheblichen Einfluss nimmt. Jedoch hofft sie, dass sie eines Tages eine Reise in den Iran unternehmen kann, ohne Angst haben zu müssen, ihre im Exil lebende Familie in Gefahr zu bringen. Bis dahin lebt sie im Zweifel, ob sie ihre Großmutter tatsächlich je wiedersehen wird.

1.4.2 Rebellion gegen den dominanten Vater

Während Shirins Großmutter in der frühkindlichen Phase eine zentrale Bedeutung zukommt, nimmt ihr Vater ab der Zeit der Einschulung neben der Großmutter eine ebenso wichtige Rolle ein. Aus ihrer heutigen Sicht war der Vater für Shirin in der Kindheit der „Hauptansprechpartner"; er war die Person, mit der sie am meisten diskutierte.

Shirins Erzählung aus ihrer Kindheit beinhaltet einige Dialoge mit ihrem Vater, die sie sehr lebhaft wiedergibt. Dazu gehört etwa das folgende Beispiel, bei dem es um eine Kindersendung im Fernsehen geht, an der Shirin auf keinen Fall partizipieren soll:

„Und dann ...[...] gab es so'ne Kindersendung, weiß ich noch, wo die Mädchen mit ihren Kopftüchern gesungen haben und was weiß ich, und ich fand's super. Und mein Vater: Wenn die irgendwann dich ansprechen, ob du da mitmachst, dann sagst du „Nein"! Und ich: Wieso denn? Das ist doch so schön. Und er so: Das darfst du nicht (warnend), dann sagst du „Nein". Du gehst nicht mit denen singen."

Hier geht es um einen Sachverhalt, bei dem sich Vater und Tochter nicht einig sind. In der Kindersendung im iranischen Fernsehen singt ein Chor von mit Kopftuch bedeckten Schulmädchen religiöse Lieder. Für den Fall, dass Shirin in der Schule gefragt werden sollte, ob sie an einer solchen Sendung teilnehmen wolle, rät der Vater seiner Tochter eindringlich, niemals einzuwilligen. Während die Abneigung des Vaters sich offensichtlich gegen die politische Dimension der islamischen Sendung richtet, geht es Shirin um die ästhetische Empfindung aus der Sicht eines Kindes, welches die Sendung „wo die Mädchen mit ihren Kopftüchern gesungen haben", einfach nur „schön" findet und gern daran teilgenommen hätte.

Die politischen Ansichten des Vaters werden auch in den Dialogen über die Bedeutung der morgendlichen Schulhofparolen und bei der Frage, ob Shirin aktiv „mitrufen" soll (vgl. IV. 1.3), deutlich. Shirin möchte von ihrem Vater wissen, was denn „Amerika" sei und was „sie" „Böses" machen? Der Vater sagt, Amerika mache „nichts Böses", sie solle „einfach" nicht mitrufen. Shirin orientiert sich an der Antwort ihres Vaters und ruft nicht mehr mit, wenn sie nicht beobachtet wird. Shirins Vater ist für sie gleichzeitig eine Autoritätsinstanz und eine Vertrauensperson, bei der sie in ihrer Ratlosigkeit nach Antworten sucht und an der sie sich orientiert. So ist ihr Vater für Shirin ein wichtiger Begleiter auf ihrem Weg, sich mit ihrer Umwelt in Beziehung zu setzen und ihre eigene Position darin zu entfalten.

Shirins Erinnerungen an ihren Vater aus ihrer Kindheit im Iran beziehen sich lediglich auf die Zeit bis kurz nach ihrer Einschulung. Denn als Shirin sechs Jahre alt ist, wandert der Vater nach Deutschland aus, die Familie soll nach Ende des Schuljahres nachkommen. In Deutschland wohnt der Vater zuerst bei seinem hier lebenden Bruder und dessen Familie und mietet dann eine eigene kleine Wohnung. Nach der langen Trennung freut sich Shirin sehr auf ihren Vater: *„Ich war froh, dass ich bei meinem Vater war, weil ich hab ihn total vermisst, total."* Ihre anfängliche Freude lässt jedoch rasch nach, als sie merkt, dass ihr Vater „nicht mehr" der Vater ist, den sie in ihrer Erinnerung so sehr vermisst hatte: *„Mein Vater, der hatte sich verändert. Der war nicht mehr so der Vater, der alles für einen macht ..."* Meine Frage, inwiefern ihr Vater sich verändert hatte, beantwortet sie wie folgt:

„Also er war vorher ... Wie gesagt, waren wir echt so'n so'n Team sozusagen, ne? Er hat mich überall mit hingenommen, hat mir alles erklärt, hat alles gemacht für mich ... Und als wir dann hier kamen, war er total kühl ... und desinteressiert sozusagen und ... eher gefühllos sozusagen. War einfach nicht er ... Das war die größte ... weil er ist h- er ist wütend geworden ... so was und, das war er vorher nie. Nie."

Shirin erlebt sich und ihren Vater nicht mehr als „ein Team", vielmehr nimmt sie ihn nach der Migration als ein „kühles", „desinteressiertes" und „gefühlloses" Gegenüber wahr. Ein Bild, das gänzlich von ihrem bislang positiven inneren Vaterbild abweicht („War einfach nicht er", „weil er ist wütend geworden ... [...], das war er vorher nie. Nie.").

Die Veränderung des Vaters und der dadurch entstandene Bruch im Vater-Tochter-Verhältnis lösen eine tiefe Enttäuschung in Shirin aus. Shirin beginnt einen Satz, den sie abbricht, um wieder neu anzufangen („Also er war vorher... Wie gesagt, waren wir echt so´n so´n Team sozusagen, ne?"). Sie erzählt weiter, dass der Vater sie „überall" mit hinnahm, ihr „alles" erklärt und „alles" für sie getan habe. Das war die Zeit im Iran. Eine Zeit, die Shirin in diesem Abschnitt als durchweg positiv beschreibt, in der sie und ihr Vater sich sehr nahestanden und in der der Vater sie an seiner Welt teilhaben ließ und ihr die Dinge „erklärte". Dann leitet Shirin mit den Worten „Und als wir *dann* hier waren" eine neue Ära in der Vater-Tochter-Beziehung ein. In Deutschland empfindet Shirin den Vater als „kühl", „desinteressiert" und „gefühllos". Sie nimmt ihn als eine fremde Person wahr, die ihrem Vater nicht mal annähernd in seinem Gemütszustand ähnelt. Shirin sagt, dies sei „die größte …" gewesen, und spricht das Wort nicht aus, das an dieser Stelle nur vermutet oder erraten werden kann. Meint sie, es war die „größte Enttäuschung"? Die „größte Niederlage"? Das Ausmaß dieser negativen Erfahrung ist so gravierend, dass sie bis heute schwer darüber reden kann, was durch das Auslassen von Wörtern und die Abbrüche zusätzlich deutlich wird. Shirin hat in Deutschland einen emotional schwierigen Start.

Die Migration beinhaltete für Shirin nicht nur das Abschiednehmen von ihrer wichtigsten Bezugsperson, der Großmutter, sondern auch die Konfrontation mit einem Vater, der sich nach einer einjährigen Trennung von der Familie in Deutschland in Shirins Augen negativ verändert zu haben scheint. Der nächste Abschnitt macht deutlich, welchen Auftrag der Vater in Deutschland an seine Kinder zu vermitteln erhofft:

„[…] er hat immer so oft zu uns gesagt, wir sollen unsere Chancen nutzen und meinte: Wir haben alles aufgegeben für euch … Nutzt alle nutzt alle Chancen, die Ihr habt. Wir können nicht mehr zurück."

„Immer" und „so oft" sagt der Vater seinen Kindern in Deutschland, sie sollen „ihre Chancen" nutzen. Er und seine Frau hätten „alles" aufgegeben für die Kinder und er gibt ihnen den Rat, alle Chancen zu nutzen, die sie haben. Mit dem Pronomen „Wir" in „Wir können nicht mehr zurück" können die Eltern, aber auch die Eltern *und* die Kinder gemeint sein. Wenn das „Wir" auch die Kinder impliziert, stellt sich die Frage: Was wäre, wenn die Kinder zurückgehen wollten? „Können" sie nicht zurück oder „dürften" sie nicht zurück, weil sie vom Vater den Auftrag bekommen, etwas wiedergutzumachen? Der Vater erlebt nach seiner Ankunft durch die Nichtanerkennung seines iranischen Schulabschlusses (das zwölfjährige iranische Abitur) und den Verlust seines beruflichen Status als hoher Beamter im Iran zunächst einen gesellschaftlichen und persönlichen Rückschlag:

„[...] haben sie ihm seinen Schulabschluss sozusagen nicht anerkannt ... Und also halt ... [...] wenn du den Schulabschluss sozusagen hast, dann wird er hier also das Abitur wird als Realschulabschluss anerkannt, also eine Stufe darunter. Und ... ja was will er dann machen, ne? Als Beamter kannst du ja eh nicht arbeiten. Er hat kurzzeitig so auch Persischunterricht und so gegeben, aber ... ... war auch oft krank."

Die veränderte emotionale Verfassung ihres Vaters nach der Migration erklärt sich Shirin unter anderem mit der Tatsache, dass sein Schulabschluss nicht anerkannt worden sei, er beruflich nicht habe Fuß fassen können und er dadurch in eine Leidensspirale geraten sei, in der er sich heute noch befinde.

Shirin nimmt wahr, dass ihr Vater „Heimweh" hat und „sein Land" sehr vermisst, obwohl er es nicht zugeben möchte:

„ ... Er vermisst einfach sein Land total ..., total. Der hat totales Heimweh. Obwohl er es nicht zugibt, ne? Und jedes Mal, wenn man sagt: Nun fahr doch mal hin: Nein, das ist so dreckig da, die Abgase und nur Stress und die Leute sind so unfreundlich auf der Straße, keiner interessiert sich mehr für den andern. Aber er hat Heimweh, er hat auch, er guckt sich auch immer diese iranischen Sender ... aus Amerika an, ... ne? Und so was. Versteh ich auch. Wenn du vierzig, was weiß ich, zweiundvierzig Jahre irgendwo lebst und dann auf einmal in so so'n Extrem ..., also so'nem Kontrast sozusagen ... leben musst ..., das ist auch schwer ... Und dann halt seine Geschwister und alle sind ja da."

Shirin spürt einerseits die enge Verbindung ihres Vaters zu seinem Heimatland und bekommt gleichzeitig die Botschaft von ihm, dass er den Iran „dreckig", „stressig" und die Leute auf der Strasse „unfreundlich" fände und daher nicht wieder in den Iran reisen würde. So scheinen - bezogen auf die Heimatliebe des Vaters - zwei verschiedene Zeitdimensionen zu existieren. Es gibt auf der einen Seite für Shirins Vater einen Iran aus früheren Zeiten, nach dem er sich sehnt, und einen Iran, den er verlassen musste und der heute noch existiert. Mit diesem Iran - und den lehnt er vehement ab („dreckig", „Abgase", „nur Stress") - will er nichts zu tun haben. Aber den „Iran" aus einer vergangenen Zeit, den scheint der Vater heute noch zu suchen. Shirin konstatiert, dass sie das Empfinden und das Verhalten ihres Vaters verstehen könne, da er über „vierzig Jahre" im Iran gelebt habe und dann „auf einmal" in ein „Extrem" geraten sei und seitdem in einem „Kontrast" leben müsse. Das sei „schwer". Zudem seien seine „Geschwister und alle" im Iran. Die Worte Shirins klingen fast wie eine Entschuldigung für die Befindlichkeit ihres Vaters, die sich auf sein Leben in Deutschland auswirkt. Shirins Erzählung über ihren Vater weckt in mir die Assoziation von einem Kleinkind, das sich alleingelassen und einsam fühlt und sich nach einer Familie sehnt. Sie nimmt ihren Vater in Schutz wie eine Mutter ihr Kind, wenn es sich traurig und einsam fühlt. Der Vater wirkt verwundbar und schutzbedürftig. In diesem Erzählabschnitt existiert Shirins Vater nicht als ein erwachsener Mensch, der um sein Überleben kämpfen, seine Kinder unterstützen und ihnen zur Seite stehen kann. Vielmehr weckt er Assoziationen von jemanden, der den Kampf aufgegeben hat, der lediglich durch die Flucht in die Vergangenheit überlebt und der nicht an die Realität anzuknüpfen in der Lage ist. Zwischen der Auswanderung und dem Zeitpunkt des Interviews liegen siebzehn gelebte Jahre, in denen Shirins Vater einer längst vergangenen Zeit nachspürt und hinterhertrauert. Scheinbar hat es ihm an Kraft und am Willen gefehlt, zugunsten seiner psychischen Gesundheit und seiner Familie eine Aufarbeitung der Vergangenheit anzustreben, um in eine neue Zukunft in der Aufnahmegesellschaft investieren zu können. Am Erleben des „Extrems" und am Verweilen in einem „Kontrast", wie Shirin die Realität ihres Vaters beschreibt, scheint sich in den Jahren der Migration wenig geändert zu haben. Shirins Vater leidet, und es ist kein Ende abzusehen. Was bedeutet aber die Leidensgeschichte des Vaters übertragen auf die Identitätsbildung seiner Tochter?

Trotz der großen Enttäuschung in der Beziehung zum Vater bleibt die elementare Bindung aus der Kindheit zu ihm über diesen Bruch hinaus bestehen. Dies zeigt sich besonders in der Phase der Adoleszenz, in der Shirin gleichzeitig um Ablösung von ihrem Vater sowie um seine Anerkennung kämpft und sich bemüht in der starken Auseinandersetzung mit ihm einen eigenen Standpunkt aufzubauen. Bei den Befreiungsversuchen und Rebellionstendenzen Shirins spielt die Dominanz des Vaters, gegen die sich Shirin auflehnt, eine tragende Rolle. Dies wird in Kapitel IV. 1.6 über die „beste Freundin" besonders deutlich, in dem beschrieben wird, wie Shirin und ihre Freundin versuchen, gegen den Willen ihrer Väter eigenen gegengeschlechtlichen sexuellen Bedürfnissen und Wünschen nachzugehen. Der Vater symbolisiert in Shirins Adoleszenz eine starke und autoritäre Instanz, gegen die sie auf dem Weg der Entwicklung einer eigenen Identität Widerstand leistet. Dieser heftige Ablösungsprozess, der etwa bis zum sechzehnten Lebensjahr andauert, ist gleichzeitig die Lebensphase, in der Shirin sich ihrer Mutter zuwendet und durch sie eine starke Unterstützung auf ihrem Weg zur Selbstfindung erfährt. Darauf werde ich im nächsten Kapitel detailliert eingehen.

Nach einer turbulenten Phase der Abgrenzung und des Widerstandes gegen den Vater zeigt der weitere Adoleszenzverlauf Shirins ab etwa ihrem achtzehnten Lebensjahr eine neue Tendenz in der Entwicklung der Vater-Tochter-Beziehung auf. Shirin beschreibt zum ersten Mal eine Strategie des Bemühens um die Einbeziehung des Vaters in ihre Lebenswelt. Dabei geht es um ihren Beschluss, ihren Vater hinsichtlich ihrer Beziehung zu einem jungen Mann mit vollendeten Tatsachen zu konfrontieren, in der Hoffnung, dass sich alles zum Positiven wendet. Es handelt sich um die Herstellung einer Situation, bei der sich Shirins zweiter Freund und ihr Vater kennenlernen sollen:

„Ich dachte: Wenn ich ihn jetzt darauf vorbereite ..., haut er ab, also mein Vater jetzt [... ...] Er will die Konfrontation nicht und hab ihn (den Freund) einfach so unangemeldet mitgenommen. Weil ich immer gedacht hab: Der muss damit leben, ich muss ich muss ihn so lange damit konfrontieren, dass er merkt, er muss damit leben ..., dass er keine Wahl hat. Und sie haben sich dann auch gut verstanden."

Indem Shirin ihren Vater unangekündigt mit ihrem Freund konfrontiert, zeigt sie, dass sie zu ihrer Entscheidung, einen Freund zu haben, steht, und sie überlässt dem Vater die Wahl, ihren Entschluss zu akzeptieren. So bietet sie ihrem Vater eine Basis, sich auf einer neuen Kommunikationsebene zu begegnen, auf der sie sich ihm gegenüber gleichwertig und nicht mehr unterlegen fühlt. Shirins Vorgehensweise erweist sich als erfolgreich, was durch ihre letzte triumphierende Aussage „Und sie haben sich dann auch gut verstanden." besiegelt wird. Shirin möchte wieder mit ihrem Vater in Kontakt treten, sie möchte ihren neuen Weg nicht ohne sein Einverständnis beschreiten und ist um seine Anerkennung und um die Herstellung von Harmonie bemüht. Das Entgegenkommen des Vaters ist ein Indiz für die Zunahme der Akzeptanz gegenüber den Entscheidungen seiner heranwachsenden Tochter. Insofern gilt das Beispiel als ein Schlüsselerlebnis in der Vater-Tochter-Beziehung, welches das Ergebnis von Shirins Bemühung um eine Ablösung von ihrem Vater deutlich macht und das Ende der angstbesetzten Rebellion vor dem übermächtigen Vater andeutet. Diese Veränderung in der Vater-Tochter-Dynamik, die in der späten Phase der Adoleszenz eintritt, ist durch eine selbstbestimmte Handlungsweise der Tochter mit gleichzeitiger Hoffnung auf Anerkennungsowie ein Entgegenkommen des Vaters den Wünschen seiner Tochter gegenüber gekennzeichnet. So scheint in der Vater-Tochter-Beziehung eine Entwicklung stattgefunden zu haben, die über viele Auseinandersetzungen und Kämpfe in ein gegenseitiges Verständnis für die Lebenssituation des Anderen münden konnte. Shirin versucht, sich aus ihrer heutigen Sicht in die Lage ihres Vaters hineinzudenken und die Gründe für seine Leidensgeschichte zu verstehen. Sie scheint einen Weg gefunden zu haben, um mit ihrer Enttäuschung über den veränderten Zustand ihres Vaters seit der Migration besser umgehen zu können. Shirins Fähigkeit, ihren Ärger und ihre kindliche Wut von damals in Verständnis und vielleicht in Mitleid umzuwandeln, hilft ihr bei der Bewältigung ihrer Trauer und der Versöhnung mit ihrem Vater. Dabei ist ihr die verlässliche und konstante Rückendeckung durch die Mutter eine wesentliche Stütze, auf die ich im Folgenden eingehen möchte.

1.4.3 Hinwendung zur selbstbewussten Mutter

Ihrer Mutter kommt in Shirins Erzählung aus den Erlebnissen der Kindheit wenig eigener Raum zu. Sie wird lediglich in Verbindung mit dem Vater sichtbar, wenn Shirin von „meinen Eltern" spricht, wie zum Beispiel in dem Satz „Und meine Eltern haben beide gearbeitet.". Erst nach der Migration, mit dem Verlust der Präsenz der Großmutter und der Wahrnehmung der veränderten Beziehung zum Vater, findet nach einiger Zeit eine Annäherung an die Mutter statt:

„Ja ... Und das hat sich wirklich gewandelt. Ich war früher mit meiner Mutter nicht ... so so als Kind, //Ja// war ich mit ihr nicht so eng verbunden. Und ... das hat sich total geändert, genau ... .ins Gegenteil ... umgeschlagen."

Shirin spricht davon, dass sich ihr Verhältnis zu ihrer Mutter „gewandelt" habe. Als Kind sei sie mit ihr nicht „so eng" verbunden gewesen. Dies habe sich „total" geändert und sei genau „ins Gegenteil" umgeschlagen. Mit „Gegenteil" spielt Shirin auch auf die enge Verbindung zu ihrem Vater an, die sich nach der Immigration und besonders in der Phase ihrer Adoleszenz zum Negativen gewandelt habe. „Dadurch" sei sie stärker mit ihrer Mutter „zusammengewachsen":

„Mein Vater, der hatte sich verändert. Der war nicht mehr so der Vater, der alles für einen macht ... ... [.. ...]. Und ... es war schon schlimm. Aber dadurch bin ich mit meiner Mutter mehr zusammengewachsen, weil vorher war mein Vater so die Haupt- der Hauptansprechpartner in meinem Leben und dann hat sich das gewandelt ...."

Shirin spricht von einem „Zusammenwachsen" mit der Mutter sowie von einem „Wandel" in der Beziehung zu ihr aufgrund der Veränderung ihres Vaters, die Shirin als „schlimm" und gleichzeitig als den Auslöser für ihre Annäherung an die Mutter betrachtet. Dieser Zeit der Annäherung geht eine Phase der Enttäuschung und Einsamkeit voraus, die mit der negativen Wahrnehmung des Vaters nach der Ankunft in Deutschland zusammenhängt. Drei Jahre nach der Migration, Shirin ist zehn Jahre alt, bringt die Mutter ihr drittes Kind, Shirins Schwester, auf die Welt. Als Shirin vierzehn Jahre alt ist, erlebt sie mit einem gleichaltrigen Jungen aus ihrer Schule ihr „erstes Mal" und erzählt kurze Zeit später ihrer Mutter davon. Die Mutter zeigt ein offenes Ohr, versucht aber gleichzeitig auch, Shirin von den Treffen abzubringen, woraufhin Shirin sich trotzdem einige Male heimlich mit dem Jungen verabredet, bis die Beziehung im Sande verläuft. Die Mutter bemüht sich, Shirin zu verstehen und ihr zu helfen, sich zurechtzufinden, als es „schwer" wurde:

„Und meine Mutter, die hat uns auch sehr geholfen, sie hat uns wirklich ... geholfen,... uns 'n bisschen zurechtzufinden, ne, wenn es schwer wurde. Damit ich, wenn du nicht ... wusstest oder weil du sagtest wegen Pubertät und so, //Ja// wo man echt so'n so'ne, in so'ner... Situation war, wo du echt nicht wusstest: Was bin ich jetzt? Was mach ich jetzt, ne? Man will ja irgendwo ... doch wie die andern sein, aber irgendwie weiß man nicht, es ist nicht all-, man ist schon ..., da ist schon 'n Unterschied, da hat sie uns viel geholfen"

Die Mutter ist für Shirin da, als sie sich fragt: „Was bin ich jetzt?" „Was mache ich jetzt?" Ich will wie die „anderen" sein, aber da ist ein „Unterschied".
Shirin setzt sich in ihrer Adoleszenz mit existentiellen Fragen des Seins als Migrantin auseinander und nimmt sich anders wahr als die „deutschen" Mädchen, die sie als die „anderen" beschreibt. In diese Entwicklungsprozesse ist Shirins Mutter eingeweiht, und sie versucht zu helfen: *„Da hat sie da war sie immer da und hat dann immer gesagt: Ihr könnt immer zu mir kommen ..."* Zudem erfüllt sie gegenüber ihren Kindern eine Schutzfunktion vor dem Vater, indem sie ihnen verspricht, nichts dem Vater zu sagen, wenn es deren Wunsch sein sollte. *„Und ... wenn euer Vater das nicht erfahren soll, dann sage ich ihm nichts."* So ergreift die Mutter in der Familie eindeutig Partei für das Wohl ihrer Kinder und ist für sie da, was ihr Shirin hoch anrechnet.

In der Adoleszenz setzt sich Shirin auch stärker mit den Migrationsgründen ihrer Familie auseinander und möchte herausfinden, welche Motive für ihre Mutter ausschlaggebend waren, ihren Beruf im Iran aufzugeben und nach Deutschland zu emigrieren. Aus den Erzählungen ihrer Eltern glaubt sie zu wissen, dass ihre Mutter eine Frau gewesen sei, die sich vor Autoritäten nicht gebeugt hätte. Diese Haltung habe im Iran an ihrem Arbeitsplatz zu ernsthaften Konflikten mit Folgen geführt:

„Und meine Eltern haben sich halt gedacht, ich weiß jetzt nicht, ob sie es im Nachhinein so sagen, ne ..., oder ob das wirklich so war, aber meine Mutter ist hauptsächlich so, dass sie sagt: Ich halt den Mund nicht, ne? Wenn mir irgendwas auffällt, ... dann sag ich das

auch.... Und dann hatte sie bei der Arbeit so ... so'n Konflikt sozusagen mit so'nem Mullah, weil die Chefs ja dann nicht mehr die richtig normalen ... Chefs waren, sondern Mullahs waren ... Wurde sie mal zu einem gerufen und er meinte: Wenn ich Sie erschießen müsste, würd ich's nicht sofort machen, ich würde noch 'ne Nacht drüber schlafen. //Gott// Und dann hat sie gedacht: OK, Zeit zu gehen (lacht ein bisschen). Und dann hat sie halt hast du auch keine Rentenansprüche mehr, ne? Musst dann ... musst auf alles verzichten."

Die Auseinandersetzung der Mutter mit ihrem Chef am Arbeitsplatz habe dazu geführt, dass sie sich für das „Gehen" entschied und damit auf jegliche Rentenansprüche verzichtet hat. Die Mutter fällt mit ihrer Kündigung eine aktive Entscheidung, die in deren Konsequenz auf der einen Seite den Ausschluss vom Staatsdienst bedeutet und auf der anderen Seite den Weg für einen Abschied von der Heimat ebnet. Aus Erzählungen ihrer Mutter wisse Shirin, dass ihre Mutter im Iran eine politische Akte habe und aus dem Grund nie „zurückgehen" würde. Die Mutter sei bis heute von Albträumen geplagt:

„Und ... meine Mutter m- meinte auch, sie hätte eine Akte ... da, bei denen. Die hat auch Albträume, die würde nie zurückgehen. Die hat bis heute Albträume, dass sie dahinfährt und dann nie wieder rauskommt ... Und sie meinte, sie würd da nie hingehen."

Shirins Mutter hat Träume, die davon handeln, dass sie in den Iran fährt und dann „nie wieder" aus dem Land rauskommt. Das Gefühl, nicht wieder aus dem Land „raus"zukommen, verursacht in der Mutter solche Ängste, dass sie von Albträumen geplagt wird. Als wenn Shirin selbst schlechte Träume diesbezüglich hätte, spricht sie davon, dass ihre Mutter „auch" Albträume habe. Shirin benutzt das Wort „nie" in diesem kurzen Absatz ganze drei Male, um ihre Aussage zu bekräftigen, dass ihre Mutter auf *gar keinen* Fall in den Iran gehen würde. Die Albträume verfolgen sie bis heute. So ist ein Teil der Auswanderungsgeschichte der Familie, der mit Angst und Schrecken besetzt ist, bis heute aktuell und nicht verarbeitet. Auf diesen wichtigen Aspekt werde ich in einem eigenen Kapitel gesondert eingehen.

Shirins Mutter hat in Deutschland Sprachkenntnisse erworben und ein aktives Leben mit beruflichen Ambitionen begonnen, wofür Shirin sie bewundert:

„Sie ist aktiv. Sie macht echt ..., die äh nimmt jede Chance wahr, die sie kr-, die sie hat ... Sie arbeitet auch als Dolmetscherin, ... hauptsächlich so für Ausländer, die ... gerade nach Deutschland kommen und die Behördensachen und sich nicht auskennen und das macht sie für die, für die Afghanen und Iraner. Und ... sie macht echt, sie macht jeden

Kurs, den sie kann,... alles Mögliche. Totaler Gegensatz. Mein Vater ist so resigniert mehr und sie ist total ...: Ich mach was draus."

Die Mutter führt - neben ihrer Rolle als Mutter von drei Kinder ein öffentliches Leben und versucht, Menschen, die neu in Deutschland ankommen, zu begleiten. Sie nehme jede „Chance" wahr, die sie habe, mache „Kurse" und alles, was möglich sei. Dann setzt Shirin ihre Mutter mit ihrem Vater in Vergleich und betont, dass die Mutter im „Gegensatz" zu ihrem Vater, der eher „resigniert" habe, etwas aus ihrer Situation mache. So ist die Mutter für Shirin auch heute nicht nur eine Mutter, die sie moralisch stärkt und sie beschützt, sie bietet ihr gleichzeitig ein aktives weibliches Vorbild mit einem öffentlichen Leben, was Shirin sehr wertschätzt.

1.4.4 Der „kleine" Bruder - Ein Wegbegleiter

Shirins Bruder wird geboren, als sie drei Jahre alt ist. In ihrer Erzählung taucht er erstmals in einem Abschnitt auf, in dem Shirin von den nächtlichen Bombardements in ihrer Heimatstadt berichtet:

„[...] dass wir nachts immer aufstehen mussten und runtergehen, weil die Bombardements ... halt stattfanden und wir, mein Bruder und ich immer: Nein, wir sind müde, geht doch alleine (lacht leise). Und die: Nein, Ihr müsst mitkommen. Haben uns immer so auf die über die Schulter und dann ... ab in in den Keller. Das waren so die schlimmsten Sachen, wo ich so Albträume hatte von diesen Sirenen. Und es ist auch heute schon heute auch schwer, wenn ich im Film Sirenen höre ..., dass ich dann eine Gänsehaut kriege und mir ... komisch wird...."

Shirin mag in diesem erzählten Lebensabschnitt fünf Jahre und ihr Bruder etwa zwei Jahre alt gewesen sein. Sie führt ihren Bruder in die Erzählung ein als jemanden, der mit ihr auf einer Ebene ist, auf ihrer Seite, mit dem sie ein „Wir" bildet. Die beiden wehren sich gegen die Aufforderung ihrer Eltern, während der nächtlichen Bombenangriffe aus ihren Betten zu steigen und mit den Eltern im Keller Schutz zu suchen. Stattdessen bitten sie ihre Eltern, die sie wecken, doch allein und ohne sie in den Keller zu gehen. Schließlich müssen die Eltern sich ihre Kinder über die Schultern werfen, um sie mitnehmen zu können. Für Shirin sind diese Kriegserinnerungen die „schlimmsten". Damals habe sie von den Sirenen Albträume bekommen, und bis heute sei das Sirenengeräusch mit extrem negativen Gefühlen behaftet *(„[...] dass ich dann eine Gänsehaut kriege und mir ...*

komisch wird... "). Das Geräusch von Sirenen ruft in Shirin einen Teil ihrer Kindheit wach, der mit Angst und Schrecken besetzt ist. In diesen Erinnerungen ist ihr Bruder, den sie nicht namentlich benennt, mit anwesend.

Ich möchte von Shirin wissen, wie ihr Verhältnis zu ihrem Bruder früher gewesen sei. Ihre Antwort ist die Antwort einer Tochter, die mit drei Jahren zum ersten Mal von einem Geschwisterkind entthront wird:

„Sch- schon immer nicht gut (lächelt), also h- früher. Weil ich war halt erst Einzelkind und dann kam er. //Du warst drei?// Ja und ... dann ging, aber er war auch sehr schwach und dünn und so was bei der Geburt und dann hat sich alles um ihn gedreht. Und immer musste ich ihn überall mit hinnehmen, er wollte immer das haben, was ich hatte, ja und dann hab ich (lacht leise), ich bin überhaupt nicht klar gekommen mit, ne? Und ... auch als wir hier waren, immer wenn ich irgendwo hingegangen bin, musste ich ihn mitnehmen. Den kleinen Bruder (lacht leise) mitschleppen. Aber mittlerweile ... verstehen wir uns total gut. Es ist schon so, dass ... wenn er 'n Problem hat, ruft er mich an und wenn ich 'n Problem hab, ruf ich ihn an. Ist schon so ... Ja."

Shirin erinnert sich an die Zeit, als ihr Bruder auf die Welt gekommen ist und wie er ihre Welt verändert hat. „Erst" sei sie „Einzelkind" gewesen und dann „kam er", und zu allem Überfluss sei er auch noch „sehr schwach und dünn" gewesen. Alles habe sich um „ihn" gedreht. Shirin sei nicht damit „klargekommen", dass sie diesen bedürftigen „kleinen" Bruder später „immer" und „überall" mit hinzunehmen hatte, sogar nach der Umsiedlung vom Iran nach Deutschland, als sie älter waren. Nach dieser Aussage klingt es zunächst eher verwunderlich, dass sie verkündet, sie und ihr Bruder würden sich „mittlerweile total gut" verstehen und sich bei Problemen gegenseitig „anrufen". Bei näherer Betrachtung wird allerdings deutlich, dass für Shirin die Beziehung zu ihrem Bruder über die Landesgrenze hinaus auch eine Konstante gewesen ist. Obwohl er sie häufig genervt hat, ist er ihr doch zumindest während der gesamten Zeit vor und nach der Auswanderung erhalten geblieben, ganz im Gegenteil zu der Großmutter, die Shirin hat verlassen müssen, und zu ihrem Vater, den sie als sehr verändert wiedererlebt hat. Auch aufgrund des relativ geringen Altersunterschiedes sind sich die Geschwister nahe.

Als ich Shirin nach ihren Persischkenntnissen frage, erzählt sie mir, dass ihre Kenntnisse nachgelassen haben; sie vergleicht sich mit ihrem Bruder, dessen sprachlichen Fähigkeiten im Persischen heute viel besser seien als ihre:

„*Und mein Bruder, der spricht zum Beispiel viel besser Persisch als ich. Wenn weil die Jungs ja untereinander nur Persisch reden, die iranischen Jungs. //Ja//. Und die Frauen reden meistens Deutsch miteinander.*"

Grund für die besseren Sprachkenntnisse ihres Bruders scheint die Tatsache zu sein, dass die persische Sprache bei den Jungen mit iranischem Migrationshintergrund tatsächlich als Kommunikationssprache benutzt wird, während die „Frauen" sich untereinander „meistens" auf Deutsch verständigen würden. Selbst mit ihrer langjährigen Freundin, die ebenfalls eine iranische Migrationsgeschichte hat, ist die Kommunikationssprache Deutsch:

„*Also ich rede mit meiner persischen Freundin auch Deutsch, hier mit Sima. //Mhm, mhm//. Und die Jungs reden immer Persisch, die sind da immer so stolz drauf und ... oder versuchen auch dann mit den Mädchen Persisch zu reden und die dann immer: Äh ..., was sage ich jetzt nun (lacht)? So die alltäglichen Sachen fehlen einem halt.*"

Das „auch" in „mit meiner persischen Freundin rede ich „auch" Deutsch" bezieht sich möglicherweise auf unsere Sprachwahl in der Interviewsituation, die ja „auch" Deutsch ist. Damit deutet sie die Selbstverständlichkeit an, mit der sie sowohl in einer eher formellen Situation wie in einem Interview, in der sie die Wahl zwischen Deutsch und Farsi hat, als auch in einem privaten Rahmen mit einer iranischen Freundin Deutsch als die Kommunikationssprache benutzt. Im Gegensatz dazu, würden die iranischen „Jungen" „immer" Persisch „reden". Sie seien „stolz" darauf und würden versuchen, auch mit den Mädchen Persisch zu sprechen. Da die Mädchen nicht angemessen darauf reagieren können, weil ihnen die Persischkenntnisse fehlen, bringt sie die sprachliche Situation in Verlegenheit („*Äh ..., was sage ich jetzt nun?*"). Den Mädchen würden „die alltäglichen Sachen" in der persischen Sprache „fehlen". Shirin frage sich dann selbst „Was sage ich nun?", und auch hier, als sie das Gefühl der Hilflosigkeit in einem persischsprachigen Setting beschreibt, bleibt sie in der deutschen Sprache und wechselt nicht ins Persische. An einer anderen Stelle im Interview berichtet Shirin von einem ähnlichen Szenario, welches sich diesmal zwischen ihr und ihrem Vater abspielt. Es handelt sich dabei - ähnlich wie im Gespräch mit den „Jungen" - um eine Situation, in der sich der Vater mit ihr in einer Sprache unterhält, die sie nicht entschlüsseln kann. Er benutzt persische Wörter, die sie nicht versteht:

„*Dann fängt mein Vater an irgendwelche Gespräche mit mir mit ganz vielen schwierigen persischen Wörtern, wo ich denk, ich versteh kein Wort (lacht). //Warum macht er das?//*

Macht äh er denkt, ich kenn die ... oder ich müsste die ja eigentlich kennen, sind ja eigentlich gar nicht so schwer."
Es scheint sich um eine Situation zu handeln, welche sich auf diese oder ähnliche Weise des Öfteren in der Kommunikation zwischen Vater und Tochter abspielt. *("Dann fängt mein Vater an irgendwelche Gespräche mit mir [...]").* Ihre Antwort auf meine Frage nach dem „Warum" lautet spontan „Macht". Daraufhin nimmt sie rasch einen neuen Erzählstrang auf und entschuldigt den Vater mit dem Satz „[...] er denkt, ich kenn die ...". Dann nimmt sie ihren Vater erneut in Schutz, indem sie betont, sie müsste die Worte „eigentlich" kennen, sie seien ja „eigentlich gar nicht so schwer". Tatsache ist jedoch, dass Shirin in dieser Sprachsituation „kein Wort" versteht. Diese Strategie des Vaters ähnelt dem sprachlichen Verhalten von Shirins Bruder und dem seiner gleichaltrigen Freunde, die versuchen, mit den „Mädchen" auf Persisch zu kommunizieren und sie dabei in eine sprachliche Bredouille zu bringen. Bei beiden Sprachsituationen handelt es sich in der Tat um eine „Macht"-Probe gegenüber dem weiblichen Geschlecht. Sowohl der Vater als auch der Bruder und dessen Freunde können sich in ihrer Herkunftssprache selbstverständlicher bewegen als Shirin und die „Mädchen" und nutzen diese Gegebenheit, um Stärke zu präsentieren. Im Vergleich zu ihrem Bruder scheint sich Shirin in ihrer Muttersprache nicht wirklich wohl und sicher zu fühlen. Vielmehr stellt sie ein Verschwinden von alltäglichen Sprachgebräuchen in ihrem persischen Sprachschatz fest, was zur Unsicherheit im Umgang mit den „Jungen" führt, die sie in der persischen Sprache ansprechen. So scheint sich das sprachliche Selbstverständnis der Geschwister, bezogen auf die Muttersprache, sehr voneinander zu unterscheiden. Der Bruder unterhält sich mit anderen gleichaltrigen Jungen, die ebenfalls einen iranischen Migrationshintergrund haben, wie selbstverständlich auf Persisch und setzt scheinbar „stolz" seine muttersprachlichen Kenntnisse auch im Umgang mit „iranischen" Mädchen ein. Shirin jedoch fühlt sich in der deutschen Sprache sicherer und beweglicher und spricht Deutsch auch in Sprachsituationen, in denen sie die Möglichkeit hätte, zwischen Persisch und Deutsch zu wählen (z.B. mit ihrer iranischen Freundin oder in unserem Interview.) Eine Erklärung für dieses Sprachverhalten der beiden Geschwister könnte in den Vorbildern liegen, welche die Mutter und der Vater für ihre Kinder darstellen. Shirins Mutter lebt in ihrer Rolle als das erste *weibliche* Familienvorbild in der Migration ihren Kindern vor, dass eine Frau in der Ankunftsgesellschaft die Sprache erlernen und sich aktiv für diejenigen, die in der Ankunftsgesellschaft Starthilfe benötigen, engagieren kann. Insofern ist die Mutter für Shirin ein lebhaftes und positives Beispiel dafür, dass ein Neuanfang unter widrigen

Bedingungen in der Ankunftsgesellschaft möglich sein kann. In ihrer Rolle als Mutter pflegt sie ein sehr unterstützendes und fürsorgliches Verhältnis zu ihren Kindern. Der Vater wiederum lebt seinen Töchtern und seinem Sohn seine Unzufriedenheit mit den Lebensumständen vor. Er vermisst seine „alte" Heimat, wie sie in längst vergangenen Tagen existiert hat, als er selbst jung war. Der Verlust des beruflichen und des sozialen Status - und dabei spielt sicher der Verlust der Sprache eine entscheidende Rolle – haben sich negativ auf seine psychische und gesundheitliche Verfassung ausgewirkt, weil darauf keine neuen Perspektiven gefolgt sind. In seiner Funktion als erste männliche Bezugsperson für die Kinder ist ein Vater gleichzeitig ein Vorbild, dem der Sohn auf der Suche nach seiner Geschlechterrolle häufig nacheifert oder an dem er sich zumindest orientiert, um allmählich zu eigenen Vorstellungen und Zielen zu gelangen. Das Sprachverhalten von Shirins Bruder dem anderen Geschlecht gegenüber ist auch ein Beispiel dafür, dass familiäre Muster übernommen und im Umgang mit Gleichaltrigen erprobt werden.

Die sprachliche Entwicklung der Geschwister und ihr Umgang mit den beiden Sprachen ist ein lebhaftes Beispiel für ihr eigenes Selbstverständnis und für die Entstehung von Identitätsprozessen. An den beiden Kommunikationssettings, die Shirin zwischen sich und ihrem Vater sowie zwischen sich und ihrem Bruder und den Peers beschreibt, wird deutlich, wie Sprache als ein Vehikel eingesetzt werden kann, um Macht auszuüben und um Hilflosigkeit und Ohnmacht hervorzurufen. Natürlich funktioniert dies nur, solange sich beide Parteien an der Art der Kommunikation beteiligen. Die männliche Seite kann sich nur überlegen fühlen, solange sich die weibliche Seite in die Rolle der Hilflosen fügt. Würde sich Shirin den Spielregeln entziehen, würde das Spiel um Macht und Ohnmacht so nicht mehr funktionieren.

1.4.5 Die „kleine" Schwester - „Sie ist ganz anders"

Shirins Schwester ist zehn Jahre jünger als sie und das einzige Mitglied ihrer Familie, das in Deutschland geboren worden ist. Eingeführt wird sie in die Erzählung erstmals als Shirin mir von dem einzigen Besuch ihrer Großmutter in Deutschland berichtet. Zu diesem Zeitpunkt ist Shirins Schwester vielleicht zwei Jahre alt und sieht genauso aus, wie Shirin in diesem Alter ausgesehen hat. Als sie der Großmutter bei ihrer Anreise die Tür öffnet, wird diese beim Anblick des Kindes so stark an die kleine Shirin erinnert, dass sie vor Rührung zu weinen anfängt: „[...] *und meine Oma ... und sie hat dann echt angefangen zu heulen, ... ohne Ende."* So sehr die Schwester vom Äußerlichen Shirin ähnelt, umso mehr unterscheidet sie sich charakterlich von ihr: *„Also sie ist... ganz anders als als ich es war oder mein Bruder. Sie ist total selbstbewusst, sie ist auch hier geboren."* Ihre Schwester sei mit ihren vierzehn Jahren „ganz anders" im Vergleich zu Shirin oder ihrem Bruder in diesem Alter. Das starke Selbstbewusstsein ihrer Schwester in Verbindung mit der Tatsache, dass sie in Deutschland geboren ist, ist ein ausschlaggebendes Merkmal, welches Shirin am meisten an ihrer Schwester auffällt. Genau darin liegt der Unterschied zwischen den beiden Schwestern, was in Shirins weiterer Erzählung besonders deutlich wird, in der sie einen direkten Zusammenhang zwischen „Deutschsein" und „selbstbewusst sein" herstellt:

„Und die ist total selbstbewusst und ... wir haben früher immer gesagt: Du Deutsche (lacht). Und sie immer: Nein, warum sagt Ihr denn das zu mir? Aber sie sie hat glaub ich 'n besseres Verständnis ... so von sich selbst. Sie sieht sich als Deutsche ... //Mhm// mit iranischen Eltern. Aber weil sie sich auch mit dem Iran nicht identifizieren kann."

Als Kind habe die Familie sie mit „Du Deutsche" aufgezogen, worüber sich die Schwester sehr geärgert habe. Tatsächlich habe die Schwester „ein besseres Verständnis ... von sich selbst", als Shirin es in ihrem Alter gehabt habe. Die Schwester sähe sich als „Deutsche ... [...] mit iranischen Eltern", da sie sich mit Iran ohnehin „nicht identifizieren" könne. Hier spricht Shirin den Geburtsort an als eine Identifikationsachse, als eine Orientierung für den Aufbau und die Entwicklung der Ich-Identität. Für Shirin ist es wichtig, diesen Unterschied zu betonen, denn genau an diesem Punkt scheinen sich die Welten der beiden Schwestern zu unterscheiden. Shirins Migrationshintergrund ist ein anderer als der ihrer Schwester. Shirin hat die Heimat ihrer Eltern kennen gelernt, da sie einen Teil ihrer Kindheit in ihrem Geburtsland verbrachte und schließlich die Migration mit ihrer Familie erlebte. Für ihre Schwester ist der Iran das Geburtsland ihrer Eltern und ihrer Geschwister, jedoch ist sie selbst noch nie dort gewesen und kann sich insofern nicht in dem Grad wie Shirin mit der Geschichte der Familie identifizieren. Somit ist Shirins Schwester in der Familiengeschichte die Person, deren Geburt im Ankunftsland für die Familie einen Neuanfang einläutet. Dies wird auch an einem Beispiel deutlich, das Shirin bezüglich ihrer Schwester und des ersten Weihnachtsbaumes der Familie anbringt. Ihre Schwester sei diejenige gewesen, die zuhause am Heiligabend einen Weihnachtsbaum „durchgesetzt" habe. Das Wort „durchsetzen" beinhaltet in diesem Zusammenhang zweierlei: Einmal bezieht es sich auf das Hineintragen eines neuen Brauches in die Familientradition, und einmal steht es für die Durchsetzungskraft der Schwester, Dinge durchaus energisch realisieren zu können.

Shirins Schwester besetzt die Rolle der Tochter, die Ideen und Bräuche der christlichgeprägten deutschen Kultur aus der Ankunftsgesellschaft leben möchte und diese auch durchsetzen kann. In Shirins Augen hat ihre Schwester einen Status, um den Shirin selbst in ihrer Pubertät sehr gekämpft hat, nämlich eine „Deutsche" zu sein und das Gefühl der Zugehörigkeit zur Gruppe der deutschen Gleichaltrigen zu spüren. Ihre Sehnsucht nach Zugehörigkeit hat Shirin mit vierzehn Jahren dazu verleitet, mit ihrem damaligen Freund aus der Schule zu schlafen, weil sie angenommen hat, damit zu den anderen Mädchen dazuzugehören:

„Das war echt so'n so'n ... so'n Ruf nach ... Anerkennung, weißt du? Ich bin, ich bin auch deutsch oder ich bin auch so wie Ihr, also wie die anderen Mädchen sozusagen, ne?"

Dass dieser Weg nicht zu einer tatsächlichen Zugehörigkeit zu ihren „deutschen" Klassenkameradinnen geführt hat, musste sie im Nachhinein schweren Herzens feststellen:

„Das war, irgendwo denke ich mir oft ..., das war also so jetzt im Nachhinein das war schon so'n so'n Fehler. Also wenn ich meine Schwester jetzt seh, ne, in dem Alter ist es, da bist du 'n Kind... und dann sollte man sich echt um andere Sachen kümmern."

Mit Blick auf ihre heute vierzehnjährige Schwester bezeichnet Shirin ihr eigenes „erstes Mal" in dem Alter als einen „Fehler". In dem Alter sei man noch „Kind" und sollte sich um „andere Sachen kümmern". Angesichts ihrer Schwester setzt sich Shirin noch einmal mit ihrer eigenen Pubertät auseinander und stellt viele Unterschiede fest, die vor allem mit der kulturellen Zugehörigkeit bzw. Nichtzugehörigkeit zusammenhängen. Die Tatsache, dass die Schwester in Deutschland geboren ist, hat in Shirins Augen eine gewisse Selbstverständlichkeit zur Folge, die die Schwester beanspruchen kann, nicht aber Shirin. Im Vergleich zu sich selbst konstatiert Shirin, dass ihre Schwester ohne die Migrationserfahrung und durch die selbstverständlichere Zugehörigkeit zur deutschen Gesellschaft einen anderen und leichteren Weg durch die Adoleszenz beschreite.

1.5 Kindheit in der „Fremde"

In ihrer Erzählung beschreibt Shirin ihre Migration im Alter von sieben Jahren als eine „Flucht", die mit einer Busreise gemeinsam mit ihrer Mutter und ihrem drei Jahre jüngeren Bruder vom Iran in die Türkei beginnt. In der Türkei angekommen, müssen die drei einige Tage überbrücken, bis ein Visum für die Weiterreise nach Deutschland ausgestellt ist. Dieses Visum erhalten sie, wie sie sagt, „mit Mühe und Not", und gelangen anschließend nach Deutschland. Hier werden sie von Shirins Vater, den sie ein Jahr lang nicht gesehen haben, empfangen. Ihr Vater ist für Shirin in der neuen und für sie noch fremden Welt zunächst *das* und *der* einzig Vertraute. Auf ihn hatte sie sich innig gefreut. Shirins Vorfreude zerschlägt sich jedoch bereits bei der ersten Begegnung mit dem Vater und sie erkennt ihn in seiner Art nicht wieder. Diese tiefe Enttäuschung über das Wiedersehen mit dem Vater lässt sie noch mehr ihre Großmutter vermissen, von der sie sich schmerzvoll hatte trennen müssen. Hätte sich die große Vorfreude auf den Vater beim Wiedersehen bestätigt, wäre für Shirin die Trennung von der Großmutter möglicherweise leichter zu verkraften gewesen.

Shirin erinnert sich an ihre Anfangszeit in Deutschland und ihre ersten Fremdheitserfahrungen, als sie aufgrund ihrer Haut- und Haarfarbe von gleichaltrigen Jungen aus ihrem Wohnviertel gehänselt wird:

„Und dann haben die einen auch komisch behandelt und dann war ich auch die einzige Ausländerin sozusagen, schwarzhaarige Ausländerin, so zwei Polinnen hatten wir noch und dann haben irgendwelche die ganze Zeit so die Jungen haben immer gesagt: Warum sind denn deine Haare so schwarz? Trägst du 'ne Perücke, oder was? Warum bist du so braun? Bist du verbrannt?"

Shirin steht den Beleidigungen der Jungen sprachlos gegenüber und weiß nicht, wie sie damit umgehen soll. *„Ich dachte, hä? Habe ich überhaupt nicht gecheckt, weil ich das auch nicht kannte ...."* Es ist für Shirin eine neue Erfahrung, aufgrund ihrer Haut- und Haarfarbe von Gleichaltrigen diskriminiert zu werden. Diese Erlebnisse verstärken ihre Sehnsucht nach der Herstellung ihrer alten vertrauten Welt, in der sie sich ausgekannt hat:

„Ich hab mich überhaupt nicht wohl gefühlt. Ich wollte zurück zu meinen Nachbarn, zu meiner Oma, zu meiner Familie. Ich wusste gar nicht, was wir hier sollen, wir haben nicht verstanden, was die Leute wollen, die hier leben."

Sie spricht davon, nicht gewusst zu haben, was sie und ihre Familie „hier sollen". Sie will zurück zu ihrer „Familie", so wie sie vermutlich im Iran noch gemeinsam mit der Großmutter existiert hat.

Shirins Erlebnisraum nach der Ankunft ist gefüllt mit Enttäuschungsgefühlen, Traurigkeit und Sehnsucht nach der Herstellung alter Strukturen. Sie und ihre Familie hätten „nicht verstanden", was „die Leute wollen", die „hier leben". Der aktive Teil der Migration mit der Freude auf ein Wiedersehen mit dem Vater wandelt sich in relativ kurzer Zeit um in eine Art Schwebezustand, der für Shirin mit äußerst negativen Erfahrungen einhergeht. Auf eine ehrliche und eindeutige Weise beschreibt Shirin die Verlorenheit eines Kindes nach dem Verlust von allem, was ihm vertraut und lieb gewesen ist. So bedeutet der Ortswechsel für Shirin zunächst einmal ein Ende: *„Als wir hier waren, war alles halt weg. Wir hatten gar nichts mehr."* Erst allmählich gelingt es Shirin, sich für die neue Welt zu öffnen und in die neuen Lebensstrukturen hineinzufinden. Über diese Lebensphase zwischen der späten Kindheit und der frühen Pubertät in Deutschland erzählt Shirin so gut wie nichts. Es kann vermutet werden, dass sich diese Phase bei Shirin leise und eher unauffällig vollzogen hat und dass sie in dieser Zeit eine eher introvertierte und beobachtende Haltung ihrer Umwelt gegenüber an den Tag gelegt hat. Sie erzählt lediglich von einer besten iranischen Freundin, die sie nach der Ankunft in Deutschland findet. Diese Freundin spielt in Shirins Adoleszenz eine tragende Rolle.

1.6 Beste Freundin

Im Zusammenhang mit ihrer Pubertät in Deutschland erwähnt Shirin in ihrer Erzählung ihre beste Freundin Sima, die sie seit ihrer Kindheit kennt. Die Phase der Adoleszenz wird für die beiden Mädchen zu einer Zeit, in der sie in Abgrenzung zu den Eltern ihre Geheimnisse, Sorgen und Erlebnisse miteinander teilen. Beide Mädchen kämpfen mit den patriarchalischen Erziehungsnormen ihrer Väter, die sich vor allem auf das weibliche Rollenverhalten in der Gesellschaft beziehen. Ein Mädchen soll zurückhaltend sein, keinen Umgang mit dem anderen Geschlecht pflegen und ihre Freizeit mit Freund:innen unter der Kontrolle von Erziehungsberechtigten verbringen. Die Freundschaft von Shirin und Sima trägt die Mädchen durch diese für sie harte Phase, in der sie sich gegenseitig „decken":

„[...] meine Freundin Sima, die hat sich halt immer, wir haben uns gut verstanden. Weil ihr Vater sehr streng war ..., strenger als mein Vater ..., aber ähnlich halt. Und damals haben wir uns immer gegenseitig gedeckt sozusagen. Und das ging auch bis wir ... neunzehn oder zwanzig waren. [...] Und da mussten wir echt, die ganze Zeit waren wir am Lügen und am... (seufzt) Verstecken und am... keine Ahnung. Es war so stressig. Oh Mann. Wir haben uns echt 'n paar mal auch überlegt, noch mal wegzulaufen. Oder ich halt ..., ja."

Shirin spricht von dem Stress, dem sie und ihre Freundin durch die Geheimhaltung ihrer Gedanken und vermutlich auch Taten vor ihren Vätern ausgesetzt waren. In ihrer Beschreibung, dass sie „lügen" und sich „verstecken" mussten, werden der innere Druck und die innere Zerrissenheit der beiden Mädchen deutlich, die ihren Vätern gegenüber sicherlich auch ein schlechtes Gewissen hatten. Dieser Stress geht so weit, dass Shirin mit dem Gedanken spielt, von zuhause wegzulaufen. Sie berichtet weiter:

„Also ...... ihr Vater ist ja noch 'ne Ecke weiß ich nicht strenger. Meiner ist so, wenn er Sachen weiß ..., dann versucht er zu verdrängen ... und zu ignorieren, bloß nicht ansprechen, ne? Und ihr Vater ist zwar auch so, aber er übt einen viel größeren Druck auf sie aus. Bei mir war's so: O.K, solange er nichts weiß, ist es in Ordnung für mich. Und für sie ist es dann immer totale Panik und Angst."

Hier stellt Shirin eine Strategie ihres Vaters dar, die sie zu kennen glaubt, wenn es um Verhaltensweisen geht, die er bei ihr nicht gutheißt. Er versuche diese zu verdrängen und zu ignorieren. Das bedeutet, Vater und Tochter täuschen sich gegenseitig Harmonie vor, auch wenn keine vorhanden ist. Shirin spricht auch von dem Druck, den Simas Vater auf seine Tochter ausübt, und von den großen Ängsten, die Sima deshalb in der Pubertät erleidet. Beim Auswerten dieser Interviewpassage fällt mir auf, dass Shirin mir nicht direkt erzählt, *was* genau die beiden Freundinnen vor ihren Vätern geheim hielten. Auch ich frage sie nicht direkt danach. Anscheinend gehen wir beide stillschweigend davon aus, dass wir wissen, worüber gesprochen wird. Ich erkundige mich bei ihr, ob die „Geheimnistuerei" auch einmal zu Konsequenzen für die Freundinnen geführt hat, etwa weil die Väter misstrauisch geworde nsind. Sie antwortet:

„Ja. Also jetzt offen ... offen also ich glaub so äh ... d- direkt wussten die nicht, ob wir jetzt was mit Jungs was zu tun hatten oder nicht. Schon der Verdacht allein, wenn du sch- Beispiel Anrufe bekommen hast ... und die gehen ran und es wird aufgelegt, dann wussten die schon, irgendwas ist da im Busch. Und da fing's schon an: Wo gehst du hin? Und komm bloß, um sechs bist du wieder hier und so. Und wir haben immer gesagt: Wir gehen zusammen. Und sind dann immer zusammen gegangen (lacht leise) und er hat nichts gesagt."

An diesem Interviewausschnitt wird deutlich, dass es für Shirin und ihre Freundin verboten ist, sich mit Jungen zu treffen. Die beiden Mädchen sind jedoch offensichtlich in einem Alter, in dem sie sich auch für das andere Geschlecht interessieren und mehr über sich selbst als Mädchen und über Jungen erfahren möchten.

Shirin und Sima bauen ein „Wir", ein Netzwerk gegen die Macht ihrer Väter auf und finden Strategien, um die Verbote zu umgehen und die Väter trotzdem in dem Glauben zu lassen, dass sie ihnen gehorchen: Sie gehen *zusammen*. Auf diese Weise gelingt es Shirin, im Spannungsverhältnis zwischen den eigenen Wünschen, ihren tatsächlichen Möglichkeiten und den strengen Erziehungsmaßnahmen ihres Vaters einen Weg zu finden, um die sehr widersprüchlichen Aspekte ihrer Umwelt miteinander zu verknüpfen. Der große Zusammenhalt der beiden Freundinnen, die die gleiche Herkunft miteinander teilen, stellt im Kampf um die eigene Selbstfindung eine wesentliche Unterstützung dar.

1.7 Erste Beziehung zu einem Jungen

Ihre erste Beziehung hat Shirin im Alter von vierzehn Jahren mit einem gleichaltrigen deutschen Jungen aus ihrer Schule. Ihre Mutter erfährt davon. Shirin beschreibt die Reaktion ihrer Mutter folgendermaßen:

„Meine Mutter wusste das dann. Und dann hat sie ... seine Mutter angerufen ... und hat gesagt: Hier (lacht), halt deinen Jungen fern von meinem Mädchen."

Sobald Shirins Mutter von der Beziehung ihrer Tochter zu einem Jungen erfährt, ruft sie die Mutter des Jungen an und bittet diese, ihren Sohn von Shirin „fernzuhalten". Möglich, dass sie diesen Anruf tätigt, nachdem sie Shirin nicht davon überzeugen konnte, sich nicht mehr mit dem Jungen zu treffen. Möglich, dass Shirins Mutter ihre Tochter für zu jung hält, um einen intimen Kontakt zu einem Jungen zu pflegen. Möglich, dass sie Angst vor dem Zorn des Vaters hat, wenn dieser herausfände, dass Shirin einen „Freund" hat. Möglich, dass sie Shirin vor diesem Zorn schützen möchte. Welche Motive auch immer Shirins Mutter dazu veranlassen, diesen Versuch zu unternehmen, durch ihre Handlung setzt sie Shirin eine Grenze, die sie nicht überschreiten soll. Ab diesem Zeitpunkt dürfen sich die zwei nicht mehr „offiziell" treffen. Sie sehen sich jedoch trotzdem, allerdings begleitet Shirin stets die Angst, erwischt zu werden:

„Und dann durften wir uns bestimmt durften wir uns offiziell sozusagen nicht mehr treffen, haben uns einmal in der Woche getroffen. [...] Ja, das war ganz schlimm, das war echt so ... Versteckspiel. [...] immer aufpassen, dass uns die Nachbarn nicht sehen und vor allen Dingen iranische Nachbarn, die haben dann immer gesagt, getratscht: Hier ich hab deine Tochter gesehen. Hast du die nicht unter Kontrolle? ... Das war natürlich am schlimmsten, wo ich dachte: Was geht denn die Leute das an? Wenn sie 'n Problem

haben, dann sollen sie zu einem ... kommen und es ins Gesicht sagen und nicht den Eltern oder irgendwie schlecht über einen reden."

Aufgrund der Kontrolle durch ihre Eltern und die „iranischen" Nachbarn kann Shirin sich mit ihrem „Freund" nicht frei in der Öffentlichkeit bewegen. Diese Erfahrung beschreibt Shirin als „ganz schlimm" und drückt damit den vermutlich enormen Druck aus, dem sie durch das „Versteckspiel" ausgesetzt sein muss. Die Bezeichnung „die Leute" für die iranischen Nachbar:innen macht deutlich, dass sich Shirin trotz der gemeinsamen Herkunft von ihnen distanziert.

Um dem Gerede und den negativen Reaktionen ihrer Umwelt zu entgehen, beschließt sie, sich nur noch heimlich mit ihrem Freund zu treffen. Ihre Freundin Sima ist zur gleichen Zeit mit einem Freund dieses Jungen zusammen, und so verabreden sich die vier gemeinsam häufig nach der Schule: *„[...] sie war mit einem Freund von ihm zusammen, da haben wir uns immer heimlich zu viert getroffen."* Shirin beschreibt weiterhin, dass ihre Mutter auch von diesen Treffen erfährt:

„Meine Mutter wusste das. Sie ist so'n Mensch, die kann einen total durchschauen ... [...] Und die hat ... ... sie wusste das. Und sie wusste, dass sie nichts machen kann dagegen. Sie hat's halt versucht, aber es ging nicht...."

Nachdem sich die Versuche von Shirins Mutter, ihre Tochter von den Treffen mit dem Jungen abzuhalten, als erfolglos erweisen, gibt sie auf. Shirins Treffen bleiben ein Geheimnis zwischen den vier Jugendlichen und Shirins Mutter. Der Druck, dem Shirin in ihrer Beziehung von außen ausgesetzt gefühlt hat, ist vermutlich der Grund dafür, warum sie mir nichts über diese Beziehung und über ihre Gefühle für diesen Jungen erzählen kann. Unter diesen „stressigen" Umständen wird wenig Raum für die Entwicklung und Entfaltung einer Zweierbeziehung vorhanden gewesen sein.

Ihr „erstes Mal" erfährt Shirin mit ihrem Freund im Alter von vierzehn Jahren. Über ihr erstes sexuelles Erlebnis berichtet sie im Nachhinein wie folgt:

„Das war irgendwo denke ich mir oft ..., das war also so jetzt im Nachhinein das war schon so'n so'n Fehler. [...] Andererseits denke ich mir aber auch im Nachhinein, das war echt so'n so'n ... so'n Ruf nach ... Anerkennung, weißt du? Ich bin, ich bin auch deutsch oder ich bin auch wie ihr, also wie die anderen Mädchen sozusagen. War echt, ich glaub das war in erster Linie der Grund. Wo ich dachte, es ist so'n ... es ist ja auch ein großer Schritt irgendwie, wenn du, so'n Tabuschritt auch noch, so'n wichtiger Sch- sozusagen, schwerwiegender Schritt. Das hatte mehr mehr den Grund, als aus...

irgendwelchen anderen Gründen. Weil begreifen tut man das nicht in dem Alter, was man da eigentlich macht."

Shirin hält im Nachhinein den Zeitpunkt ihres ersten sexuellen Erlebnisses für zu früh. Sie beschreibt nicht, ob oder welche Gefühle sie dabei gehabt habe, sondern dass es aus ihrer heutigen Sicht ein Fehler gewesen sei, einen solchen „schwerwiegenden Schritt", einen „Tabuschritt", in einem Alter zu begehen, in dem man noch nicht „begreifen" würde, was man täte. Sie erklärt ihre „Tat" im Nachhinein als einen „Ruf nach Anerkennung" als Deutsche: „Ich bin auch deutsch", „ich bin auch wie ihr". Shirin wollte von den anderen „deutschen" Mädchen ihrer Schule anerkannt und akzeptiert werden. Sie wollte dazugehören.

Über die Hinwendung zum anderen Geschlecht versucht Shirin, sich ein Stück von ihren Eltern loszulösen und gleichzeitig Anerkennung von der Peergroup zu zu erhalten. Offenbar ist Shirin mit vierzehn Jahren davon ausgegangen, dass die Mädchen ihres Alters, zu denen sie gehören wollte, bereits ihr „erstes Mal" erfahren hatten. Ihrer Erzählung nach sei es ihr in erster Linie nicht um das gemeinsame Erlebnis des „ersten Males" mit ihrem „Freund" gegangen, sondern vielmehr habe sich in diesem „Akt" eine Sehnsucht nach Anerkennung ausgedrückt. Heute reflektiert sie mit einer distanzierten Haltung über ihren Wunsch nach „Deutschsein" in der Adoleszenz. Die Sehnsucht nach Zugehörigkeit hat in Shirins Pubertät einen doppelten Charakter. 1. Sie möchte sich wie andere Jugendliche ihres Alters von ihren Eltern abgrenzen und von den Gleichaltrigen akzeptiert werden. 2. In ihrer Abgrenzung zu ihren „iranischen" Eltern, möchte sie gleichzeitig auch einen Status als „Deutsche" erlangen und eine Zugehörigkeit zu ihren „deutschen" Gleichaltrigen erreichen. So ist der Wunsch, wie die anderen zu sein, bei Shirin in dieser Phase mit „deutsch sein" verbunden. Die „anderen" sind die „deutschen" Mädchen, von denen sie sich Anerkennung erhofft. An diesem Beispiel werden „Zugehörigkeit" (vgl. Mecheril 2003: 118f) und der Kampf um Anerkennung als wichtige Themen der Adoleszenz deutlich. Sichtbar werden auch die kulturellen Differenzerfahrungen, die Shirin aufgrund ihrer Herkunft sowie ihres Geschlechts in der Adoleszenz durchlebt. Ihre Erzählung beschreibt einen inneren Prozess und innere Kämpfe, die sie mit sich selbst ausmacht. Auf ihrem Weg bieten ihr der schützende Blick der Mutter und die Solidarität mit der gleichaltrigen Freundin, mit der sie in Deutschland den gleichen kulturellen Kontext teilt, Quellen, aus denen sie Kraft schöpfen kann. Gleichzeitig repräsentiert der Vater für Shirin die andere Seite der Front, von der sie sich distanzieren möchte und gegen deren „iranischen" Normen sie rebelliert.

1.8 Eine (un-) mögliche Iranreise

Shirin möchte gern einmal ihre im Iran lebende, mittlerweile kranke Großmutter besuchen und für sie da sein können. Zudem würde sie gern ihre Iranreise nutzen, sich ein eigenes Bild vom Land ihrer frühen Kindheit zu machen. Sie selbst erinnere sich „gern an die Zeit im Iran" zurück, sie habe „gern im Iran gelebt." Seit ihrer Ausreise vor siebzehn Jahren sei sie nicht mehr dort gewesen:

„Ich wollte mir eigentlich meinen Pass holen, den iranischen und endlich mal hinfahren, weil ich ja noch nie da war, also nachdem ... // Wie viel Jahre sind das jetzt?// (...) ... siebzehn Jahre, so ja. Und einfach zu gucken, wie ist es, ne? Wer, ... wer bist du wirklich? Ist es wirklich das, was du noch in deinen Erinnerungen hast oder ... ist es einfach was anderes und du irrst dich die ganze Zeit, ne? Und dann habe ich halt ... das Konsulat angeschrieben ... mit Hilfe von meinen Eltern (lacht leise)."

Shirin beschreibt ihr Bedürfnis, herauszufinden, inwieweit ihre eigenen Erinnerungen mit der Wirklichkeit übereinstimmen und inwieweit sie sich „irrt". Für sie ist eine Reise in den Iran eine Möglichkeit, Antworten auf ihre Frage zu finden, wer sie „wirklich" ist. Mit Hilfe ihrer Eltern schreibt sie das iranische Konsulat für ein Visum an und bekommt auch einen Antwortbrief:

„[...] und ... dann hat er mir zurückgeschrieben: Ja, bitte um persönliches Erscheinen und korrekte islamische Kleidung, wir haben da noch 'n paar Fragen."

Die Bitte um ein persönliches Erscheinen und korrekte islamische Kleidung von einem offensichtlich männlichen Beamten („[...] hat er zurück geschrieben"), um ein paar Fragen zu beantworten, reicht aus, um bei Shirin Ängste vor einer Konfrontation mit dem Konsulat auszulösen, die von Seiten ihrer Eltern an sie herangetragen oder von ihnen zumindest unterstützt werden und die Shirin dazu veranlassen, aufzugeben: *„[...] und ... dann hab ich gedacht: Ne. Weil ich kann die Sprache nicht so gut und wenn der mich da irgendwelche komischen Fragen fragt ..."* Shirin spricht nicht weiter. Was geschieht, wenn ihr „komische Fragen" gestellt werden, die sie aufgrund ihrer geringen Persischkenntnisse nicht ordnungsgemäß beantworten kann? Ihre Vorstellung davon, was in dem Fall passieren könnte, reicht aus, um sich gegen eine Iranreise zu entscheiden. Shirin bekommt Angst. Trotz der anfänglichen Hilfestellung ihrer Eltern beim Verfassen des Briefes an das Konsulat versuchen sie gleichzeitig, ihre Tochter von ihrem Vorhaben abzubringen, indem sie ihr ihre eigenen negativbesetzten Erfahrungen mit der iranischen Seite übermitteln. Vor allem sind es die Erzählungen ihres Vaters, der selbst vor einigen Jahren in den Iran gereist ist, die Shirin Angst vor der „Willkür" im Land machen. Zum Beispiel erzählt er Shirin, dass auf seinem Flug in den Iran ein „junges Mädchen" mit an Bord gewesen sei, das allein gereist ist, und man habe es „irgendwann" aufgerufen, um etwas zu klären. Er habe das Mädchen danach nicht wieder gesehen und wisse nicht, was mit ihm geschehen sei.

Schon allein die mentale Konfrontation mit der politischen Situation im Iran jagt Shirin eine solche Angst ein, dass sie es für „zu gefährlich" hält, weitere Schritte zu unternehmen:

„Das ist einfach zu gefährlich, vor allem wenn du wirklich die Sprache nicht kannst und dich nicht wehren kannst und vor allen Dingen gewöhnt bist, ... ähm das System hier gewöhnt bist, dass alles irgendwie so seine Ordnung hat, ne? Dass man nicht einfach so willkürlich mit dir machen kann, was man will."

Shirin spricht von der „Ordnung", die sie aus dem politischen System kennt, das sie „hier" gewöhnt ist, im Gegensatz zu einem System der „Willkür" im Iran. Eine solche Willkür, gegen sie sie sich – zumal ohne ausreichende Sprachkenntnisse in der Landessprache – „nicht wehren" kann, stuft sie als bedrohlich und „zu gefährlich" ein. Genau von dieser Machtwillkür handeln auch die Albträume von Shirins Mutter, die sie heute noch begleiten. Shirins Mutter ist seit der Migration nicht mehr im Iran gewesen.

Wenn Shirin in den Iran reisen will, muss die Einreise mit ihrem iranischen Pass erfolgen, da der Iran niemals jemanden aus der iranischen Staatsbürgerschaft entlässt, der einen iranischen Vater hat. Eine Zeit lang hatte sich Shirin um ihre Entlassung aus der iranischen Staatsbürgerschaft bemüht. Denn in der Regel erhält eine Person in Deutschland erst die deutsche Staatsbürgerschaft, wenn sie ihre bisherige aufgibt. Alle Versuche Shirins, sich aus der iranischen Staatsangehörigkeit befreien zu lassen, schlagen fehl. So hat sie *gezwungenermaßen* die doppelte Staatsangehörigkeit. Eine Einreise in den Iran wäre ihr jedoch nur mit ihrem iranischen Pass und nicht mit ihrem deutschen erlaubt. Demzufolge wäre ihre Identität bei einem Aufenthalt im Iran dem Papier nach eine iranische; ihre deutsche Staatsangehörigkeit würde in dem Fall nicht berücksichtigt werden, so dass für sie die vorherrschenden Gesetze der iranisch-islamischen Regierung Gültigkeit hätten. Sie würde behandelt werden wie eine Iranerin nach den festgelegten Gesetzen der Sharia. Die große Angst vor autoritärer Willkür und eine tiefe Verunsicherung durch die Befürchtungen der Eltern halten Shirin davon ab, ihren Reisewunsch in die Tat umzusetzen. Schließlich sieht sie den einzigen Weg, je in den Iran reisen zu können, in der Möglichkeit einer Revolution:

„Wär natürlich, hoff- ich hoffe auf 'ne Revolution, dass man irgendwann mal zurück gehen kann. //Und bist du da optimistisch?// Ich wünsch's mir so sehr. Ich bin auch wirklich, ich bin wirklich stolz auf die auf di e... Mädchen und die Frauen, die da auf die Straße gehen und keine Lust mehr haben, sich unterdrücken zu lassen. //Im Moment, was da los ist.// Ja. //Ja.// Ich bin wirklich stolz. Und wenn ich, ich hab das in der Zeitung auch gelesen, es ... echt, es ist echt so, ... es ist auch end-, es wird Zeit. Es reicht einfach. Wenn du überlegst, die sind ja noch jünger als wir, die sind ja, weiß ich nicht, neunzehn zwanzig ... Und ich kann, also ... ist schon verständlich ... irgendwie (leise). Du kennst es nur so und es ist einfach unverständlich, weil es Schwachsinn ist, ne? Weil es nichts nicht begründet ist, was du da ertragen musst ... Deswegen hoffe ich, also hauptsächlich hoffe ich's für die, weil wir haben ja nicht so viel davon."

Shirin begrüßt die politische Haltung der jungen Frauen im Iran, die den Mut haben, gegen die Unterdrückung auf die „Straße" zu gehen und öffentlich ihren Unwillen zu zeigen. Sie sei „stolz" darauf und sie sähe, dass diese Frauen den „Schwachsinn" an allem erkennen, was ihr Leben dort ausmache. Nichts von dem, was im Land ertragen werden müsste, sei „begründet". Mit ihren Worten voller Wut und Hoffnung zeigt sich Shirin solidarisch mit den jungen Frauen im Iran, die versuchen, gegen den politischen Strom in ihrem Land zu schwimmen. Diesen Gegenpol hält Shirin für überfällig *(„[...] es wird Zeit. Es reicht einfach.").* Ihre Hoffnung auf eine Revolution beziehe sich vor allem, wie sie sagt, auf eine Besserung der Verhältnisse für die Menschen, die im Iran leben, sie selbst hätte „ja nicht viel davon". Ihre Aussage, dass sie selbst von einer solchen Veränderung in ihrem Herkunftsland „nicht viel" hätte, macht die Selbstverständlichkeit deutlich, mit der Shirin in Deutschland lebt. Sie möchte nicht in den Iran zurückgehen, um dort zu leben, sondern um einen Auftrag zu erfüllen, der mit ihrer biografischen Arbeit hier und jetzt zusammenhängt. Alles, was sie aus der Ferne beobachtet, möchte sie mit eigenen Augen vor Ort erfassen und reflektieren. Eine Revolution würde in ihren Augen die Möglichkeit für sie eröffnen, auch als „Außenstehende" wieder dorthin reisen zu können, ohne Furcht und Todesangst.

Shirin befindet sich in einer Art unfreiwilligem oder ungewolltem Exil, aus dem sie herauszukommen versucht. Ihrem Wunsch, einmal in den Iran zu reisen, kann sie nicht folgen, da sie mit ihrem Vorhaben eine Angstwelle auslöst, die sie nicht bewältigen kann. Auch ich wurde bei der Bearbeitung dieser Thematik aus dem Interview mit unglaublichen Ängsten konfrontiert, die mich mehrere Tage und Nächte begleiteten. Ich fühlte mich bedroht von unsichtbaren Mächten, die an jeder Ecke lauerten und meine Schritte verfolgten. Auf eine erschütternde Art lief in meinem Kopf ein Film aus Angst, Terror und Trauer ab. Ich fühlte mit Shirin, mit ihren Eltern und mit allen Menschen, die solche Grenzerfahrungen erleiden müssen und für die solche Emotionen zum Alltag gehören. Ich spürte große Zweifel, ob ich die Kraft finde, die Arbeit auf diese Weise zu einem Ende zu bringen. War die biografische und die psychoanalytische Methode die richtige Wahl? Bin ich in der Lage, solche unvorhersehbaren Phasen der Arbeit zu tragen? Wäre eine andere Herangehensweise nicht leichter und effektiver gewesen? Bin ich überhaupt die geeignete Person, dieses Thema mit der gewählten Methode wissenschaftlich zu ergründen? Kann ich diesem Teil von Shirins Erzählung überhaupt wissenschaftlich gerecht werden? Dieser unsicheren Phase folgte eine Zeit der Beschäftigung mit der wissenschaftlichen Exilliteratur über iranische Emigrant:innen der letzten dreißig Jahre aus Deutschland und den USA sowie über deutsche und deutsch-jüdische Auswander:innen zu Zeiten der totalitären NS-Herrschaft. Von vielen dieser Menschen - zumeist Intellektuellen – existieren Werke u.a. in Form von Autobiografien und autobiografischen sowie fiktiven Romanen und veröffentlichten Briefen, die die Lebensumstände derjenigen Menschen im Exil beschreiben, die die Folgen totalitärer Regimes am eigenen Leib gespürt haben und sich kritisch mit dem Schicksal der Betroffenen auseinandersetzen (Akashe-Böhme, SAID, Anna Seghers, Adorno/ Horkheimer, Klaus Mann, Hannah Arendt). Diese Werke erinnerten mich zur richtigen Zeit daran, dass die Geschichte unzählige Beispiele bereithält, in denen Menschen aufgrund widriger politischer Umstände ihr Herkunftsland verlassen, um an einem neuen Ort neue Hoffnung zu finden. Die Geschichte der Menschheit besteht aus vielen kleinen Geschichten der Wanderungen und Neueroberungen, der Abschiede und Neuanfänge. Aus dieser Perspektive heraus konnte ich mich den Schicksalen meiner Interviewpartnerinnen und ihren Familien wieder annähern, um herauszufinden, was sie in ihrem Gepäck der Vergangenheit in das neue Land mitbringen und wie sie den Inhalt in das neue Leben einfügen und in die Gesellschaft, die sie mitgestalten.

1.9   Identitätsprozesse im „Exil"

Shirin ist seit ihrer Migration mit sieben Jahren nicht mehr in ihrem Herkunftsland gewesen. Lediglich diese sieben Jahre habe sie als „Erinnerungsstütze" an den Iran. Während Shirins Eltern ihre Sozialisation und ihre Identitätsbildung bis weit in das Erwachsenenalter hinein im Iran erfahren haben, sind Shirins Erinnerungen an ihre späte Kindheit, ihre

Jugend und das Erwachsenwerden mit ihrem Leben in Deutschland verknüpft. Da sie ihren Wunsch, einmal den Iran zu bereisen, nicht verwirklichen kann, versucht sie aus ihrer momentanen Position heraus Wege zu finden, um eine Verbindung zwischen ihren kulturellen Räumen herzustellen. In diesem Punkt fühlt sie sich anders als beispielsweise ihre „türkischen" Freundinnen, die in ihrem Herkunftsland Urlaube machen und einen viel selbstverständlicheren Bezug zu ihren kulturellen Räumen pflegen. Auch habe sie den Eindruck, dass junge Menschen mit türkischem Migrationshintergrund durch eigene „Communities" mehr Räume zum Austausch und zur Entfaltung kultureller Gewohnheiten hätten, als es bei ihr selbst der Fall sei. Shirins Lebenssituation unterscheidet sich aber auch von vielen meiner Interviewpartnerinnen, die nicht aus politischen Gründen mit ihren Familien emigriert sind. Der Prozess der Neuorientierung in Shirins Adoleszenz, ihre Bemühung um das Zusammenbringen von Elementen aus der Vergangenheit und der Gegenwart gehen gleichzeitig Hand in Hand mit der Tatsache, dass sie in einer Art ungewolltem Exil lebt, da sie ihre Reise in den Iran aufgrund der Warnungen ihrer Eltern und deren Ängste sowie eigener Reflektionen auf einen unbestimmten Zeitpunkt verschiebt. Als Folge dieser Entscheidung gerät sie in eine abwartende Haltung, die sie in einen ruhelosen Zustand versetzt. Im Grunde weiß sie nicht, ob es einen „richtigen Zeitpunkt" für ihre Iranreise gibt und ob sie den je erleben wird. Nach Agha kann das Exil in Abgrenzung zum Leben in der Migration als „eine eigenständige Lebensform" mit „eigenen Verhaltensformen" und „kulturellen Äußerungen" bezeichnet werden (vgl. Agha 1997: 174). Menschen, die im Exil leben, sind unter anderem politische Flüchtlinge, die aus Krisenregionen dieser Welt kommen. Oft haben sie in ihrem Herkunftsland politische Unterdrückung, Krieg, Gewalt oder Folter erfahren und die Emigration als die letzte Chance gewählt, um unter neuen Bedingungen weiterleben zu können. Shirins Eltern haben sich aus ähnlichen Gründen für die Emigration entschieden.

Bereits vor dem Interview, als wir uns vom Bahnhof auf den Weg zur Universität begeben, bezeichnet Shirin unser Gespräch als eine seltene Möglichkeit, über ihre biografischen Erfahrungen zu berichten. Für sie ist diese Interviewsituation gleichzeitig eine Art „Coming out", ein Hinaustragen von inneren emotionalen Erfahrungszuständen, von denen ihrer Meinung nach nur wenige gerade in Deutschland geborene Menschen ihres Alters Kenntnis haben. Sie schneidet das Thema „kollektive Identitäten" an und spricht von gemeinsamen Schicksalen aufgrund geschichtsbezogener und ortsgebundener Erfahrungen. So sei ihre Geschichte eine andere als die von in Deutschland geborenen Gleichaltrigen. Durch ihre Message fühle ich in meiner Rolle als Interviewerin eine besondere

Verantwortung. Ich trage mit dieser Arbeit für Shirin etwas nach außen, etwas, das viele Menschen mit Migrationsgeschichte gemeinsam haben, nämlich das Fehlen einer Erzählkultur im Austausch mit anderen. Wie formiert sich Identität in einer solchen Lebenssituation? Was passiert mit den kulturellen Räumen in Shirins Leben? Wie geht sie mit den Veränderungen um?

Im Interview spricht Shirin von Erwartungen, die bezüglich ihrer „Herkunft" und ihrer „Sprache" von außen an sie herangetragen würden und die sie nicht erfüllen könne. Farsi, ihre Herkunftssprache, beherrsche sie nicht „mehr richtig" und erinnern könne sie sich „nur noch an die Dinge", von denen sie mir bereits berichtet habe. Trotzdem würde sie in der Öffentlichkeit behandelt werden „wie eine richtige Iranerin". Als solche fühle sie sich selbst jedoch nicht. Diese äußere und innere Kollision der Wahrnehmungen sei für sie der Auslöser für den Versuch, sich selbst zu finden. Sie frage sich, wer sie eigentlich sei. Sie habe zwar „einen iranischen Pass", könne aber nicht sagen, sie sei „eine Iranerin", genauso wenig, wie sie sagen könne, sie sei „eine Deutsche". Um eine Iranerin sein zu können, würde sie zu wenig „wissen" und hätte „dort zu wenig erlebt." Um diese Lücke zu füllen, frage sie ihre Eltern, ihre Tante, ihre Oma, wie es „damals" gewesen sei, und diese würden ihr gern davon erzählen:

„[...] das sind so Sachen (seufzt), worüber ich nachdenke und immer meine Eltern frage und meine meine Tante und meine Oma frage, wie war das denn... und die erzählen mir halt gerne..,"

Die Erzählungen älterer Familienmitglieder helfen Shirin, sich aus der Ferne ein Bild über ihre eigene Kindheit in ihrem Herkunftsland zu machen. Shirin nutzt die Möglichkeit, ihre Eltern, die in Deutschland leben, ihre im Iran lebende Großmutter und ihre Tante in den USA zu fragen, wie die gemeinsame Zeit im Iran gewesen ist. Sie versucht, die Erinnerungen anderer über den Iran mit ihren eigenen Eindrücken von damals und von heute zu einem Gesamtbild, zu einem Puzzle zusammenzufügen. Ihre kulturelle Identitätssuche führt sie zurück in ihre Vergangenheit, über die sie mehr zu erfahren versucht.

1.10 Moralische Werte

Die Auseinandersetzung mit moralischen Werten und Normen spielt in Shirins Erzählung eine zentrale Rolle. Auf meine Frage, ob sie sich dem Islam (ihrer Herkunftsreligion) oder einer anderen Religion zugehörig fühlt, antwortet sie wie folgt:

„Also den Christen ... gar nicht so, also fast gar nicht. Islam? Ich versuch's immer wieder. Ich versuch's immer wieder, weil ich denke: Okay offiziell bist du ja [....] Und denke mir: OK, dann versuch ich mal, was Gutes darin zu sehen. Aber es äh geht nicht (lacht leise). Also ich scheiter`jedes Mal dran."

Diese Passage macht deutlich, dass Shirin sich aufgrund der Existenz von zwei Zugehörigkeitsräumen auch mit den Religionen befasst hat, die sich darin positionieren. Möglich, dass Shirins Auseinandersetzung mit den Reliogionen erst durch die Differenzerfahrung ausgelöst worden ist, die sie als „offizielle" in Deutschland macht. Trotz dieses offiziellen Charakters, den die islamische Religion in ihrer Biografie aufweist, kann sich Shirin nicht als Moslemin bezeichnen. Sie spricht davon, an den Versuchen der Integration des Islams in ihr Leben zu scheitern. Ich frage sie, warum sie diesen Versuch immer wieder unternähme? Ihre Antwort lautet:

„Ich weiß es nicht. Ich mein, ich hab mich auch [... ...] auseinandergesetzt mit dem ... "Zartoschti" ... Das ist schwierig ... (seufzt). Ich weil man, irgendwo hast du diese islamische Erziehung ja auch genossen ... Es ist ja mit in der Gesellschaft drin. Dass du als Mädchen zum Beispiel eher zurückhaltend sein sollst, ne? Das man mit Jungs jetzt nicht so ... wie jetzt die deutschen Mädchen ... umgeht, das ist ja islamisch und man will ja nicht, also man, das hab ich meinem Papa auch gesagt: Das ist nicht iranisch, das ist islamisch. Das muss man auch eingestehen. [...] Auch dieses Moralverständnis. Wo ich denke, boah, ne? Total übertrieben für die Deutschen. Das ist so in einem drin, ... wie man es nennen will, ob ich's nun iranisch nenne oder ... moslemisch oder was auch immer. Es ist schon miteinander verzweigt ... Und ... deswegen, also ich versuch immer so, ich hab immer versucht, mich selbst zu finden, zu gucken, wie weit ..., wenn ich das schon mit mir rumtrage, dann kann ich auch versuchen, es zu verstehen und 'n bisschen anzunehmen, aber es geht nicht. Es geht irgendwie nicht ... ."

„Zartoschti" ist das persische Wort für den Zoroastrismus, eine alte Naturreligion, die auf den persischen Propheten Zarathustra und den Glauben an die vier Elemente Feuer, Erde, Luft und Wasser zurückgeht. Shirins Hinweis darauf, sich mit diesem Glauben beschäftigt zu haben, zeigt, dass sie versucht hat, sich mit ihren Wurzeln, mit dem Glauben ihrer Urahnen, zu befassen. Es scheint jedoch die *islamische* Religion gewesen zu sein, mit der sie in Bezug auf die unmittelbare Lebenswelt ihrer Kindheit auch emotional etwas verbindet. Sie spricht von dem „Genuss" einer islamischen Erziehung und von Erziehungsaspekten, die ihr als Mädchen in diesem Rahmen nahegelegt wurden. Es bleibt jedoch in dieser Passage unklar, inwieweit sie diese Werte in ihr Leben integriert hat. Sie selbst behauptet, dass ihre Versuche, die religiösen Aspekte ihrer Erziehung zu verstehen und anzunehmen, fehlschlagen. Auf der anderen Seite sagt sie in Verbindung mit dem Begriff „Moralverständnis", es sei so „in einem drin". Die Frage, die sich mir dabei stelle, ist: Spricht Shirin in diesem Satz in der dritten Form von sich selbst, von ihrem Vater oder von anderen iranischen Muslimen? Unabhängig von dieser Unklarheit zeigt ihre Schilderung, dass sie mit einem distanzierten Blick auf die religiösen Aspekte ihrer Erziehung schaut und diese kritisch evaluiert. Das Moralverständnis, welches ihr durch ihre Erziehung vermittelt worden ist, setzt Shirin in Bezug auf die Einstellung der „Deutschen" und konstatiert, dass diese ihr Moralverständnis für „total übertrieben" hielten. Dieses Beispiel zeigt, dass Shirin nicht nur ihre eigene Moralerziehung kritisch reflektiert, sondern diese gleichzeitig mit dem Moralverständnis der deutschen Einheimischen aus ihrer Umgebung vergleicht. So hält sie zu beiden Seiten Distanz ein und ordnet sich keiner eindeutigen Position zu.

Shirin lässt sich keiner bestimmten Glaubensrichtung zuordnen. Sie gehört offiziell zwei monoreligiösen Staaten an, die jeweils ihre eigenen Ausprägungen der Religion und der Moral in den gesellschaftlichen Institutionen - und dazu zählen hier ganz besonders die Familie und die Schule - haben. Ich frage sie, ob das Islamische an ihrer Erziehung nicht bereits ein Teil von ihr sei, woraufhin sie wie folgt antwortet:

„Ja, das ist ein Teil von mir, aber ich ... Es ist so ähm ..., wie wenn man so'n Album oder so, so'n altes Album mit sich rumträgt. Das ist, es ist ein Teil von einem, aber es ist so so lange her, es ist schon vorbei. Weißt du? Und man versucht dann irgendwas ..., versuche ich in meine Zukunft zu gucken und seinem Leben dann irgendwie ... eine Richtung zu geben und dann denke ich mir: Es ist schon richtig, dass man ... an Gott glaubt. Es ist schon richtig, es ist schon wichtig, um gut und schlecht, um gut und schlecht unterscheiden zu können, dass man moralische Vorstellungen hat."

Shirin benutzt Metapher ein altes Album als Metapher, um ihr Verhältnis zum Islam zu beschreiben. Dieser Teil von ihr, der islamische Teil, sei „schon vorbei". Das Wort „vorbei" deutet einen Abschied und einen Neubeginn an. Shirin versucht nach vorn in ihre Zukunft zu schauen und stellt dabei fest, dass sie ihren Glauben an einen Gott und die moralischen Aspekte ihrer religiösen Erziehung bewusst beibehalten möchte. In diesem Erzählabschnitt setzt zu Beginn ein Denkprozess ein, den Shirin fortführt. Nach der Beschreibung ihrer „fehlgeschlagenen" Versuche, den islamischen Teil ihrer Erziehung anzunehmen, gelangt sie zu einem Sich-Loslösen von der Vergangenheit und einem Sich-Hinwenden zu einer unbekannten Zukunft, der sie eine Richtung geben möchte. Dabei stellen sich ihr Glaube und ihre moralischen Vorstellungen, zwischen „gut und schlecht" unterscheiden zu können, als wegweisende Motive dar. Andere genannte Erziehungsaspekte wie die weibliche Zurückhaltung im Islam oder der vorsichtige Umgang mit dem anderen Geschlecht kommen bei der Gestaltung ihrer Zukunft nicht vor. Vermutlich gehören sie zu jenen Anteilen aus der Vergangenheit, die „vorbei" sind und von denen sie sich verabschieden möchte.

Die moralische Entwicklung in Shirins Biografie hat ihre Ursprünge in der iranischen Sozialisation, mit der sie sich in der Phase der Adoleszenz besonders aktiv auseinandersetzt. Shirin bekommt durch den Migrationsprozess eine Distanz zur Religion ihres Herkunftslandes mit den dazugehörigen Werten und Normen. Hinzu kommt, dass ihre Familie keine religiösen Rituale in der Migration praktiziert oder pflegt. So nimmt Shirin sowohl zur islamischen Religionsgemeinschaft als auch zur christlichen Gemeinschaft eine distanzierte Haltung ein. Sie nutzt die Phase der Adoleszenz als einen Möglichkeitsraum der kreativen Auseinandersetzung mit den eigenen religiösen und moralischen Werten und denen ihrer sozialen Umgebung und schafft sich dadurch einen individuellen moralischen Standpunkt, der sich im Laufe dieses Entwicklungsprozesses von der Religion loslöst. Dabei vollzieht sich dieser Prozess keineswegs freiwillig, sondern vielmehr aus einer Situation der Verzweiflung heraus, nicht eindeutig einer Kultur und einer Religion zugehörig zu sein. Shirin kann sich weder als Iranerin noch als Deutsche definieren, weder als Muslimin, noch als Christin. Es ist jedoch gerade diese nicht eindeutige Position, aus der heraus sie Bewältigungsstrategien entwickelt, um zu einem eigenen moralisch integren Standpunkt zu gelangen.

1.11 Resümee

Die Tatsache, dass wir bei unserem Treffen zunächst vor einem besetzten Raum standen, der eigentlich für unser Interview vorgesehen war, fand im Zusammenhang mit Shirins Biografie folgende Deutungsmöglichkeit: Shirins Erfahrung nach ihrer Ankunft in Deutschland war geprägt von Gefühlen von Enttäuschung und Traurigkeit. Sie kam sich vor wie in einem bereits von Anderen besetzten Raum, in dem sie keinen Platz hatte. Unsere gemeinsame Suche nach einem geeigneten Ort für das biografische Interview kann somit stellvertretend für Shirins Migrationserfahrung stehen. Nach unserer anfänglichen Enttäuschung über den bereits belegten Raum und der weiteren erfolglosen Suche nach einer geeigneten Räumlichkeit fanden wir doch noch einen Weg, um das Interview führen zu können. Shirin hatte eine Idee und leitete uns zu einem kleinen Eckbereich im Bibliothekssaal der Universität, in dem sie sich gern zum Lernen aufhielt. Es war kein Raum im klassischen Sinne, jedoch erwies sich genau dieser Platz am Fenster mit Blick nach Draußen als geeignet für unser Interview. Im übertragenen Sinne lässt sich daraus deuten, dass es Shirin nach mühevollen Versuchen doch noch gelungen ist, an einem inneren Ort anzukommen, von dem aus sie positiv auf ihre Zukunft schauen kann. Diesen Ort führte sie mir also vor, um daraufhin rückblickend aus ihrem Leben zu berichten, in dem durchaus nicht immer ein Fenster mit Ausblick existiert hat.

Shirins Kindheit im Iran ist durch Widersprüchlichkeiten der privaten und der öffentlichen Lebensräume gekennzeichnet. So ist das Thema der (Un-) Vereinbarkeit der Lebenswelten in Shirins Fall nicht vorrangig als eine Folge der Migrationserfahrung zu betrachten, sondern als einen Hauptaspekt ihrer Biografie überhaupt. Der Umgang mit Heterogenität, den sich Shirin im Laufe ihres Lebens aneignet, ist ein aktiver Prozess, der seinen Höhepunkt in der Adoleszenz erreicht. Besonders deutlich wird dies am Beispiel des Ablösungsprozesses von ihren Eltern, bei dem sie sich als rebellierendes Mädchen gleichzeitig als Teil eines Familienkollektivs wahrnimmt. In der Auseinandersetzung mit eigenen individuellen Wünschen und zum Teil sehr gegensätzlichen Anforderungen der sozialen Umgebung findet sie Lösungsstrategien, um Altes und Neues zu verknüpfen. Dabei bietet ihr der Rückhalt der Mutter einen stabilen Rahmen auf dem Weg, eine eigene Identität zu entwickeln. Die Mutter ist gleichzeitig eine Persönlichkeit, die für Shirin eine weibliche Vorbildfunktion im Sinne von der Nutzung emanzipatorischer Potentiale trotz aller Widrigkeiten erfüllt. In ihrer gleichaltrigen, ebenfalls iranischen Freundin, findet Shirin eine gemeinsame Weggefährtin auf der Suche nach Möglichkeiten des Umganges mit kulturellen Differenzen. Auch diese Freundschaft trägt einen großen Teil dazu bei, die adoleszenten Anforderungen der sozialen Umgebung zu bewältigen.
Da Shirin aufgrund ihres geringen Alters zum Zeitpunkt der Migration nur wenige Erinnerungen an ihr Herkunftsland hat, gewinnen bei ihr die Erzählgeschichten der Familie im biografischen Transformationsprozess der Adoleszenzphase an besonderer Bedeutung. Zudem kann sie ihren großen Wunsch, Orte und Dinge aus den Erzählungen anderer selbst vor Ort zu überprüfen, momentan nicht erfüllen. Aus Angst, mit der islamischen

Bürokratie nicht zurechtzukommen und aufgrund der politischen Akte ihrer Mutter im Iran verhört oder gar verhaftet zu werden, lässt sie ihr Vorhaben, ein Reisevisum zu beantragen, vorerst ruhen. Sämtliche Aspekte, die mit ihrem Herkunftsland zusammenhängen, werden von ihr aus der Ferne unter die Lupe genommen und abgewogen. Shirins Bemühung um das Zusammenbringen von Elementen aus der Vergangenheit und der Gegenwart stehen somit in einem engen Zusammenhang mit der Tatsache, dass sie durch die Flucht der Familie aus dem Iran und ihre Angst vor einer Iranreise in einer Art „unfreiwilligem Exil" lebt. Wie Tahereh Agha in ihrer Arbeit über die „Lebensentwürfe im Exil" (1997: 130) konstatiert, gehören „Reflexionen über die eigene Vergangenheit und deren Verarbeitung [...] zu dem Prozess der Neuorientierung im Exil". In Shirins Fall gilt der „Prozess der Neuorientierung" sowohl für Shirins Eltern als auch für Shirin selbst. An ihrem Beispiel wird deutlich, dass sich die Konsequenzen aus der Entscheidung der Eltern für das Exil im Leben der nachkommenden Generation in der Ankunftsgesellschaft auf eine neue Art fortsetzen und als ein biografisches Thema von den Heranwachsenden integriert und bewältigt werden müssen. Shirin spürt eine Lücke in ihrem Leben, die sie zu schließen versucht. Diese Lücke befindet sich zwischen ihrem Leben im Hier und Jetzt und dem Leben ihrer Vorfahren im Iran, an das sie aufgrund der räumlichen Distanz zum Herkunftsland und der fehlenden Anbindung schwer anknüpfen kann. Daher versucht sie aus ihrer eigenen Position heraus, Wege zu finden, um zwischen diesen beiden Polen der Vergangenheit und der Gegenwart ein Band und eine Kontinuität herzustellen. So benutzt sie die vorhandene Erzählkultur in der Familie und der nahen Verwandtschaft, um biografische Anteile von Gestern und Heute für ein besseres Selbstverständnis miteinander zu verknüpfen. Insofern dient das soziale und kommunikative Familiengedächtnis Shirin als eine Quelle, die sie in den Prozess der Neuorientierung in der Phase der Adoleszenz einbindet.

In Bezug auf das Thema Moral wurde herausgestellt, dass Shirin als Jugendliche die ihr vermittelte Religion und Moral nicht als feststehende Instanzen in Kauf nimmt, sondern diese hinterfragt, um sie allmählich für sich zu modifizieren. Trotzdem fungieren Shirins Glaube und ihre moralischen Vorstellungen bei der zum Teil verzweifelten Suche nach sich selbst und der eigenen Rolle in der Gesellschaft gleichzeitig als hilfreiche Anker und Wegweiser. Shirins doppelte Zugehörigkeit bzw. Nicht-Zugehörigkeit zu zwei Kulturen, bedingt durch ein Leben als iranische Immigrantin in Deutschland, bewegt sie zu einer doppelten Haltung, nämlich der der Teilnahme und der der Beobachtung (vgl. Badawia

2002). Diese Doppelrolle nimmt Shirin als eine kreative Ressource wahr, die sie positiv für die Bewältigung ihrer Adoleszenzkrise und die Bildung einer eigenen Identität nutzt. Auf diese Weise schafft sie es, aus der Position zwischen zwei kulturellen Räumen herauszuwachsen und in einen neuen *dritten* Raum zu gelangen.

2. Roxana

2.1 Vor dem Interview

2.1.1 Kontaktaufnahme

Ich bekomme Roxanas Telefonnummer mit ihrem Einverständnis von einem Bekannten von mir, der sie flüchtig kennt, und rufe sie einige Tage später an. Sie ist bereits über den Inhalt meiner Arbeit informiert und zeigt sich sogleich interessiert und offen für ein Interview. Ich frage sie am Anfang unseres Telefongespräches, ob sie gern Deutsch oder Persisch sprechen möchte. Sie sagt, es sei ihr eigentlich gleich, bloß würden ihre Persisch-Kentnisse nicht sehr gut sein, abgesehen davon, dass auch ihr Deutsch manchmal zu wünschen übriglasse. Sie sagt, dass sie momentan weder Deutsch noch Persisch so spräche, wie es sein müsste, dass es sie sehr störe, aber dass sie gleichzeitig nicht viel dagegen machen könne. Wir vereinbaren einen Termin und sie schlägt vor, mich bei meiner Ankunft am Bahnhof abzuholen, damit wir anschließend an einem geeigneten Ort, eventuell in der Universität, das Interview führen können. Auf meine Frage, ob das Treffen auch bei ihr zuhause möglich sei, reagiert sie etwas zurückhaltend und hält sich die Option offen. Ich bin sehr zufrieden mit unserem Telefonat, freue mich über den aufgeschlossenen Eindruck, den Roxana auf mich macht und bin zuversichtlich, dass das Interview auch wirklich stattfinden wird. Ein Gefühl, das ich bislang nicht bei allen Erstgesprächen hatte. Gleichzeitig bin ich jedoch auch ein wenig gereizt von ihrer Art, in einem schnellen Tempo sehr viel von sich selbst zu sprechen, wodurch sie etwas ich-bezogen auf mich wirkt.

2.1.2 Die Begegnung

Am vereinbarten Tag habe ich eine Erkältung, will jedoch das Treffen auf keinen Fall absagen. Roxana holt mich am Bahnhof ihrer Stadt ab. Sie erkennt mich an meiner Baskenmütze, dem von uns zuvor vereinbarten Zeichen. Ihr Erkennungsmerkmal sind die langen braunen Haare und ein heller Mantel. Beide sind wir beim Anblick der anderen zunächst etwas irritiert. Sie sagt, sie habe sich mein Aussehen etwas anders vorgestellt, vielleicht „mehr" persisch. Ich hätte sie vermutlich nicht sofort in der Menschenmenge angesprochen, da sie für mich ebenso wenig meiner Vorstellung oder dem Bild, das ich mir von ihr gemacht habe, entspricht. Sie hat Gesichtszüge, die ich nicht auf Anhieb als „persisch" oder orientalisch eingeordnet hätte, ist mittelgroß und sehr schlank. Wir umarmen uns zur Begrüßung und machen uns ihrem Vorschlag entsprechend auf den Weg zu ihrer Wohnung, die nicht weit vom Bahnhof entfernt liegt. Unterwegs erzählt sie viel, hauptsächlich von der Universität und den vielen Klausuren, die sie schreiben müsse, und dass sie insgesamt mehr für ihr Studium hätte tun sollen und können. Sie redet schnell und übergeht zum Teil meine Kommentare oder Zwischenfragen. Nachdem ich mich vergeblich um die Herstellung eines Dialogs zwischen uns bemüht habe, versuche ich, mich auf ihr Monologangebot einzulassen. Ich bin ruhig, sage so gut wie gar nichts und höre ihr zu. Ihr Redebedürfnis stufe ich als eine Mischung aus Unsicherheit, Aufregung und Selbstdarstellung ein. Die passive Rolle, in der ich mich zunehmend befinde, bereitet mir ein Gefühl des Unbehagens. Innerlich wehre ich mich gegen die Situation und wünsche mir, dass sie mir eine Gelegenheit gibt, auf ihre Erzählungen zu reagieren. Wir reden auf Deutsch, bis wir bei ihr ankommen und vor uns zwei Männer mit einem weiteren Mann in Handschellen die Treppe hinauflaufen. Da wechselt sie ins Persische und berichtet von dem nahegelegenen Gefängnis und davon, dass die zwei Männer den Häftling zum Arzt führen, dessen Praxis ein Stockwerk unter ihr im gleichen Gebäude sei. Auch beim Persischreden will sich ein vertrautes Verhältnis nicht so recht einstellen.

2.1.3 Die Interviewsituation

Wir laufen nach oben. In ihrer Einzimmerwohnung mit einer kleinen Kochnische angekommen, fällt mein Blick als erstes auf ihren Hamster, der in einem offenen Käfig sitzt. Sie erzählt, dass es ursprünglich zwei Hamster gewesen seien, der eine aber aus unerklärlichen Gründen gestorben sei. Sie habe schon immer Hamster gehabt und würde Tiere sehr lieben. Sie zeigt mir Fotos von ihren bisherigen Hamstern, die auf dem Fernseher aufgestellt sind. Die Fotosammlung berührt mich und ich finde es traurig, sie anzuschauen, mit dem Wissen, dass keiner von ihnen mehr lebt. Auf dem Tisch sind Kekse und Süßigkeiten bereitgestellt und Roxana fragt mich, ob ich Tee, Kaffee oder etwas anderes trinken möchte. In Anbetracht meiner Erkältung entscheide ich mich für einen warmen Tee. Sie bietet mir verschiedene Sorten an und ich wähle Rooibus. Sie sagt, der mit Melonengeschmack sei besonders „lecker", ihre Lieblingssorte, denn sie möge Melonen so gern. Wassermelonen. Früher im Iran habe ihr Vater oft Melonen mit nach Hause gebracht; sie hätten sie gemeinsam aufgeschnitten und viel davon gegessen. Dabei bekommt ihre Stimme einen sanften Ton und sie gerät ins Schwärmen.

Ich setze mich an den Tisch, der in ihrem Zimmer steht, und Roxana setzt sich mir gegenüber. Sie wirkt sehr aufgeregt. Das Fenster ist offen, Auto- und Straßenlärm dringt ins Zimmer herein, während ich mein kleines Aufnahmegerät seitlich von uns auf den Tisch stelle und ihr erkläre, dass ich unser Gespräch aus Gründen der Transkription und Interpretation aufzeichnen möchte, womit sie einverstanden ist. Auf meine Bitte hin schließt sie das Fenster und das Interview beginnt.

2.2 Kurzbiografie

Roxana wird 1977 als Tochter eines Kaufmanns und einer Politikstudentin in Teheran geboren. Ein Jahr später beginnen im Land die politischen Proteste und Demonstrationen im Land gegen die Monarchie, an denen Roxanas Eltern beteiligt sind. Die Mutter hat Geschwister, die in dieser Zeit aus politischen Gründen den Iran verlassen müssen. Roxana verbringt die ersten fünf Jahre ihres Lebens im Iran. Sie erinnert sich, dass ihre Familie, bestehend aus ihren Eltern, ihrem zwei Jahre jüngeren Bruder und ihr, einige Male in Teheran umgezogen ist, dass sie einen Hund gehabt habe und ihre einzigen wenigen Schultage in der ersten Klasse „schrecklich" gefunden habe. 1983 wandert die Familie aufgrund der politischen Lage und des Krieges nach Deutschland aus.

In den ersten zwei Jahren eröffnet der Vater ein eigenes Geschäft und die Mutter beginnt ein zweites Studium. Danach zieht die Familie in ein Studentenwohnheim, und ab da beginnt für Roxana, wie sie sagt, die schönste Phase ihres Lebens. Sie denke mit Sehnsucht an die Zeit ab ihrem achten Lebensjahr zurück, in der sie nach der Schule mit ihrem Bruder und den Nachbarskindern bis abends draußen gespielt und getobt habe und ohne Sorgen gewesen sei. Auch als Jugendliche ist Roxana ein Mädchen, das sich gern im Freien aufhält, tobt und mit den Jungen Fußball spielt. Im Alter von dreizehn Jahren unternimmt sie mit ihrer Mutter und ihrem Bruder eine Reise in den Iran, um Land, Verwandte und Freund:innen zu besuchen. Beeinduckend findet sie sowohl die

Gastfreundschaft im Land und dass die Menschen dort mit „weniger" zufrieden seien als in Deutschland. Bezüglich ihrer Sprachkenntnisse macht sie im Iran einerseits die Feststellung des enormen Rückganges ihrer muttersprachlichen Fertigkeiten, merkt andererseits jedoch auch, dass sich ihr Farsi durch die praktische Anwendung im Alltag wieder verbessern kann.

Mit etwa achtzehn Jahren beginnt für Roxana eine Zeit, in der sie sich aktiv auf Identitätssuche begibt und versucht, sich von ihren Eltern abzugrenzen. Sie entdeckt die Frau in sich, beginnt sich, „weiblicher" zu präsentieren, und hat ihre erste Partnerschaft. Ihr Vater, der ungern wahrhaben will, dass seine Tochter mit Jungen ausgeht, erfährt erst zwei Jahre später durch die Mutter von Roxanas Freundschaft zu dem jungen Mann aus ihrer Schule. Nach dem Abitur schreibt sich Roxana an der Universität ein und versucht, sich mehr Möglichkeitsräume zu erkämpfen, während sie bei ihren Eltern wohnen bleibt. Sie arbeitet neben dem Studium und erfüllt sich mit ihrem ersten selbstverdienten Geld einen langersehnten Wunsch, indem sie ihren ersten Weihnachtsbaum kauft, um einmal mit ihrer Familie in weihnachtlicher Atmosphäre mit einem geschmückten Baum und Lichterketten Weihnachten zu feiern. Roxanas Mutter beendet erfolgreich ihr Studium und beginnt zu promovieren. In dieser Phase bekommt Roxana vermehrt Streitigkeiten ihrer Eltern mit, die schließlich zu einer Scheidung führen. Die Eltern ziehen daraufhin, nicht zuletzt aus beruflichen Gründen, in andere Städte, so dass was Roxana zum ersten Mal eine eigene Wohnung für sich aufsuchen muss. Die Tatsache, nicht mehr zuhause zu wohnen, ist mit großen Ängsten verbunden, die sich erst mit der Zeit etwas relativieren. Roxana hat zu ihrer Mutter, die nach der Promotion an einer Universität arbeitet und mit ihrem neuen deutschen Lebenspartner zusammenlebt, eine innige Bindung und regelmäßigen Kontakt. Im Vergleich dazu ist der Kontakt zu ihrem Vater seltener und die Beziehung distanzierter, während ihr Bruder seinen engen Kontakt zum Vater beibehält. Mittlerweile befindet sich Roxana in der letzten Phase ihres Studiums, darüber hinaus übt sie eine Nebentätigkeit aus. Privat hat sie eine Partnerschaft mit einem jungen Mann türkischer Herkunft, die von häufigen Auseinandersetzungen gekennzeichnet ist. Sie möchte in Zukunft eigene Kinder haben und die Familie gern mit ihrem späteren Beruf vereinbaren.

2.3 Erstes Interviewsegment - Die Leichtigkeit des Seins

Im Folgenden werde ich die Analyse des ersten Interviewsegments mit Roxana vorstellen, welches das zentrale Thema ihrer erzählten Lebensgeschichte, nämlich die Sehnsucht nach ihrer „Jugend", beinhaltet und einen hohen Stellenwert für das Verständnis des gesamten Interviews und dessen weitere Interpretation aufweist. Der Grund für den sehnsüchtigen Rückblick auf ihre Jugend in Roxanas Erzählung ist vor allem das kollektive Erleben von verschiedenen Aktivitäten im Zusammensein mit ihrer „Clique" sowie die Unbeschwertheit dieser Tage. Ihren Eltern und ihrem Bruder, der ebenfalls zu ihrer Clique gehört kommt eine bedeutende Rolle in ihrer Jugendbiografie zu.

Der Anfang des Interviews ist etwas holprig, da Roxana auf meine Eingangsfrage verwundert reagiert:

I: Erzähl mir bitte etwas über dein Leben.
R: Oh, das ist mir etwas zu allgemein, lieber ein bisschen direkter.
Also!
I: Was du möchtest ... ganz frei.
R: Soll ich ganz von vorne anfangen, so wie das so...?
I: Wie du möchtest.

Roxana ist meine Aufforderung, mir etwas über ihr Leben zu erzählen, zu allgemein; sie wünscht sich mehr Direktheit von meiner Seite. Nachdem ich die Entscheidung über ihre Erzählung weiterhin ihr überlasse, möchte sie wissen, ob sie „von vorne anfangen" soll. Auch dies überlasse ich ihr mit den Worten „Wie du möchtest". Daraufhin beschließt Roxana, mir einige Daten aus der Zeit nach ihrer Auswanderung aus dem Iran nach Deutschland zu nennen:

R: Also ... wir sind, also ich bin ungefähr ... mit fünf Jahren sind wir, also als ich fünf war, sind wir hierhergekommen, also ich bin jetzt, ich werd bald sechsundzwanzig (lacht). Werd bald sechsundzwanzig, also also mit fünf, also ich bin hier sechs Jahre alt geworden, kurz nach dem wir hier waren. Wie lange das, ... also, für'n Zeitraum war, weiß ich nicht. Also ich bin jetzt auf jeden Fall ... genau, zwanzig Jahre sind wir hier in Deutschland. Und ... ja ... ähm ... es ist zu allgemein, ich weiß nicht, was ich erzählen soll (lacht verschämt.)
I: Was dir einfällt.
R: ... Ich dachte, du fragst direktere Sachen (lacht). Also okay ....

Roxana berichtet in diesem Abschnitt, in welchem Alter sie aus dem Iran nach Deutschland gekommen ist. Dann erwähnt sie ihr aktuelles Alter und rechnet nach, seit wie vielen Jahren sie mit ihrer Familie bereits in Deutschland lebt. Insofern beginnt ihre Erzählung nicht „von vorn", sondern erst ab der Zeit ihrer Migration im Alter von knapp sechs Jahren. Danach tritt erneut Unsicherheit darüber auf, was sie mir „erzählen soll". Jedoch nimmt sie daraufhin den Faden wieder auf und beginnt, mir aus ihrem Leben in Deutschland zu berichten:

„Ähm ... ja meine Mutter hat studiert, deswegen haben wir im Studentenheim gewohnt .... Da sind wir eigentlich aufgewachsen also, ... was meine Jugend betrifft, also ... ist mir immer aufgefallen, im Vergleich zu denen, die jetzt so aufwachsen, war sehr ... also ich vermiss die ... voll."

Roxanas Mutter nimmt in Deutschland ein zweites Studium auf, was der Grund dafür ist, dass die Familie in ein Studentenwohnheim zieht. Dieser Zeit geht ein zweijähriger Aufenthalt in einer Wohnbausiedlung voraus, die Roxana allerdings in der Eingangspassage nicht erwähnt. Zum erzählten Zeitpunkt lebt sie also bereits seit über zwei Jahren in Deutschland und ist acht Jahre alt. Somit fängt für Roxana ihr Leben erst in Deutschland ab ihrem achten Lebensjahr an[2]. Sie spricht von ihrem „Aufwachsen" im Studentenwohnheim in Deutschland. Von ihrem Aufwachsen im Iran erzählt sie zunächst nichts. Das „Wir" in „Da sind wir eigentlich aufgewachsen" bezieht sich auf Roxana selbst und auf ihren Bruder sowie eventuell auf die anderen Kinder, die mit ihr in der Atmosphäre des Studentenwohnheims aufgewachsen sind.

Von diesem „Wir-Gefühl" der Vergangenheit wechselt Roxana dann in die Ich-Form der Gegenwart und betont, dass sie ihre „Jugend" momentan häufig vermisse. Woran sie dabei konkret denkt, erzählt sie in einem langen Atemzug:

„[...] nur draußen von morgens bis abends, nur gespielt außer wenn Schule war, die hat ein bisschen genervt, aber das war auch halt so vormittags Schule und dann konnten wir machen, was wir wollten, also sobald wir unsere Hausaufgaben gemacht haben, durften wir machen, was wir wollten .... Und ähm ... und dann weißt du wir waren eine ziemlich große Clique und mit den meisten haben wir sogar jetzt sogar noch Kontakt. Obwohl der Altersunterschied sehr groß war, damals noch, also ich meine das geht so zwischen ähm ... ja was sag ich denn ... also ich war immer die Älteste gewesen sowieso mit meinem Bruder, bin immer mit meinem Bruder und den Jungs zusammen gewesen."

---

[2] An einer anderen Stelle im Interview sagt sie wörtlich: „Dann sind wir in dieses Studentenwohnheim... Das war halt, da hat [...] halt mein Leben angefangen, sozusagen."

Das Spielen mit der großen „Clique" nach der Schule im Freien, ist das, woran sich Roxana als erstes erinnert, wenn sie an ihre Jugend denkt. Das Wort „Jugend" bezieht sich hier sowohl gleichzeitig auf Roxanas späte Kindheit als auch auf ihre Jugend, da sie zum Zeitpunkt des Umzuges in das Studentenheim acht Jahre alt ist. Sie und ihr Bruder seien die Ältesten gewesen und sie sei „immer" mit ihrem Bruder und den „Jungs" zusammengewesen. Die Schule vormittags habe „ein bisschen genervt", jedoch durften sie tun, was sie wollten, sobald die Hausaufgaben gemacht waren. Auch in diesem Abschnitt spricht Roxana in Verbindung mit der Vergangenheit in der Wir-Form und drückt damit ein Gemeinschaftsgefühl aus, das sie mit „große Clique" und „immer zusammen" zusätzlich unterstreicht.

Weiterhin erzählt mir Roxana von ihrer Einführung in die Welt des Fußballs und davon, wie sehr sie Fußballspielen heute noch „liebt":

„[...] dadurch dass ich immer mit meinem Bruder, mein Vater hat mich auch mit zum Fußballspielen genommen. Er hat meinen Bruder trainiert und nebenbei hat er mich dann auch trainiert und deswegen habe ich also immer noch .... Fußballspielen liebe ich immer noch. Also ich guck das auch gerne und kann auch immer gerne mit-, also mitreden."

Im Zusammenhang mit dem Thema Fußball erwähnt Roxana zum ersten Mal ihren Vater. Sie berichtet, ihr Vater habe ihren Bruder und „nebenbei" auch sie trainiert. Mit Fußballspielen verbindet sie positive Erfahrungen aus ihrer Biografie, die jedoch in ihrer weiteren Erzählung aus der Perspektive der Gegenwart einen bitteren Beigeschmack erhalten:

„Aber jetzt kann ich's nicht mehr und ... jetzt kann ich das nicht mehr, also ich hab ... weil mein Bruder mal „Mannsweib" zu mir gesagt hat (lacht). Ja äh also „Mannsweib" und seitdem versuche ich ein bisschen weiblicher zu sein (lacht). Und ich hab auch bis ich achtzehn war nur so ähm, ... Männerklamotten angezogen. Also mit achtzehn so hat bei mir so die Wende angefangen, wo ich das ... dieses ... Junge von mir also diesen Jungen- Jungenteil weggelassen habe und dann mich immer weiblicher orientiert habe."

Roxana, die es „immer noch" liebt, Fußball zu spielen, behauptet, es „jetzt" nicht mehr zu können. Der Grund sei die an sie adressierte Bezeichnung „Mannsweib" von Seiten ihres Bruders, mit der er Roxana nahegelegt habe, dass sie weder ein „Mann" noch ein „Weib", sondern ein „Mannsweib" sei. Zu diesem Zeitpunkt ist Roxana achtzehn Jahre alt. Die Worte ihres Bruders scheinen für Roxana sehr prägend zu sein, denn ab diesem Zeitpunkt versucht sie, sich von den gesellschaftlich als jungenhaft bzw. männlich definierten Attributen zu verabschieden. Sie spricht vom „Weglassen" des „Jungenteils" und von der zunehmend weiblichen Orientierung. Roxana berichtet, dass sie bis zum Alter von achtzehn Jahren „Männerklamotten" getragen habe. Dies spricht für ihre bisherige Orientierung am Männlichen und bedeutet, dass sie in der Pubertät einen Übergang von Jungenkleidung zur Männerkleidung erfahren haben muss; so als sei sie vom Jungen zum Mann geworden. Danach tritt bei Roxana der Versuch einer innerpsychischen Spaltung des „Männlichen" vom „Weiblichen" ein, wobei die männliche Seite zugunsten der weiblichen verdrängt wird. Bis zu dieser relativ späten Wende ist Roxana ein gleichwertiges Mitglied ihrer Clique, die hauptsächlich aus Jungen besteht. Der Vater trainiert seinen Sohn und seine Tochter im Fußball. Bis dahin ist sie kein „Mannsweib". Sie spielt, tobt und genießt ihre Freizeit „draußen" mit den Freunden, bis sie nicht mehr als eine unter vielen wahrgenommen wird. Die unbeschwerte Jugend, nach der sich Roxana zurücksehnt, scheint sich auf die Zeit vor ihrem achtzehnten Lebensjahr zu konzentrieren.

Roxana macht eine kurze Pause, bevor sie weitererzählt:

„Also ich denke in letzter Zeit öfters an die Vergangenheit, deswegen (lacht) fange ich gerade mit der Vergangenheit an. Deswegen, nicht, dass du dich wunderst, warum ich darauf komme jetzt. //Ja// Ähm ... Weiß nicht, was man ... so die Sachen sind, worüber ich meistens nachdenke vor allem, ... wie gesagt die Vergangenheit ... . Das kommt vielleicht davon, dass ich bald sechsundzwanzig werde (lacht) und ich mit meinem Studium noch nicht fertig bin, weil ich mit sechsundzwanzig eigentlich meinen Abschluss schon längst haben wollte. Das war eigentlich mein Plan gewesen, aber ich war ein bisschen faul."

Die Vergangenheit scheint in Roxanas Leben momentan eine zentrale Rolle zu spielen. Sie vermutet, dass die Beschäftigung mit Vergangenem daher rührt, dass sie mit sechsundzwanzig Jahren ihr Studium noch nicht absolviert hat, wie es ursprünglich ihr „Plan" war. Sie sei „ein bisschen" faul gewesen. Was sie anfänglich tatsächlich am Studieren gereizt zu haben scheint, schildert sie folgendermaßen:

„Nach dem Abi da habe ich, also Abi und dann gleich Uni und dann Freiheit hoch zehn, also du brauchtest nicht zu den Vorlesungen zu gehen, du konntest machen, was du willst, ähm, konntest abends weggehen. Meine Eltern haben dann auch nichts mehr gesagt irgendwie. Also ähm, das Problem war (lacht), ich wurde immer frecher auch mit der Zeit. Also ich habe dann angefangen zu arbeiten. Hab mein Geld verdient und ähm ich mein und hab mein Abi in der Tasche gehabt und dann meinte ich zu meinen Eltern: Hier, ich hab das gemacht, was ihr wolltet, ich bin eingeschrieben an der Uni, jetzt lasst mir meinen Freiraum. Weil ich bis dahin immer eigentlich das gemacht habe, was sie wollten, irgendwie."

Die Zeit an der Universität beschreibt Roxana als eine Phase der „Freiheit". Die Worte „Du konntest machen, was du willst, ähm, konntest abends weggehen" und „Meine Eltern haben dann auch nichts mehr gesagt" verdeutlichen die Zwangslage innerhalb der Familie, in der sich Roxana vor dem Studium befunden zu haben scheint. Sie implizieren, dass Roxana vor dem Abitur *nicht* das „machen" konnte, was sie wollte, dass sie „abends" *nicht* ohne weiteres „weggehen" konnte, weil ihre „Eltern" es nicht erlaubt haben. Das Abitur und das Einschreiben an der Universität sind Dinge, die Roxana jedoch nicht als ihr Eigenes definiert. Sie scheint sie an erster Stelle nicht für sich, sondern für ihre Eltern getan zu haben: „Hier, ich hab das gemacht, was ihr wolltet, ich bin eingeschrieben an der Uni, [...] ...." Dafür verlangt sie während des Studiums von ihren Eltern mehr eigenen „Freiraum", während sie zuhause wohnen bleibt:

„Und ähm, dann haben sie mir auch meinen Freiraum gelassen, weil ich auch gesagt habe, sonst ziehe ich aus (lacht) und das wollten sie auch nicht so gerne, weil dann hätten sie mich total außer Kontrolle gehabt. So habe ich noch bei meinen Eltern gewohnt, die wussten, was ich mache und ich durfte trotzdem machen, was ich wollte. Und dann habe ich erst, also die ersten paar Jahre habe ich das richtig ausgelebt da an der Uni und dadurch hing ich halt hinterher, was ich echt bereue."

Roxanas Drohung, das elterliche Zuhause zu verlassen, wenn sie nicht genügend Freiräume bekäme, zeigt Wirkung; die Eltern lassen sich auf Roxanas Angebot ein. Auf diese Weise schließt Roxana mit ihren Eltern einen Kompromiss und kann die ersten Jahre des Studiums, wie sie sagt, „richtig" ausleben. Das Ausleben bezieht sich auf die Erkundung von Freiräumen, wodurch ihre fachlichen Leistungen zu kurz kommen. Dies bereut sie mittlerweile und fügt hinzu:

„Deswegen denke ich immer so an die Zukunft, wo man echt ohne Sorgen einfach nur ... weißt d- Schule, danach kommt man wieder und ohne Probleme und das war's. Also das das einzige Problem, was man hatte, war diese blöde Schule gewesen und die Klausuren, die man eventuell noch schreiben musste oder was weiß ich so. Und danach war halt das ... konnte man machen, was man wollte. Und jetzt mittlerweile ist das halt ... blöd (lacht). //Ja// Ist halt einfach Stress, vor allen Dingen, wenn du alleine wohnst, mit Arbeiten, bis du das Geld für die Miete zusammen kriegst und dies und jenes und ... näh, kommt alles zusammen, deswegen ist halt ... also ich weiß nicht, ich vermisse die alten Zeiten (lacht). Auf jeden Fall ... ... Ja, hm ...."

Wenn Roxana an die „Zukunft" denkt, stellt sie sich am liebsten eine Zukunft „ohne Sorgen" vor, ganz wie in ihrer Erinnerung aus der Zeit ihrer frühen Jugend. Auffallend an diesem Abschnitt ist, dass Roxana erneut aus der Phase ihrer frühen Jugend erzählt, um zu betonen, was sie in der Gegenwart besonders vermisst. Roxana denkt an ihre Schulzeit, in der sie als junges Mädchen „ohne Probleme" nach der Schule, die sie als „blöd" bezeichnet, machen „konnte", was sie „wollte". Die Gegenwart jedoch verbindet sie mit „Stress", „alleine wohnen", „Arbeit", „Geld" und „Miete" und stellt dabei wieder ihre Sehnsucht nach „alten Zeiten" fest.

Dann beginnt Roxana, in Verbindung mit einem Buch, welches sie gerade liest, mir von ihrem Gerechtigkeitssinn zu erzählen. Sie sei immer für die Todesstrafe gewesen, wenn diese „gerecht" angewandt werde. Die Todesstrafe gäbe es sowohl im Iran als auch in den Vereinigten Staaten von Amerika, jedoch habe sie bisher angenommen, die USA würden die Todesstrafe „richtig" und „gerecht" einsetzen. Jetzt wüsste sie, dass dem nicht so sei. Durch das Buch würde sie Dinge über die USA erfahren, die ihr Bild von den Staaten stark in Frage stellen lassen, was sie wiederum sehr deprimiere:

„Und ich hab immer bei Amerika habe ich immer gedacht so: Ja okay, da haben sie die Todesstrafe, aber das wird gerecht gemacht, dass man das nachforscht, dass es so ist, dass er der Mörder ist und dann wird er erst hingerichtet. Und nicht wegen irgend 'nem Firlefanz, weil er dreimal einen Dieb-, einen Ladendiebstahl begangen hat, dass er zur Todesstrafe verurteilt wird. Oder was weiß ich und nur weil es ein Schwarzer ist und es kam gerade gelegen, dass er dann hingericht-, also ... und das ist auch so'n so'n Thema, worüber ich (lacht ein bisschen) in letzter Zeit so nachdenke. Hört sich depressiv an, ne? (lacht ein bisschen). So total negativ, fällt mir gerade so auf, weil ich das so erzähle. Nein, es ist nur ich mach mir nur Gedanken. Also ich mach mir nur darüber Gedanken. Es ist nur, weil ich gerade dieses Buch lese, ich bin auch froh, wenn ich's bald durch habe, damit ich auch wieder lustige Sachen lese, weil das ist echt, ich hab keinen Bock über so was nachzudenken .... //Ja// ... Denke also man hat genug Probleme [... ...] irgendwo. Ja ... das hat mich so'n bisschen, weil ich gestern in diesem Kapitel gelesen habe, dann, das hat mich auch irgendwie stutzig gemacht, wie gesagt, weil ich dachte, Amerika ist 'n faires Land so."

Roxanas Bild von den USA hat sich hinsichtlich der Todesstrafe stark verändert. Der Glaube daran, die Staaten würden die Todesstrafe „gerecht" einsetzen, ist einem anderen Bild gewichen, welches einen desillusionierenden und revidierenden Charakter aufweist. Roxana sieht in den USA nicht mehr das „faire" Land, als das sie es einst empfunden hat. Ausgelöst durch das offenbar kritische Buch, welches sie liest, beschreibt sie ihre Gedanken diesbezüglich als „depressiv" und „total negativ". Sie sei froh, wenn sie das Buch

„durch" habe und „wieder lustige Sachen" lesen könne. Ich habe den Eindruck, sie wünscht sich, sie hätte das Buch am liebsten nie in die Hände bekommen. Sie wirkt enttäuscht und angestrengt, wenn sie sagt, sie habe „keinen Bock", darüber „nachzudenken". Ihre neuen Einsichten über die USA machen sie offensichtlich betroffen und lassen ihr bisheriges Weltbild ins Wanken geraten.

Roxana scheint sich in einer Lebensphase zu befinden, in der sie sich mit existenziellen Themen des Lebens befasst. Dazu gehört u.a. die Übernahme von Verantwortung für das eigene Leben und das eigene Denken. Durch die ständige Rückbesinnung auf die Vergangenheit wird dieser Prozess zum Teil erschwert bzw. bekommt einen für Roxana alltagsbelastenden Charakter. Sie betont die Last der Verantwortung für das eigene Leben im Gegensatz zur Unbeschwertheit ihrer Jugend in der Gemeinschaft. Roxana drückt ihre Nostalgie aus, indem sie Bilder einer vergangenen „heilen" Welt entstehen lässt, mit im Freien spielenden jungen Menschen, in einer großen Clique und mit den Eltern als Rückhalt, zwar kontrollierend, aber sicherheitsspendend. Ich frage mich, wie diese starke Nostalgie in einer so jungen Frau zustandekommt, die sie teilweise mehr alt als jung wirken lässt. Warum lässt Roxana die Vergangenheit im Gegensatz zur Gegenwart so sehr hochleben? Wo sind die Familie und die Gemeinschaft, die in ihrer Erzählung des Vergangenen eine enorm wichtige Rolle spielen und in ihrer Erzählung aus der Gegenwart praktisch nicht erwähnt werden? Welche Aspekte ihrer iranischen Sozialisation spielen beim Prozess des Erwachsenwerdens in Roxanas Leben eine Rolle? Handelt ihre Lebensgeschichte vielleicht von der Auseinandersetzung mit der Kollektivität der Vergangenheit und der Individualität der Gegenwart, die sie schwer miteinander vereinbaren kann? Und inwiefern hängt das Kollektivgefühl mit Roxanas *iranischer* Sozialisation zusammen? Um mich diesen Fragen anzunähern, werde ich zunächst versuchen, die Familienstrukturen wiederzugeben, in denen Roxana aufgewachsen ist. Die Beziehungsverläufe zwischen der Elterngeneration und Roxana sowie innerhalb der Geschwistergeneration können Hinweise über Roxanas Sozialisation als Tochter iranischer Eltern im Iran und in Deutschland geben. Ein solcher Blick auf die familialen Beziehungsstrukturen innerhalb der Gesamtbiografie ist ein Versuch, Roxana aus einem umfassenderen Bild zu sehen, um dadurch ihre Strategien bei der Bewältigung adoleszenter Anforderungen in Deutschland nachvollziehbar zu machen.

2.4 Intergenerationale Beziehungsverläufe

Die Interpretation der familiaren Dynamiken aus Roxanas Erzählung macht deutlich, dass sich Roxana lange Zeit, bis in die späte Adoleszenz hinein, stark an ihrem Vater und ihrem Bruder als den wichtigsten männlichen Bezugspersonen ihrer Lebenswelt orientiert. Durch den geringen Altersunterschied zwischen Roxana und ihrem Bruder teilen die beiden Geschwister viele gemeinsame Erlebnisse in der Kindheit und ihrer Jugend. Roxana und ihr Bruder werden vom Vater in das Fußballspielen eingewiesen, und auch ansonsten verbringt Roxana viel Zeit mit Sport und Spielen im Kreise gleichaltriger Jungen, die Freunde der beiden Geschwister sind. Zu ihrer Mutter hat Roxana von ihrer Kindheit an eine positive Bindung, die sich in der Adoleszenz durch Roxanas neue weibliche Orientierung verstärkt. Die Mutter ist für Roxana eine Bezugsperson, an der sie sich reiben und gleichzeitig orientieren kann. Die Aneignung des soziokulturellen Geschlechts stellt sich in der Analyse als ein zentrales Thema heraus. Besonders die Auswertung der Geschwisterdynamik führt zu aufschlussreichen Einsichten über die geschlechtsidentitätsbildende Entwicklung, die sich bei Roxana von einer zunächst männlichen Orientierung hin zu einer weiblichen vollzieht. Aus diesem Grund werde ich zunächst die Analyse der Geschwisterbindung mit dem Fokus auf den Aneignungsprozessen soziokultureller Geschlechtsidentität darlegen, um dann auf die Eltern-Tochter-Beziehung jeweils einzeln und detailliert einzugehen.

2.4.1 Die Erfahrung von Einheit und Dichotomie in der Geschwisterwelt

Die Analyse der Geschwisterdynamik aus Roxanas Biografie zeigt exemplarisch, wie unterschiedlich sich Mädchen und Jungen in der Phase der Adoleszenz „Geschlecht" als eine soziokulturelle Kategorie aneignen und welche Konsequenzen daraus für die Identitätsbildung der Heranwachsenden entstehen können.

Roxana hat einen zwei Jahre jüngeren Bruder, der in ihren Erzählungen aus Kinder- und frühen Jugendtagen häufig mit anwesend ist. Oft spricht sie von „wir", wenn sie von gemeinsamen Erlebnissen mit ihrem Bruder berichtet, ohne ihn namentlich oder getrennt zu erwähnen:

„Also wir waren oft draußen gewesen und wie gesagt, dieses Studentenheim, das war für Familien so gewesen so'ne Studentensiedlung, da waren nur Kinder gewesen in unserem Alter. Daher also ... was ich so gut finde, dass wir ... sag ich mal so in 'ner sozialen Gegend aufgewachsen sind."

Roxana und ihr Bruder spielen oft mit anderen Gleichaltrigen auf dem Außengelände des Studentenwohnheims, dessen „Gegend" sie als „sozial" beschreibt. Weiterhin erzählt sie:
„(...) also ich hab immer mitgespielt, Fußball, Basketball, keine Ahnung Football haben wir auch manchmal gespielt. Ich war immer mit Jungs zusammen. Deswegen sagt meine Freundin auch immer, ich hätte männliche Gene und das stimmt auch irgendwo."
Das Zusammensein mit ihrem Bruder ermöglicht Roxana, an sportlichen Aktivitäten mit ihm und anderen Jungen teilzunehmen und ein Teil dieser Jungengemeinschaft zu werden. Ihre Freundin sei heute der Meinung, Roxana habe „männliche Gene", was sie nicht abstreitet. Trotzdem reagiert sie auch „genervt" auf solche Äußerungen:
„Das nervt mich manchmal so ein bisschen, wenn sie sagt, ich hab männliche Hormone, so: Danke schön (lacht), das stimmt gar nicht, ich kann auch sensibel sein. Ne, aber sie hat Recht. Ich bin da ein bisschen härter als andere."
Zunächst berichtet Roxana von ihrer männlich geprägten Sozialisation, um dann auf die „Gene" und „Hormone" zu sprechen zu kommen, die verantwortlich für ihr geschlechtsspezifisches Verhalten sein sollen. Dabei ordnet sie „Sensibilität" als eine weibliche und „Härte" als eine männliche Eigenschaft ein und konstatiert, dass sie im Vergleich zu anderen Frauen „härter" sei. So vermischt sie in diesen Abschnitten sozialisationsbedingte und biologische Attribute, die in ihr Rollenverständnis von Frauen und Männern einfließen. An einer anderen Stelle führt sie im Zusammenhang mit ihrem Bruder Gründe für ihr „Härtersein" auf:
„(...) haben wir uns sehr oft gestritten und er hat mich geschlagen, also das kommt noch dazu, dass ich so´n bisschen robust bin, also ich kann Schläge sehr gut einsteck- einstecken (lacht). Also wenn mich jemand bisschen tritt, habe ich keine Angst. Nein ähm, wir haben uns oft geschlagen. Also wenn wir uns gestritten haben, vor allem um so älter wir wurden, umso heftiger wurde es."
Roxana erzählt, dass sie Schläge gut einstecken könne und „robust" sei, da ihr Bruder sie bei Streitigkeiten häufig geschlagen habe. Die körperlichen Auseinandersetzungen zwischen ihr und ihrem Bruder seien mit zunehmendem Alter immer „heftiger" geworden. Sie berichtet weiter:
„Aber wir haben uns immer vertragen, also so ist das nicht. Also sobald es war, sobald irgendjemand von außen ein- eingegriffen hat in die Familie, waren wir, auch wenn wir uns verstritten hatten, waren wir ... so. Also das ist immer das A und O, was unsere Eltern uns beigebracht haben: Nichts geht über die Familie, das auf jeden Fall."

Unmittelbar nachdem sich Roxana durch die Schilderung der Streitigkeiten mit ihrem Bruder sich von der Darstellung eines einheitlichen Geschwisterbildes entfernt hat, betont sie die Existenz des Zugehörigkeitsgefühls, welches das „A" und „O" in ihrer Familie gewesen sei. Dabei sichert sie ihre Zusammengehörigkeit mit ihrem Bruder erneut durch die Benutzung des Pronomens „wir" ab. Bei Kritik an der Familie von außen würden die beiden Geschwister stets zusammenhalten. „Nichts geht über die Familie" impliziert, dass der Bestand der Familie höchste Priorität besitzt, welcher in Krisensituationen den Zusammenhalt der Mitglieder voraussetzt.

Für Roxana, deren frühe Sozialisation viele gemeinsame Erfahrungen mit ihrem Bruder aufweist, fängt mit dem Abschied von der Kindheit auch ein innerpsychischer Abschied von ihrem Bruder als ihrem besten Spielkameraden an. Sie berichtet, dass sie sich im Alter von achtzehn Jahren bewusst von den männlich definierten Attributen zu entfernen beginnt. Grund dafür sei ein Kommentar ihres Bruders:

„[...] ich hab auch mal Fußball gespielt. Aber jetzt kann ich's nicht mehr und ... jetzt kann ich das nicht mehr, also ich hab ... weil mein Bruder mal „Mannsweib" zu mir gesagt hat (lacht). Ja äh also „Mannsweib" und seitdem versuche ich ein bisschen weiblicher zu sein (lacht)."

Diese Erzählung macht deutlich, welche wichtige Rolle Roxanas Bruder in der Gestaltung ihrer Geschlechterexistenz spielt. Sein Kommentar, sie sei ein „Mannsweib" gibt Roxana den Anstoß zu einem Richtungswechsel in ihrem Geschlechtsverhalten von „männlich" zu „weiblich". Dabei bedient sie sich althergebrachten, nach wie vor gängigen Klischees und Bildern dessen, was ein Mann oder eine Frau nach außen repräsentieren sollte: Männer sind hart und spielen Fußball, Frauen sind sensibel und nicht robust, also weich. Auf diese Weise driftet sich die gemeinsame Welt von Roxana und ihrem Bruder allmählich aufeinander. Das Wir-Gefühl löst sich auf und die gemeinsamen Erfahrungen nehmen im Laufe des Erwachsenwerdens und der Differenzierung der Geschlechterrollen ab.

Roxana beginnt, sich als eine eigenständige *weibliche* Person wahrzunehmen, deren Adoleszenz durch einen anderen Verlauf markiert wird, als es bei ihrem Bruder der Fall ist. Dies könnte auch die vermehrten Streitigkeiten und Schlägereien der beiden erklären, die Roxana im obigen Abschnitt erwähnt. Die Annahme liegt nahe, dass Roxana sich mit ihrem Bruder zankt, weil er den verlorenen Teil von ihr darstellt. Inwieweit Roxana einen Einfluss auf die Entwicklung ihres Bruders ausübt, bleibt offen. Es steht jedoch außer Frage, dass der Bruder Roxanas innerpsychische Entwicklung wesentlich beeinflusst.

Seine Kritik an ihrem Geschlecht löst eine Wende in der Geschwisterverbindung aus, die den Weg für eine Trennung der beiden im Prozess des Erwachsenwerdens ebnet.

Ihren Bruder beschreibt Roxana heute als einen „Mann", der trotz seines „bulligen" Aussehens sehr liebevoll und kindlich sein kann, was ihr imponiert. Dies versucht sie, mir durch die Beschreibung seines Verhaltens ihrem Hamster gegenüber zu verdeutlichen:

„Also wenn du meinen Bruder auch sehen würdest, würdest du sagen: Hm hm (verneinend), also solche, weißt du, solche Pakete und Männer und so. Aber wenn die (ihr Bruder und ihr Freund) dann mit meinem Hamster, weißt du, wenn ich sehe, mein Bruder, wenn er da ist, der ist auf einmal wie 'n Kind noch so: Nutschi nutschi nutsch (spricht hoch) und so, ah wie geht's dir denn so und Knuffi und so, weißt du so. //Ja// (... ...) Also er ist, so breit ist er nicht, aber er ist halt ... irgendwie so 'n Mann so'n ... Bulle, sag ich mal so. Und dann auf einmal quiekt er da so rum mit dem Tier."

Roxana betont, ihr Bruder sei ein Mann, bei dem ich aufgrund seines Äußeren einen „männlicheren" Umgang mit ihrem Hamster vermuten würde. Stattdessen würde er wie ein „Kind" mit dem Hamster „rumquieken". Diese Gegensätzlichkeit an ihrem Bruder ist ein Aspekt, den Roxana positiv bewertet. Ihr Bruder sei ein Mann, der „hart" aussähe, jedoch gleichzeitig „weich" sein könne. Meiner Assoziation nach muss es sich bei Roxanas Bruder um einen jungen Mann handeln, der viel Wert auf sein „männlich wirkendes" Aussehen legt, welches er vermutlich durch Körpertraining und Muskelaufbau unterstützt und aufrechterhält. Im Gegensatz dazu ist Roxana eine junge Frau, die viel Wert auf ihr „weibliches" Äußeres legt, welches sich in ihrem sehr schlanken und modebewussten Erscheinen zeigt. Von ihrem „Robustsein" und ihrem eher burschikosen Benehmen ist auf den ersten Blick nichts zu erahnen. Mir stellt sich die Frage, ob sich Roxana in ihrem Körper wohlfühlt, ob sie sich darin zuhause fühlt oder eher fremd? Und wie geht es ihrem Bruder mit seinem Körper? Eifern sie einem idealisierten Geschlechterbild nach? Liegt darin eine Gemeinsamkeit der beiden, welche sie gleichzeitig aufgrund ihrer Gegengeschlechtlichkeit auseinandertreibt?

Die Vorstellungen, die Roxana und ihr Bruder jeweils von „weiblich" und „männlich" haben, schlagen sich sowohl in ihrer innerpsychischen Welt in Form von der Bemühung einer Polarisierung der geschlechtsspezifischen Selbstanteile nieder als auch in der komplementären Präsentation ihrer Körperbilder (sehr schlank vs. muskulös). Die starke Abspaltung bezüglich der Geschlechterexistenz könnte auch ein Hauptgrund für die noch vorhandenen Streitigkeiten sein, die ein Bestandteil der geschwisterlichen Beziehungsdynamik sind. So kann die Beziehung von Roxana und ihrem Bruder heute am ehesten als eine zwiegespaltene bezeichnet werden, bei der einerseits eine tiefe Bindung und andererseits eine existenzielle Trennung charakteristisch sind. Diese Perspektive legt die Annahme nahe, dass sich die Geschwister jeweils um einen „verlorenen" Teil ihres Selbst streiten, welcher im Prozess des zur Frau- und zum Mann-Werdens zugunsten einer weiblichen bzw. männlichen Selbstdefinition abgewertet und abgespalten werden musste.

2.4.2 Vaterrolle zwischen beschützend und hilflos

Roxana gibt an einigen Stellen Szenarien aus ihrer Kindheit wieder, die Hinweise auf den Grad der Verbindung zu ihrem Vater in der Kindheit geben. Diese Kindheitsschilderungen spielen insofern eine wichtige Rolle, als dass sie den Hintergrund verdeutlichen, auf dem die Vater-Tochter-Bindung aufbaut. Sie erweisen sich daher bei Verstehensversuchen vorhandener Konfliktpotentiale in der Adoleszenz als hilfreich.

Roxanas liebevoll erzählte Erinnerung vor dem Interview über ihren Vater, der im Iran häufig Melonen mit nach Hause gebracht habe, deren Geschmack sie so sehr liebt (vgl. IV. 2.1), gibt bereits einen Anhaltspunkt für die positive Verbundenheit, die Roxana als Kind zu ihrem Vater gehabt hat. Auf meine Frage nach dem Beruf des Vaters im Iran erzählt mir Roxana von dessen Textilgeschäft in Teheran, in dem sie sich mit ihrem Bruder häufig aufgehalten hat:

„Wir haben da (im Laden), (... ...) haben mein Bruder und ich fangen und verstecken gespielt. Ist auch so, das waren nämlich so ganz groß- oder es waren halt mal ganz große Tische, also wenn man jünger ist, also waren halt ganz große Tische (...) und ähm da drunter war so'n Fach, der war so hoch und wir konnten da halt reingehen (... ...). Und wir sind da immer so rein und haben da so getaucht und gespielt und so."

Roxana beschreibt kindliche Spielszenarien mit ihrem jüngeren Bruder im Geschäft ihres Vaters. Das Geschwisterpaar verbringt dort viel Zeit, da die Mutter studiert und ebenfalls arbeitet. Weiterhin berichtet Roxana, dass sie und ihr Bruder schwierige Kinder und in Abwesenheit der Eltern „immer" traurig gewesen seien:

„Mein Bruder und ich, wir waren glaube ich echt Hölle, die Hölle gewesen. Also ähm wenn meine Mutter nicht da war, haben wir immer geheult. Also wenn Vater oder Mutter nicht da waren, haben wir geheult."

In einem weiteren Teil des Interviews berichtet mir Roxana von einer Kindheitserinnerung an eine für sie mit Gewalt verbundene Szene im Iran. Sie beschreibt dabei, wie ihr

Vater und einige seiner „Freunde" ein Schaf schlachten und das Kind Roxana sie dafür „hasst":

„Und dann haben die einmal bei uns im Hof ein Schaf gesch-lachtet ... . Das fand ich auch richtig ah, wie ich die gehasst habe. Das war so schlimm. Die haben, mein Vater mit 'n paar Freunden war das gewesen, ich weiß auch nicht, warum ich mir das angeguckt habe. Ich saß da einfach nur und ich hab die alle gehasst, auch meinen Vater. Ich hab sie gehasst. Ich hab von dem Fleisch auch nichts gegessen ... und ich saß da nur noch und äh das Blut lief und so. Aber das war bei mir immer schon so gewesen. Also ähm ... ich ich liebe Tiere über alles, also und ich kann das nicht mit ansehen, wenn ein Tier getötet wird oder was auch immer oder gequält oder so, kann ich überhaupt nicht ab."

Roxana, die Tiere „über alles" liebt, erinnert sich hier an eine Situation, in der ihr Vater mit „Freunden" ein Schaf schlachtet. Während sie sich das Szenario anschaut, hasst sie gleichzeitig die Beteiligten für ihr Handeln und weigert sich hinterher, das Fleisch zu verzehren. *„Ich kann nichts essen, was ich vorher lebendig gesehen habe und dann ... ja im Topf auf einmal. Es ist ... ekelig."* Roxanas Erinnerungen in dieser Passage sind erfüllt von Gefühlen der Abneigung und Enttäuschung ihrem Vater gegenüber.

Weiter im Interview spricht Roxana darüber, wie sie in den Genuss des Fußballspielens mit ihrem Vater kommt:

„[...] dadurch dass ich immer mit meinem Bruder, mein Vater hat mich auch mit zum Fußball spielen genommen. Er hat meinen Bruder trainiert und nebenbei hat er mich dann auch trainiert und deswegen habe ich also immer noch ... . Fußball spielen liebe ich immer noch."

Dadurch, dass Roxana „immer" mit ihrem Bruder zusammengewesen sei, habe ihr Vater sie ebenfalls zum Fußball spielen mitgenommen und habe sie „nebenbei" mittrainiert. Roxana ist bewusst, dass sie über ihren Bruder die Chance bekommen hat, an einer Sportart teilzunehmen, die in ihrer Familie eigentlich Männern vorbehalten ist. Dass sie den Fußball „immer noch" liebt, spricht für die Freude, die sie vermutlich beim Training mit ihrem Vater empfunden hat.

Es ist relativ unklar, ob sich das Fußballtraining auf die Zeit im Iran, auf die Zeit nach der Migration in Deutschland oder auf beide Phasen bezieht. Abgesehen davon beschreibt Roxana nach dem Zeitpunkt der Migration zwischen ihrem sechsten und vierzehnten Lebensjahr keine weiteren gemeinsamen Erlebnisse mit ihrem Vater. Dies mag auch damit zusammenhängen, dass der Vater als alleiniger Familienernährer direkt nach der

Migration mit dem Aufbau eines neuen Geschäftes und der Gründung einer neuen Existenz für die Familie beschäftigt und dadurch häufiger abwesend ist.

Im Gegensatz dazu spielt er in Roxanas Erzählung ab dem Zeitpunkt ihrer Pubertät eine zentrale Rolle. Der Vater schaltet sich als Erziehungsinstanz in der Phase der Adoleszenz ein, worunter Roxana sehr leidet:

„Weil ich echt sehr drüber drunter gelitten habe, dass ich aufgepasst habe, dass ich nicht das mache damit-. Ich weiß nicht, ich hab immer so auf Stolz und Ehre für meinen Vater geachtet. Also es ging eigentlich immer darum, dass mein Vater nicht ähm ... dass nicht gesagt wird, er passt nicht auf seine Tochter auf und so. Und immer war ich diejenige, die aufpassen musste. Also mein Bruder konnte ja nicht so viel falsch machen, ich musste aufpassen, dass ich nichts falsch mache."

Aus Rücksicht auf die Ehr- und Stolzgefühle ihres Vaters gegenüber anderen muss Roxana stets „aufpassen", dass sie nichts „falsch" macht. Wer sind aber diejenigen, die eine indirekte Kontrolle über ihr Leben ausüben und die Roxana hier namentlich nicht erwähnt? Wie an anderen Stellen des Interviews deutlich wird, handelt es sich um iranische Bekannte und Nachbarn, deren Standpunkt für den Vater wichtig zu sein scheint (vgl. IV. 2.9). Auch wenn Roxana unter diesen Umständen sehr leidet, versucht sie, sich ihrem Vater zuliebe an die Regeln zu halten. Sie weiß um den Unterschied, der zwischen ihr als heranwachsender Frau und ihrem Bruder als heranwachsendem Mann gemacht wird, ist jedoch empathisch und versucht, die Erwartungen ihres Vaters zu erfüllen. Es ist anzunehmen, dass ihr dies gelingt, indem sie sich ein Stück weit in ihren Vater hineinfühlt.

In ihrer weiteren Erzählung werden Rebellionstendenzen gegen den Druck ihres Vaters sichtbar. Sie bemüht sich, Gehör bei ihm zu finden und verlangt von ihm mehr Loyalität sowie Vertrauen. Roxana beschreibt ihre verbalen Versuche, den Vater auf ihre Seite zu ziehen:

„Und darauf hatte ich dann irgendwann auch keinen Bock mehr. Ich meinte so, ich habe meinem Vater immer gesagt, wie ich bin: Du weißt, was ich mache und ähm ich hab 'ne gewisse Freiheit, hab ich mir verdient und ich finde du, ich finde du kannst nicht auf die anderen hören, wenn ich hier bin und ich sag dir, dass ist nicht so gewesen, wie die anderen das sagen oder so. Dann finde ich, dass dass er auf mich hören soll und nicht auf andere."

Roxana möchte, dass der Vater ihr mehr Gehör und Glauben schenkt, anstatt auf das Gerede „anderer" über seine Tochter zu hören. Mit den Worten „Du weißt, was ich mache", versucht sie Ungewissheiten und Zweifel des Vaters aus dem Weg zu räumen. Sie möchte von ihm gern mehr Handlungs-„Freiheit" zugestanden bekommen. Trotzdem scheinen die Diskrepanzen zwischen Vater und Tochter weiterhin Bestand zu haben. Roxana erzählt mir von ihrer ersten Partnerschaft mit einem deutschen Jungen aus ihrer Schule, von der ihr Vater zwei Jahre lang nichts erfährt. Diese Beziehung bleibt vor Roxanas Vater geheim. Erst als das Paar überlegt, nach dem Abitur zusammenzuziehen, bleibt ihr nichts anderes übrig, als ihren Vater zu informieren. Roxanas Mutter, die bereits von der Bindung ihrer Tochter zu dem jungen Mann weiß, übernimmt die Rolle der Vermittlerin und überbringt ihrem Ehemann die überraschende Nachricht:

„Wir wollten eigentlich zusammenziehen und das war schon eigentlich so abgemacht, dass mein Vater wusste das auch schon. Nachdem wir Abi gemacht haben, also mit zwanzig hatten wir das meinem Vater erzählt (lacht ein bisschen) [...] ... Und meine Mutter wusste's schon vorher, sie musste's ihm beichten, das war sehr hart gewesen ... (lacht)."

Roxana beschreibt es als „sehr hart", ihren Vater über ihre Beziehung zu einem jungen Mann in Kenntnis zu setzen. Sie spricht von einer Beichte, die allerdings nicht sie selbst, sondern ihre Mutter stellvertretend für Roxana beim Vater ablegt. Beim Akt des Beichtens geht es im ursprünglichen Sinne um das Zugeben von Sünden und um das Bitten um Vergebung. Daher schlussfolgere ich aus Roxanas Worten, dass sie ein schlechtes Gewissen ihrem Vater gegenüber hat. Ich frage sie weiterhin, ob ihr Vater nicht gewollt habe, dass sie einen Freund hat. Roxana übergeht zunächst meine Frage, um einen Satz später doch noch darauf einzugehen:

„Also wir wollten in den Urlaub fahren. Also das war nach dem Abi gewesen und wir wollten unbedingt ... in den Urlaub fahren zusammen. Und ne, mein Vater ..., hallo ich bin seine Tochter (lacht ein bisschen) und die hat jetzt 'nen Freund und so und. Er hat geheult, als meine Mutter ihm das erzählt hat (lacht ein bisschen). Richtig geheult."

Roxana und ihr Freund planen nach dem Abitur einen Urlaub geplant. Ihren Vater trifft die Nachricht über die Beziehung seiner Tochter offenbar sehr schwer. Auch Roxana fehlen im Interview die Worte, um den Grund zu definieren, warum ihr Vater gegen eine partnerschaftliche Beziehung seiner zwanzigjährigen Tochter ist. Sie beschreibt es lediglich mit: „Hallo, ich bin seine Tochter und die hat jetzt einen Freund". Damit deutet sie die Neuartigkeit der Situation für ihren Vater an, der zum ersten Mal mit der Tatsache konfrontiert wird, nicht länger der einzige Mann im Leben seiner Tochter zu sein. Dazu kommt, dass die Beziehung von Roxana und ihrem Freund vielleicht nicht den Vorstellungen eines iranischen Vaters entspricht, der für seine Tochter aus seiner Sozialisation heraus andere Zukunftsvorstellungen hat, als eine moderne Verbindung, deren Verlauf offengehalten ist.

Eine Beziehung zu einem jungen Mann, mit dem sie zunächst einen gemeinsamen Urlaub und eine gemeinsame Wohnung plant, kann als die individuelle Entwicklung Roxanas in der Migration betrachtet werden, die im Iran in der Form nicht stattgefunden hätte. Roxana ist einerseits eine emanzipierte junge Frau, die sich im Alter von zwanzig Jahren auf dem Weg der Gestaltung eigener Lebensräume befinde, sich aber andererseits ihrer iranischen Sozialisation bewusst ist und daher mit Gewissensbissen ihren Eltern und besonders ihrem Vater gegenüber hadert. Sie befindet sich zwischen dem Gefühl, den eigenen individuellen Weg entdecken zu wollen, und dem Bewusstsein, diesen Weg als Tochter „iranischer Eltern" zu beschreiten. So sind bereits im Vorfeld Widersprüchlichkeiten vorgezeichnet, die Roxana zu bewältigen versucht. Dazu gehört die Entscheidung, ihren Vater zunächst nicht über ihre Partnerschaft in Kenntnis zu setzen. Das Geheimhalten der Beziehung vor dem Vater basiert vermutlich auch auf Roxanas Angst vor möglichen Konsequenzen, die eine Offenbarung mit sich brächte. Die tränenreiche Reaktion des Vaters verweist eventuell auf seine väterliche Eifersucht und die Erkenntnis, nicht mehr der wichtigste Mann im Leben seiner Tochter zu sein. Zudem könnte er sich in Anbetracht der Tatsache, dass die Bindung bereits vorangeschritten ist und er im Gegensatz zu der Mutter ahnungslos gewesen ist, hilflos und machtlos fühlen. Vielleicht hat er sich auch gewünscht, Roxana hätte ihm die Nachricht persönlich mitgeteilt und nicht über die Mutter. Trotz allem leistet Roxanas Vater keinen aktiven Widerstand und akzeptiert die Beziehung seiner Tochter zu ihrem Freund. Roxana lacht ein bisschen, als sie erzählt, dass ihr Vater um sie geweint hat, und benutzt dafür das Wort „Heulen", was in diesem Zusammenhang etwas abwertend klingt. So enthält ihre Beschreibung auch ein triumphierendes Gefühl gegenüber der Macht ihres Vaters im Prozess der Erkämpfung eigener Freiräume.

Etwa drei bis vier Jahre nach Beginn von Roxanas Studium trennen sich ihre Eltern und ziehen von zuhause aus:

„Also meine Mutter ist weggezogen (lacht) und mein Vater. Also es ist, normalerweise ziehen immer die Kinder weg. Aber bei uns ist das so, dass unsere Eltern weggezogen sind und wir hier geblieben sind."

Roxanas Eltern verlassen nacheinander das gemeinsame Haus und die gemeinsame Stadt der Familie. Roxana betont die Ungewöhnlichkeit der damaligen Situation, indem sie sagt, dass „normalerweise" die Kinder wegziehen. Die Worte „wir (sind) hier geblieben

(...)" erwecken den Eindruck, dass Roxana sich vermutlich von ihren Eltern verlassen gefühlt hat. Nach ihrer Erzählung scheint Roxanas Vater kurz nach Roxanas Mutter weggezogen zu sein. Es bleibt jedoch offen, in welcher genauen Reihenfolge die Familienmitglieder das Haus verlassen haben. Haben die Eltern die Stadt verlassen, nachdem die Kinder eigene Wohnungen für sich gefunden hatten? Oder haben Roxana und ihr Bruder noch eine Zeitlang mit dem Vater zusammengewohnt, nachdem die Mutter weg war? Roxana gibt diesbezüglich keine Hinweise. Ich frage sie, wie es ihrem Vater seit der Scheidung geht, woraufhin sie antwortet:

„Ja ganz OK, alles in Ordnung (leise). Wie gesagt, der ist im Laden in (Stadtname) und der ist auch gut beschäftigt. Fährt ziemlich hin und her, also geschäftlich muss er immer, fährt er hin und her und so, also... Ich denk mal ... er lebt sich auch aus, sag ich mal. Weil der ist in der Zeit, wo wo er (...), sind wir nie in Urlaub gefahren so. Und jetzt ist er auch immer in (einem Nachbarland) keine Ahnung ähm, eigentlich hauptsächlich noch, da ist sein Geschäftspartner und so, deswegen. Und oder in Deutschland reist er auch ziemlich hin und her, um Ware ... zu kaufen."

Wie in den Erinnerungen aus ihren Kindertagen verbindet Roxana ihren Vater auch in der Gegenwart mit seinem „Laden". Er sei „gut beschäftigt" und geschäftlich viel unterwegs, um Ware zu kaufen. Über seinen inneren Zustand kann Roxana mir nichts berichten. Sie beschreibt lediglich die äußeren Umstände ihres Vaters, von denen sie etwas weiß. Eine solche oder ähnliche Information würde mir auch jemand über den Vater geben können, der ihn nur entfernt kennt. Roxanas Äußerung enthält eine emotionale Distanz zu ihrem Vater, die sicherlich auch daher rührt, dass die beiden nicht viel miteinander kommunizieren:

„[...] weil ich mit meinem Vater nicht so viel reden kann, also ich hab nicht so viele ähm ... Gesprächsthemen, die ich mit meinem Vater führen kann .... Hab ich einfach nicht, also ... das ist immer so das gleiche und und wir gucken dann zusammen fern und weiß nicht so was halt. //Ja// Und wenn wir reden-, das Problem ist, wenn man miteinander reden kann, kann es sehr schnell in Streit ausarten, deswegen reden wir nicht so viel (lacht)."

Roxana sieht den Grund für das Nichtreden mit ihrem Vater im Fehlen gemeinsamer Gesprächsthemen und darin, dass ihre Gespräche „schnell" in Streit ausarten. Weiterhin beschreibt sie sich selbst als „gegensätzlich" und betont gleichzeitig, dass sie und ihr Vater sich vom Charakter her „zu ähnlich" seien:

„Ähm bei mir ist es so, mit meinem Vater, wenn ich ihn zu oft sehen würde, würden wir uns auch streiten, weil wir gegensätzlich auch, ich bin auch sehr gegensätzlich, was ihn-. Oder wir sind uns zu ähnlich, sagen wir´s mal so. Ähm ich hab sehr viel von meinem Vater abgekriegt, charaktermäßig. Und ähm vielleicht sind wir beide stur und ähm weiß ich nicht, also es war auch immer so, damals noch so gewesen, wenn meine Mutter nicht da war, wir hatten, mein Vater und ich, wir haben uns immer in die Wolle gekriegt. Sie musste immer anrufen, ob wir beide, ob wir noch leben, also ich weiß nicht, alles was er gesagt hat: Ne, will ich nicht dies und mach ich nicht und... und wir haben uns sehr oft gestritten."

Vor der Scheidung der Eltern haben sich Vater und Tochter in Abwesenheit der Mutter „immer" gestritten. Die Mutter hat zuhause angerufen, um festzustellen, ob die beiden „noch leben". Auch heute, sagt sie, würde sie sich mit ihrem Vater streiten, wenn sie ihn „zu oft" sähe. Roxanas Erzählung vermittelt den Eindruck, als sei das Streiten der einzig gemeinsame Nenner zwischen ihr und ihrem Vater. Als Grund für die Auseinandersetzungen führt Roxana an, dass beide „stur" und sich „ähnlich" bzw. „zu ähnlich" seien. Auf meine Frage, ob sie ihren Vater heute noch sieht, sagt sie:

„So mittlerweile, also ich hab ihn auf jeden Fall, also mein Bruder hat noch Kontakt zu meinem Vater, aber ich habe auf jeden Fall auch noch Kontakt, also so ist das nicht. Also wir sehen uns noch und so und fahren auch zu ihm hin, er kommt auch hier zu Besuch her. Aber wir dürfen uns nicht zu oft sehen, weil dann (lacht) eskaliert das immer ...."

Roxana hat mittlerweile weniger Kontakt zu ihrem Vater. Sie scheint ihn auch nicht mehr allein zu besuchen, sondern nur gemeinsam mit ihrem Bruder: „Wir (... ...) fahren auch zu ihm hin". Sie betont erneut, dass sie und ihr Vater sich nicht „zu oft" sehen dürften, denn dann würde die Situation „immer" eskalieren. Auch wenn sie das Wort „eskalieren" in einem eher scherzhaften Ton erwähnt, frage ich mich, wie es Roxana wohl mit der gestörten Kommunikation zwischen ihr und ihrem Vater geht. Sie berichtet wenig über ihre Gefühle, die sie ihm gegenüber empfindet, wenn sie sich sehen oder wenn sie sich streiten. Sie scheint auch nicht nach einem Weg zu suchen, um den immer wiederkehrenden Konflikt zu mindern. Vielmehr nimmtscheint Roxana die Streitkultur mit ihrem Vater offensichtlich als gegeben hin bzw. rechtfertigt sie als Folge einer gewissen Sturheit der beiden. Meine Frage nach einer eventuell neuen Frau im Leben ihres Vaters beantwortet sie wie folgt:

"Er hat soweit ich weiß keine Lebensgefährtin oder so, also keine Freundin oder so was. //Ja// Mein Bruder würde es mir erzählen…. Mein Vater nicht, aber mein Bruder (lächelt) würde es mir erzählen."

Roxanas Antwort macht den Grad der Vertrautheit zwischen Vater und Tochter einerseits und Vater und Sohn andererseits deutlich. Die Worte „mein Bruder würde es mir erzählen, mein Vater nicht" lassen schlussfolgern, dass der Vater seinen Sohn über eine neue Freundin in Kenntnis setzen würde, seine Tochter aber nicht. Es wird weiterhin sichtbar, dass Roxana ein engeres Verhältnis zu ihrem Bruder pflegt, von dem sie über eine eventuelle Partnerschaft des Vaters zu erfahren glaubt. Hier kommt Roxanas Bruder eine vermittelnde Rolle zwischen Vater und Tochter zu. Er sei auch derjenige, der zwei Mal mit dem Vater zusammen im Iran gewesen sei: *„Also er war auch zwei Mal im Iran gewesen (……) und er ist immer mit meinem Vater hingefahren."* Roxana erzählt, dass ihr Bruder und ihr Vater den Iran neulich wieder besuchen wollten, es jedoch aus „Angst" vor den Konsequenzen gelassen haben:

„Die wollten, mein Bruder und mein Vater, die wollten neulich. Haben's sich in den Kopf gesetzt, dahin zu fahren. Aber mein- sie haben Angst wegen meinem Bruder, dass sie ihn doch behalten. Man sagt zwar, also mittlerweile sind sehr viele Freunde von meinem Bruder immer hin und her gefahren und ohne Probleme, aber er hat trotzdem Angst, also … dass da was passiert. … Ab und zu hat er mal da drüber geredet, dass er doch ganz in den Iran fahren möchte oder so, also für immer dann, aber hat das jetzt-, können wir glaube ich alle nicht mehr. Also ich weiß nicht, wie lange wir gesagt haben, wir fahren auf jeden Fall in den Iran zurück, ähm weil bei uns hieß es, dass wir, also mein Bruder und ich hier bleiben und meine Eltern wieder zurückfahren. Und so mittlerweile meine Mutter auch nicht mehr (lacht ein bisschen). Und ich denke mal, mein Vater wird auch nicht mehr zurückfahren."

Der Bruder habe es in Erwägung gezogen, „für immer" in den Iran zu ziehen, auch ihre Eltern hätten früher mit Rückkehrgedanken gespielt. Jedoch sei dies mittlerweile für „alle" nicht mehr der Fall. Das Verb „können" in „können wir glaube ich alle nicht mehr" kann für die Ohnmacht stehen, deren Ursache in der Angst vor eventuellen Konsequenzen einer Rückkehr oder einer Reise in den Iran liegt. Roxana spricht nicht aus, worin die Angst genau besteht, sondern benennt lediglich die Befürchtung, dass „da was passiert". Bei ihrem Vater glaubt sie zu wissen, dass er ebenfalls „nicht mehr zurückfahren" wird. Er sei „der Letzte" aus der Familie gewesen, der mit den Rückkehrgedanken abgeschlossen habe: *„Also bei meinem Vater er ist der Letzte gewesen, der gesagt hat: OK bleiben* *wir hier in Deutschland (lacht) ist auch OK."* Die Tatsache, dass Roxanas Vater am längsten mit der Idee einer Rückkehr in den Iran gespielt hat, legt die Annahme nahe, dass er das Familienmitglied mit dem größten Bezug zur Heimat ist. Auch Roxana verbindet das Iranischsein am ehesten mit ihrem Vater. In Deutschland steht der Vater in der Phase der Pubertät für die iranisch geprägten Anteile ihrer Erziehung, die sie als eher negativ bewertet, während ihre Erinnerungen aus der Kindheit mit ihm, die sich hauptsächlich im Iran abspielen, überwiegend positiv besetzt sind. Die Tatsache, dass Roxana die iranischen Anteile ihrer Sozialisation ihrem Vater zuordnet, wird in Kapitel IV. 2.7 anhand ausgewählter Passagen aus ihrer Erzählung näher beleuchtet.

Über die Analyse konnte herausgefunden werden, dass es einen Unterschied gibt zwischen Roxanas Verhältnis zu ihrem Vater in ihrer Kindheit und ihrer Beziehung zu ihm ab dem Zeitpunkt ihrer Pubertät. Das Vater-Tochter-Verhältnis in Roxanas Kindheit ist durch eine nahe und liebevolle Verbindung der beiden gekennzeichnet. Sie berichtet, dass sie es genossen habe, wenn ihr Vater Melonen für die Familie nach Hause gebracht hat, wenn sie mit ihrem Bruder im Geschäft ihres Vaters herumgetobt habe, während er auf die beiden aufpasste und dass sie von ihrem Vater im Fußball trainiert worden sie und diese Sportart heute noch liebe. Er wird insgesamt als ein fürsorglicher und geliebter Vater ihrer Kindertage beschrieben und dargestellt. Roxanas Bestürzung darüber, dass sich ihr Vater im Iran mit Freunden am Schlachten eines Schafes beteiligt hat, zeigt, dass sie ihm vermutlich eine solch als brutale empfundene Tat nicht zugetraut hätte. Diese Passage ist die einzige aus Roxanas Kindheit, in der ihr Vater kritisch beschrieben wird. Insofern hebt sich dieser Abschnitt von den anderen erzählten Kindheitserinnerungen ab und kann als eine Passage mit Symbolcharakter betrachtet werden, durch die der Grad der Enttäuschung über den Vater aus der Gesamtbiografie Roxanas herausgelesen werden kann. Ihr Vater, von dem sie als Kind stets nur das Gute angenommen hat, ist gleichzeitig im Stande ein Tier zu töten und sie damit zutiefst zu enttäuschen. In der Tat wird das positive Bild, welches Roxana in der Kindheit von ihrem Vater hat, ab der Phase der Adoleszenz nicht länger aufrechterhalten. Vielmehr fällt dieses Bild im Laufe des Vater-Tochter-Konfliktes so weit in sich zusammen, dass sie heute mit ihrem Vater aus ihrer Sicht „nicht so viel reden kann". Aus dieser Perspektive könnte ihr momentaner „deprimierter"-er Zustand, von dem sie in der ersten Interviewsequenz im Zusammenhang mit den USA spricht (vgl. IV. 2.3), gleichzeitig für das Zusammenbröckeln ihres Vaterbildes stehen. Ihr Entsetzen über den tierschlachtenden Vater ähnelt in der Erzählstruktur der

Passage aus der Eingangssequenz über ihre aktuelle Enttäuschung über die USA und die ungerechte Anwendung der „Todesstrafe" dort. Ist sie über ihren Vater genauso enttäuscht wie über die USA?

In Roxanas Erzählung über ihre Adoleszenz überwiegen die Themen Streit und Machtkämpfe zwischen Vater und Tochter. Es ist den beiden nicht möglich, zusammen zu sein, ohne zu streiten. Eine Ursache dieser Streitigkeiten ist in den trengen Erziehungsmaßnahmen des Vaters zu sehen, gegen die sich die heranwachsende Roxana innerlich auflehnt. Trotzdem versucht sie während ihrer gesamten Schulzeit, sich in ihren Vater einzufühlen und ihm zuliebe die Regeln einzuhalten. Dies ändert sich in der Abiturphase und während des Studiums. Ab dieser Zeit versucht sich Roxana mehr Möglichkeitsräume zu erkämpfen, was ihr auch gelingt. Der Preis dafür ist vermutlich eine zunehmende Distanz zu ihrem Vater, was sich in ihrem mittlerweile eingeschränkten Kontakt widerspiegelt. Trotz des reduzierten Kontaktes ist Streit bis heute ein Hauptbestandteil in Roxanas Beziehung zu ihrem Vater, durch welchen sie paradoxerweise an ihm gebunden bleibt. Sie spricht davon, „charaktermäßig" „sehr viel" von ihrem Vater „abgekriegt" zu haben. Diese Annahme setzt voraus, dass Roxana ihren Vater sehr gut zu kennen glaubt. Wenn sie sich mit ihm vergleicht, stellt sie sehr viel Gemeinsames fest. Das Gemeinsame, welches von Roxana als die Ursache für die Streitigkeiten genannt wird, steht zugleich für eine verborgene Verbundenheit der beiden. Eine Verbundenheit, die ihre Prägung vor allem in Roxanas Kindheit findet und im Laufe der Erkämpfung einer eigenständigen Identität in den Hintergrund gerückt ist.

Die Aspekte in der Verbindung zwischen Roxana und ihrem Vater, der gleichzeitig ihre erste männliche Bezugsperson ist, werden bei der Betrachtung von Roxanas Beziehung zum anderen Geschlecht verstärkt mitberücksichtigt und untersucht.

2.4.3 Die vermittelnde Mutter

Roxana hat als Kind eine positive emotionale Bindung zu ihrer Mutter. Sie berichtet mir im Zusammenhang mit einer Kriegssituation aus ihren Kindertagen, wie ihre Mutter es geschaffen hat, Roxana und ihrem Bruder die Angst zu nehmen und sie zu trösten:

„Und ich meine Mutter, die hat immer, damit wir keine Angst haben, die hat immer Bananen ... gehabt, das war ja auch, das gab`s ja voll selten da. Und ... und ähm ... und dann hat sie immer die Bananen rausgeholt, wenn das Licht ausging und die Sirenen angingen. Dann hat sie die Bananen rausgeholt und dann hat sie uns immer was gegeben.

Aber ich fand das, im Prinzip, fand ich das gar nicht so schlimm mit dem ... mit dem ...
Also wir sind jetzt nicht in den Keller gegangen wie die anderen (...)."

In diesem Erzählabschnitt geht es um das Jahr 1982, Roxana ist fünf und ihr Bruder drei Jahre alt. Wenn nachts die irakischen Kriegsbomben die iranische Hauptstadt attackieren, fällt der Strom aus und Kriegssirenen alarmieren die Stadtbewohner:innen, damit sie sich Schutz suchen können. Roxanas Mutter hat ein Mittel entdeckt, um ihren Kindern in dieser Angstsituation Trost zu spenden. Sie gibt ihnen etwas Außergewöhnliches zu essen, was die Kinder besonders gern mögen. Bananen. Bananen werden zu dieser Zeit nur noch illegal in den Iran importiert, was sie dementsprechend wertvoller und teurer macht, nur mit Glück sind sie zu ergattern. In ihrer Erinnerung ist es für Roxana „nicht schlimm" gewesen, nicht wie „die anderen" in den Schutzkeller zu gehen. Das Zusammensein mit der Mutter in der von Sirenenlärm erfüllten Dunkelheit und ihre liebevolle Strategie mit Bananen als Trostmittel für die Kinder haben Roxana ausgereicht, um die Situation als „im Prinzip gar nicht so schlimm" zu empfinden und ihre Angst zu überwinden.

An einer anderen Stelle spricht Roxana davon, dass sie ihre Mutter für ihre Leistung, mit zwei kleinen Kindern ein Studium absolviert zu haben, sehr achtet. Dabei seien sie und ihr Bruder als Kinder „nicht einfach" gewesen und hätten in der Abwesenheit der Mutter immer geweint:

„Also ... vor meiner Mutter habe ich echt sehr viel Achtung, wie sie das geschafft hat, also wenn ich bedenke, wie ich ähm jetzt studiere und ... wegen jedem Firlefanz ähm: Ja OK, dann mache ich's doch nicht oder so, halt so was sage. Und sie hat echt mit zwei Kindern und wir waren nicht einfach gewesen, also wir waren echt .... Mein Bruder und ich, wir waren glaube ich echt Hölle, die Hölle gewesen. Also ähm wenn meine Mutter nicht da war, haben wir immer geheult. Also wenn Vater oder Mutter nicht da waren, haben wir geheult, also sie konnte nirgendwo hingehen ohne uns ...."

Dass Roxana und ihr Bruder schwierige Kinder gewesen seien, ist ihr vermutlich durch die Erzählungen ihrer Mutter oder ihrer Eltern vermittelt worden. Vielleicht kann sie sich aber auch selbst an Situationen erinnern, in denen sie sich alleingelassen gefühlt und deshalb geweint hat. Ihre kindliche Trauer erklärt sie damit, dass sie kein einfaches Kind gewesen sei. Sie gibt sich und ihrem Bruder die Schuld dafür, dass sie in Abwesenheit der Mutter haben weinen müssen, weil sie „die Hölle" gewesen seien. Die Güte und Fürsorge der Mutter werden nicht angezweifelt.

In Verbindung mit ihrer Schulzeit berichtet Roxana, dass ihre Mutter für die Kinder da gewesen sei, wenn sie von der Schule nach Hause gekommen sind:

„Meine Mutter hat sich um uns gekümmert und ich finde es sehr wichtig, dass jemand zuhause ist, der mit den Kindern redet und für sie da ist, wenn sie wenn sie wieder von der Schule nach Hause (kommen)."

Roxanas Wortwahl im Präsens - „... ich finde es wichtig, dass jemand zuhause ist ...."- zeigt, dass sie die Fürsorge ihrer Mutter heute zu schätzen weiß. Ihre Mutter habe nach der Schule immer Essen zubereitet:

„Ich fand das sehr gut, dass meine Mutter da war, das tat uns auch glaube ich sehr gut, sie war immer da und hat immer geg- Essen gemacht, obwohl sie nebenbei, sie hat gearbeitet und studiert auch noch und sie hat uns nebenbei hat sie immer, es war immer, es gab, es war nie nie'n Tag gewesen, wo sie nichts gekocht hat."

Obwohl die Mutter „nebenbei" sowohl gearbeitet als auch studiert habe, habe sie trotzdem „immer" etwas gekocht. Der Satz „und sie hat uns nebenbei" wird nur eingeschoben, aber nicht zu Ende gebracht. Stattdessen greift Roxana das Thema Essen auf, um erneut zu betonen, dass die Mutter täglich gekocht habe. Vermutlich ist es für Roxana nicht geklärt, ob die Mutter ihre Kinder „nebenbei" gehütet hat oder ob das Arbeiten und Studieren eher „neben" der Kindererziehung gelaufen sind. Der Einschub des Wortes „nebenbei" sowohl für das Arbeiten und Studieren als auch für die beiden Kinder kann ein Hinweis für die tatsächliche Parallele der beiden Lebensaufgaben (Beruf und Studium einerseits und Kindererziehung andererseits) sein. So wird es Zeiten gegeben haben, in denen sich Roxana in den Vordergrund oder in den Hintergrund gestellt gefühlt haben muss. Das Letztere wird jedoch von ihr nicht weiter ausgeführt. Dieser Erzählabschnitt handelt von der ersten Schulklasse Roxanas im Iran und der zweiten sowie der dritten Schulklasse in Deutschland, bevor die Mutter mit dem zweiten Studium beginnt. Ab dieser Zeit essen die Kinder häufig mit der Mutter in der Kantine der Universität:

„Später hat sie uns auch mit in die Uni genommen und wir haben da gegessen, was wir auch supertoll fanden, da zu essen. Also ich bin auch mit dem Mensa-Essen groß geworden eigentlich und wir haben das geliebt und wenn sie uns angerufen hat gesagt hat: Kommt kommt hierher, ich bin da: (kreischt), gleich hin und haben dann mit ihr ..."

Ab dem Zeitpunkt des Studienbeginns in Deutschland scheint die Mutter nicht mehr täglich zuhause anwesend gewesen zu sein, wenn die Kinder von der Schule nach Hause gekommen sind. Wer sie in dieser Phase betreut hat, bleibt unklar. Roxana beschreibt nur ihre Freude darüber, wenn sie zu der Mutter in die Mensa gedurft hat und dass sie und ihr Bruder gern zum Essen in die Mensa gegangen sind.

Die Analyse der obigen Passagen zeigt Roxanas Bemühung, von ihrer Mutter ein Bild der Präsenz und Fürsorge zu zeichnen, das sie jedoch nicht durchgängig gestalten kann. Indirekt beschreibt sie durch die Mensa-Passage, dass die Mutter nicht immer zuhause gewesen ist. Auch der Satz „Ich bin mit dem Mensa-Essen groß geworden" impliziert, dass die Kinder sehr häufig die Mutter in der Universität zum Essen besucht haben und auf diese Weise nach der Schule mit ihr zusammen sein konnten.

Das zweite Studium der Mutter nach der Migration ist auch der Anlass für die Familie, in ein Studentenwohnheim für Studierende und ihre Familien zu ziehen. Diese Zeit hat Roxana als sehr positiv in Erinnerung. Es sei „die schönste Zeit" ihres Lebens gewesen, weil sie und ihr Bruder hier viele Freund:innen gefunden haben, mit denen sie ihre Freizeit aktiv gestalten konnten. In Roxanas Erzählung aus dieser Lebensphase, in der sie nach der Schule gern mit anderen Kindern draußen herumtobt, spielt die Mutter die Rolle der großzügigen Mutter, die ihren Kindern erlaubt, bis zur Dunkelheit draußen zu bleiben:

„Bis abends, bis es dunkel wurde, also wir mussten immer, wenn es dunkel war, egal ob es Winter war oder Sommer, mussten wir zu Hause sein. Also meine Mutter konnte es nicht ertragen, im Winter war das so schlimm für uns gewesen, weil das ja schon ähm ... wenn es dann schon um vier dunkel war, da hat sie uns noch erlaubt bis sechs Uhr wegzubleiben oder bis acht Uhr dann irgendwann. Und dann mussten wir trotzdem nach Hause. Und im Sommer wenn es bis zehn Uhr zum Beispiel hell war, dann durften wir natürlich auch bis zehn Uhr, es sei denn wir mussten am nächsten Tag zur Schule gehen, dann mussten wir trotzdem früher nach Hause."

Im Winter erlaubt die Mutter ihren Kindern, trotz Dunkelheit etwas länger „draußen" zu spielen, auch wenn es für sie selbst schwer zu „ertragen" gewesen sei. Im Sommer dürfen die Kinder auch länger draußen sein, am Wochenende auch bis zehn Uhr abends. Auffallend an Roxanas Erzählton und Ausdrucksweise ist auch hier die ausschließlich positive Darstellung der Mutter.

In der Phase der Adoleszenz wächst Roxana noch enger mit ihrer Mutter zusammen, da diese bei Streitigkeiten zwischen Roxana und ihrem Vater als Schlichterin fungiert:

„Also sie versucht auch immer alles so, wenn Streit ist, versucht es zu schlichten und so also. Sie ist eigentlich immer auch die gewesen, die die Familie zusammengehalten hat

und auch die zwischen mir und meinem Vater immer Dings gemacht also ähm wenn wir uns gestritten haben, wieder zusammengefügt hat. Weil ähm wie gesagt, mein Vater und ich sind uns sehr ähnlich, und wenn da niemand ist, der wieder vermittelt, dann reden wir nicht mehr miteinander, weil wir beide zu stolz sind, wenn wir uns gestritten haben, uns wieder zu vertragen, deswegen .... Meine Mutter war immer diejenige, die vermittelt hat."

Während Roxana und ihr Vater „zu stolz" sind, um nach einem Streit wieder miteinander zu reden, ist es die Mutter, die diese Barriere zu überwinden weiß, damit eine Aussöhnung stattfinden kann.

Ich frage Roxana weiterhin, ob sie ihr Verhältnis zu ihrer Mutter als „harmonisch" beschreiben würde, was sie bejaht. Sie hätten sich in der Adoleszenzphase zwar auch „gestritten", jedoch sei sie meistens „die Hexe" und „die Schuldige" gewesen:

„Harmonisches Verhältnis. (...) Ja doch, kann man schon sagen ja. Also wir haben uns auch gestritten, aber selten .... Und wenn wir uns gestritten haben ..., ähm weiß nicht, dann hat's mir bei ihr immer richtig leid getan, weil ich dann meistens diejenige war, die die Hexe war sozusagen wieder, also die ähm ... unartig war dann. Also bei meiner Mutter war's wirklich so, wenn wir uns gestritten haben, war ich die Schuldige gewesen."

Roxana taten die Streitigkeiten mit ihrer Mutter leid, da sie sich im Nachhinein für den Streit verantwortlich und als „die Schuldige" fühlt. Weiterhin beschreibt Roxana ihre Mutter als „eine Kleine, Liebe" und sich selbst als einen „Streithahn". „Jeder" würde bei Streitigkeiten zwischen Mutter und Tochter wissen, dass Roxana schuld sei:

„Und bei meiner Mutter, meine Mutter ist so 'ne Kleine Liebe, weiß du, die ist so wirklich ähm ... ... also wenn ich mich mit meiner Mutter streite, dann weiß jeder, dass ich schuld bin ..... Weil meine Mutter nicht so'n Streithahn ist wie ich. Also weißt du, sie ist wirklich so 'ne ... so o'n Küken, was man, also ich hab aber auch immer das Gefühl so, als wenn meine Mutter beschützt werden muss .... Weil sie, sei ist auch kleiner und so zierlich und klein und und ja und sie ist so lieb. Also von meiner Mutter kommt nichts Böses, es kommt einfach nichts Böses und ja, deswegen... haben alle eigentlich zu ihr immer ein gutes Verhältnis."

In Kontrast zum (aggressiven männlichen) „Streithahn" steht das Bild des niedlichen „Kükens", welches Roxana ihrer Mutter zuordnet. Ein Küken setzt Assoziationen wie „klein", „kuschelig", „piepsig", „schutzbedürftig", „weich" und „süß" frei. Ihre Mutter sei „klein", „zierlich" und „lieb". Von ihr käme „nichts Böses", was der Grund dafür sei, dass „alle eigentlich zu ihr immer ein gutes Verhältnis haben. Sich selbst bezeichnet sie hingegen als eine „Hexe" und als „unartig". So grenzt sie sich in der Beschreibung ihrer Charaktermerkmale deutlich von denen ihrer Mutter ab. Für Roxana scheint ein unausgesprochenes Verbot zu gelten, ihrer Mutter gegenüber aggressiv zu sein. Wenn dies doch geschieht, hat sie offenbar ein schlechtes Gewissen und bekennt sich als schuldig. Ihre Mutter sei eine Person, die „beschützt werden" müsse.

In ihrer weiteren Erzählung beschreibt Roxana die Einstellung ihrer Mutter zu ihrem derzeitigen Lebenspartner. Roxana ist seit drei Jahren mit einem jungen Mann türkischer Herkunft zusammen, den ihre Mutter nicht akzeptiere, weil er ein „Moslem" sei. Hier werden aktuelle Auseinandersetzungen zwischen Mutter und Tochter sichtbar, in denen sich Roxana gegen die Sorgen der Mutter um sie zur Wehr setzt:

„Und den akzeptiert sie nicht, weil das 'n Moslem ist. Sie hat Angst, dass ich mit 'nem Moslem zusammen bin. Weil die halt immer so Dings haben, wenn er ... sage ich mal so 'ne Einstellung Frauen gegenüber, dass sie nichts machen dürfen und so. Und ich hab ihr das tausendmal erklärt, dass ich nicht so eine bin. Ich ich sag, ich lass mir einfach nichts sagen (... ...). Und da- davor hat meine Mutter halt Angst, dass ich dann ähm mir was sagen lasse, dass ich mich so unterdrücken lasse von weil Moslems halt, moslemische Männer meist meistens, jetzt nicht alle, es gibt halt auch nette, also man muss nur den Richtigen erwischen. Und man muss sie selbst erziehen. Muss 'n bisschen Ausdauer haben, dann kann man sie schon erziehen."

Roxana wehrt sich gegen die Angst der Mutter, sie würde sich von ihrem moslemischen Freund unterdrücken lassen. Sie bemüht sich, ihre Mutter davon zu überzeugen, dass sie eine Frau sei, die sich „nichts" sagen lasse. Roxana möchte sich als eine Frau verstanden wissen, die sich gegen eine frauendiskriminierende Einstellung verteidigen kann. Dabei vertritt sie meinem Eindruck nach ein eher traditionelles Männerbild, wenn sie sagt, dass der richtige moslemische Mann mit etwas „Ausdauer" zu „erziehen" sei. Vermutlich hofft sie, dass sie in ihrem moslemischen Freund den „richtigen" Mann gefunden hat, den sie mit der Zeit nach ihren Vorstellungen formen kann. Roxana versucht nicht, die Kritik ihrer Mutter an moslemischen Männern zu widerlegen oder ihren Freund in ein besseres Licht zu stellen. Vielmehr geht es ihr darum, der Mutter zu beweisen, dass sie in der Lage ist, sich als Frau gegen die „Unterdrückung" zu behaupten. Ist es möglich, dass die Mutter im Iran, ähnlich wie Roxana jetzt, versucht hat, sich gegen ihren damaligen Mann, Roxanas Vater, durchzusetzen? Es scheint in der Auseinandersetzung zwischen Mutter und Tochter um mehr zu gehen als nur um die Beziehung zwischen Roxana und ihrem Freund also um zwei junge Menschen, die ihren gemeinsamen Weg finden müssen. Vielmehr beschäftigt die Mutter, dass der Roxanas Freund moslemisch ist. Sie möchte ihre Tochter nicht als ein Opfer von Machtverhältnissen wissen und wünscht sich, dass ihre Tochter eine Beziehung meidet, in der „Frauen" „nichts machen dürfen". Dabei übernimmt sie erneut die Rolle der sorgenden Mutter, die versucht, negative Lebenserfahrungen von ihrer Tochter fernzuhalten. Während Roxanas Adoleszenz war die Mutter in der Dreiecksbeziehung Vater-Mutter-Tochter stets diejenige, die Roxana beschützt hat, sie gedeckt hat und zwischen Vater und Tochter vermittelt sowie geschlichtet hat. Grund dafür sind die patriarchalischen Erziehungsmaßnahmen und Vorstellungen des Vaters gewesen, gegen die sich Roxana mit Hilfe ihrer Mutter zur Wehr gesetzt hat. Die Mutter möchte sie vermutlich vor einer Wiederholung dieser Erfahrung schützen, weshalb sie Roxana vor einer Beziehung mit einem moslemischen Mann warnt. Trotz ihrer großen Meinungsverschiedenheit bezüglich Roxanas Partnerwahl bleiben Roxana und ihre Mutter in einem Dialog, indem sie sich offen mit dieser Thematik auseinandersetzen.

Roxanas Beziehung zu ihrer Mutter verläuft im Vergleich zu der Beziehung zu ihrem Vater sehr gegensätzlich. Während Roxana sich durch Kämpfe in der Adoleszenz von ihrem Vater abgelöst hat, scheint ein solcher Prozess nicht für die Mutter-Tochter-Bindung zu gelten. Die Beziehung zur Mutter kann vielmehr als eine kontinuierliche beschrieben werden, die sich in schwierigen Zeiten durch die Allianz der beiden Frauen als eine Stütze bei der Bewältigung von Lebenskrisen darstellt. So ist Roxana auch für ihre Mutter da, als diese sich von ihrem Ehemann, Roxanas Vater, trennt. Zu dem Zeitpunkt ist Roxana etwa dreiundzwanzig Jahre alt:

„Und genauso, das hab ich auch zu meiner Mutter: Ist mir (...) egal, was die andern über dich sagen ..., ist mir egal, mach was du willst. Sei glücklich. Ich will, ich will, dass sie glücklich ist ... Und was die anderen sagen, ist mir egal. Ich hab keinen Bock, mein Leben lang auf die zu hören, weil ich meine, das sind für mich Leute, die selber unglücklich sind und keine andere, weißt du, die haben keine andere Beschäftigung."

Roxana beteuert mehrmals, wie gleichgültig ihr die Meinung anderer Menschen sei, die eine soziale Kontrolle über ihre Handlungen ausüben. Die Mutter solle „glücklich" sein. Hier findet ein Rollentausch zwischen Mutter und Tochter statt. Roxana nimmt ihre Mutter vor anderen in Schutz, ergreift für sie Partei und möchte sie im Prozess der Ablösung von ihrem Ehemann unterstützen. Mit „anderen" ist die iranische Gemeinschaft ihrer Stadt gemeint, deren starke soziale Kontrolle sich auf Roxanas Privatleben und das ihrer Mutter auswirkt. Der emanzipatorische Weg, den die Mutter einschlägt, ist ein Weg, den Roxana selbst ihr „Leben lang" anstrebt. Sie selbst möchte auch nicht länger auf „die anderen" hören. In dem Befreiungsakt der Mutter sieht Roxana somit auch eine Chance für sich selbst, dem Kontrolldruck von außen zu entkommen.

Für Roxana scheint die enge Mutter-Tochter-Bindung eine Quelle zu sein, aus der sie viel emotionale Kraft schöpfen kann. Die Kehrseite dieser engen Bindung ist die Darstellung der Mutter als ein unantastbares Vorbild, dessen Attribute Roxana zu keinem Zeitpunkt in Frage stellt. In ihrer Erzählung über die Auseinandersetzungen zwischen Mutter und Tochter stellt sich die Frage der Schuld als ein zentrales Thema heraus. Die Schuld- und die Leidtragende ist laut Roxana ausnahmslos sie selbst. Die Sätze „Sie ist so lieb" und „deswegen haben alle eigentlich zu ihr immer ein gutes Verhältnis" geben ein Bild wieder, in dem Roxanas Mutter als durchweg positiv dargestellt wird. Roxana baut ein hierarchisches Feld auf, in dem sie sich ihrer Mutter zum Teil stark unterordnet: „Meine Mutter ist so´ne (…) Liebe", „Ich (bin) die Schuldige gewesen". So ist in der Mutter-Tochter-Dynamik nicht nur eine gleichgestellte positive, sondern auch eine ambivalente hierarchische Bindung enthalten. Trotzdem setzt sich Roxana weder kritisch mit ihrer Mutter als Person auseinander noch versucht sie über die Mutter-Tochter-Bindung zu reflektieren. Vermutlich fehlt ihr der emotionale Abstand, welcher für eine solche kritische Auseinandersetzung mit dem Mutter-Tochter-Verhältnis nötig wäre.

2.5 Position der Muttersprache

Farsi ist Roxanas Muttersprache und während ihrer ersten fünf Lebensjahre im Iran gleichzeitig ihre Landessprache gewesen. Sie bildet Roxanas sprachliche Grundlage, mit der sie ihre primäre Lebenswelt mental, kognitiv und rational zu erschließen lernt. Nach der Migration lernt Roxana vor allem über die Schule und mit den neuen Freund:innen die deutsche Sprache und mit ihr ihre „neue" Welt kennen. Ihre Lebenswelt erweitert sich durch die Emigration und das Erlernen der neuen Landessprache um eine zweite sprachliche Dimension. Im Laufe der Adoleszenz verändert sich allmählich der Stellenwert, den Roxanas Muttersprache in ihrer Lebenswelt einnimmt. Folglich findet im Laufe der Jahre ein Prozess der Verschiebung der biografischen Position der Muttersprache in der Ankunftsgesellschaft statt, die sich von der absoluten Position der Erstsprache und der einzigen Sprache in der Kindheit zu der Position der zweiten Sprache in der Adoleszenz entwickelt. Der Gebrauch der persischen Sprache ist momentan reduziert auf die Kommunikation mit der Mutter, und selbst dabei stellt Roxana fest, dass in ihren Gesprächen viele deutsche Wörter und Ausdrücke verwendet werden, so dass eine „rein" einsprachige Kommunikation kaum noch vorkommt. Die folgenden Ausführungen geben einen Einblick in die Sprachenentwicklung, die Roxana in der Adoleszenzphase durchläuft, ergänzt durch ihre eigene Stellungnahme dazu.

Bei unserem ersten telefonischen Gespräch erwähnt Roxana, dass ihr „Persisch" sehr schwach sei und sie die Sprache gern besser beherrschen würde. Im Interview erfahre ich, dass Roxana im Iran nur für drei Tage die erste Klasse der Grundschule besucht hat, bevor sie nach Deutschland emigriert ist. Nach ihrer Einwanderung geht sie auf eine deutsche Schule und erhält zusätzlich ab der vierten Klasse für kurze Zeit an einer persischen Schule Persischunterricht:

„Da habe ich genau, A und B habe ich dann noch gelernt, also die ersten Stunden und dann ... sind wir ähm nach Deutschland geflogen. Und dann war das-. Und dann bin ich hier .... Haben meine Eltern mich, als ich in der Grundschule noch war in der vierten Klasse glaube ich, da haben sie mich, hier gab's dann nur so'ne persische Schule mit Persischunterricht in der ersten Klasse hat- ähm haben sie mich dann eingeschrieben ... und da habe ich dann die erste Klasse gemacht und die zweite Klasse so halb? ... und dann war's halt [...], ich weiß nicht warum. Da sind wir dann nicht mehr hingegangen."

Roxana betont, dass es ihre Eltern gewesen sind, die sie für den Persischunterricht eingeschrieben hatten. Sie habe die erste Klasse beendet und die zweite Klasse im Anschluss „halb" gemacht, bevor sie damit ganz aufgehört habe. Roxana scheint nicht die Einzige aus ihrem Kurs gewesen zu sein, die das Erlernen von Farsi in dieser Zeit aufgegeben habe, denn sie sagt: „Da sind *wir* halt nicht mehr hingegangen."

Nach ihrer Ankunft in Deutschland sei sie zunächst bemüht gewesen, den Kontakt zu ihrer besten Freundin im Iran über Briefe aufrechtzuerhalten. Ihre Mutter habe ihr beim schriftlichen Übersetzen vom Deutschen ins Persische geholfen und später habe sie zum Teil selbst die Briefe schreiben können. Der Kontakt sei jedoch mit der Zeit „im Sande verlaufen":

„Wir hingen nur miteinander rum. Und äh ... Klar, ich hab ihr glaube ich ein paar mal noch versucht, als ich hier in Deutschland war, das auch... einen Brief zu schreiben auf Persisch, weißt du. //Ja// Oder ich hab das auf Deutsch geschrieben und meine Mutter hat das ähm auf Persisch übersetzt oder ich hab's halt selbst, als ich dann selbst gelernt habe, habe ich selbst geschrieben, aber das hat dann irgendwann, ist das leider im Sande verlaufen. Also wir hatten dann keinen Kontakt mehr. Als ich da war, bin ich mir jetzt gar nicht mehr sicher, ob ich sie gesehen habe. Ich dachte, doch ich hab sie glaube ich wieder

getroffen. Aber es war halt so ... es so alte Zeiten, aber es war halt nicht mehr so... der Kontakt da, wie`n wie ... weiß nicht. Ein Herz und eine Seele waren wir gewesen. Wir hingen überall zusammen rum. Und das war da leider dann auch so passé gewesen... "

Roxana glaubt, sich zu erinnern, bei ihrer Iranreise im Alter von dreizehn Jahren die alte Freundin wiedergesehen zu haben. Jedoch habe sie auch gemerkt, dass die alten Zeiten „passé" seien. Im Zusammenhang mit dem Iranbesuch und ihrer Muttersprache erzählt Roxana von einem Erlebnis, welches sich zwischen ihr, ihrem Bruder und zwei anderen Kindern ereignet, bei deren Familie sie zu Besuch waren:

„Wir waren ja überall zu Besuch gewesen, bei einer Freundin von meiner Mutter zu Besuch gewesen und die hatte zwei Kinder gehabt und die waren auch ungefähr in unserem Alter gewesen. Und mein Bruder und ich, mein Bruder konnte auch noch nicht, der war zwei Jahre jünger als ich und der konnte halt auch noch nicht so, also nicht mehr so gut Persisch. (... ...). Und dann haben die zwei sich über uns lustig gemacht, dass wir nicht so gut Persisch, also wir konnten jedenfalls nicht so gut Persisch verstehen, aber das, was sie gesagt haben, konnte man schon gut verstehen, also. //Ja// Und die haben sich halt so totgelacht, so nach dem Motto: Sie können unsere Muttersprache nicht mehr und dies und jenes.... "

Roxana und ihr Bruder werden von den beiden Gastgeberkindern aufgrund ihrer mangelnden Sprachkenntnisse in Farsi ausgelacht und ausgeschlossen. Das Defizit ihrer muttersprachlichen Fähigkeiten scheint Roxana im Iran besonders deutlich geworden zu sein, denn sie berichtet weiter von ihrer Erfahrung der Wortlosigkeit und des Angewiesenseins auf ihre Mutter als Sprachhilfe:

„ (...) also wenn mir irgendwelche Worte nicht einfielen und das ist so, es liegt dir auf der Zunge, aber du dir fällt das einfach nicht ein und dann stehst du da und dann immer die ganze Zeit: Ja, ähm, wie war das noch mal, wie hieß denn das noch mal ja und dann, Mama (lauter), was ist das persische Wort dafür? Ach ja, stimmt, okay gut und dann weißt du es. Also war, war schon lustig, danach konnte ich dann wieder besser Persisch. "

Roxana ruft laut nach ihrer Mutter, die ihr die persischen Worte ins Gedächtnis rufen soll, welche ihr zwar „auf der Zunge" liegen, aber nicht auf Anhieb einfallen. Durch diese praktische Anwendung ihrer Muttersprache habe sich ihr „Persisch" wieder verbessert. Dann schildert sie ein weiteres Erlebnis, welches sie später in Kanada mit ihrer Muttersprache hat. Dabei handelt es sich um einen Besuch bei iranischen Verwandten, die in Kanada leben. Unter den Gästen ist eine iranische Mutter mit ihrer Tochter, die zwar Englisch, aber kein Persisch verstehen kann. Da alle miteinander in Farsi sprechen und das Mädchen dem Inhalt nicht folgen kann, übernimmt Roxana die Rolle der Übersetzerin vom Persischen ins Englische, was ihr viel Spaß macht:

"Und die haben halt kein Wort Persisch und die haben sich natürlich alle auf Persisch unterhalten und die haben nichts verstanden. Und ich hab die ganze Zeit übersetzt, ich hab dann auf auf Persisch und in Englisch übersetzt für die... und da wurde mein Englisch auf jeden Fall besser (lacht), das fand ich auch ganz klasse und mein Persisch dadurch halt auch und das fand ich auch eigent-, das war so richtig cool gewesen, wo ich dachte, da war ich stolz so: Wie gut, dass ich ein bisschen Persisch verstehe, oder dass ich überhaupt was verstehe. Und und das Mädchen meinte auch, sie meinte auch ja zu ihrer Mutter dann auch daraufhin: Ja, warum hast du mir das nicht beigebracht? Und dies und jenes und ... und dann dacht ich auch so: Wie gut, dass du das kannst so. Und deswegen will ich das auch gerne ... weiter fortführen, dass ich das nicht verlerne überhaupt."

Roxana erinnert sich, wie das Mädchen mit iranischem Hintergrund in Kanada die Mutter fragt, warum diese ihr die persische Sprache nicht beigebracht habe. Die Erfahrung, Persisch zu verstehen und ins Englische übersetzen zu können, erfüllt Roxana mit Freude und mit „Stolz". Dies hängt sicherlich auch damit zusammen, dass Roxana sich im Vergleich zu dem Mädchen, dem in dieser Situation ihr muttersprachliches Defizit klar wird, im Vorteil fühlt („Wie gut, dass du das kannst [...]"). In dieser Erzählpassage beschreibt Roxana eine Ausnahmesituation, in der die dominierende deutsche Sprache aus ihrer alltäglichen Lebenswelt keine Rolle spielt. Bei dem Besuch ihrer „iranischen" Verwandten in Kanada lernt Roxana ihre Muttersprache in einem neuen Zusammenhang kennen. Ihre Muttersprache erhält in der von ihr geschilderten Szene einen neuen Status und die Anwendung ihrer Persischkenntnisse einen neuen Sinn. Aufgrund dieser positiven Erfahrung beschließt Roxana, das Erlernen ihrer Muttersprache fortzuführen, um sie nicht weiter zu verlernen. Folglich nimmt sie als fünfzehnjähriges Mädchen auf eigenen Wunsch den Persischunterricht (wieder) auf:

"Als ich in der zehnten Klasse war, bin ich dann noch mal ... und dann habe ich noch mal die zweite Klasse gemacht und dann noch die dritte eigentlich rein, aber es ist gar nicht so richtig dritte Klasse gewesen, also wir waren immer noch also ... wir waren nicht so gut gewesen und das hat dann auch irgendwann keinen Spaß gemacht. ... Und dann habe ich auch aufgehört. Und dann hab ich auch nicht mehr weiter-."

Der Unterricht macht Roxana und den anderen Schüler:innen (vielleicht auch ihrem Bruder) letztlich „keinen Spaß", da sie „nicht so gut gewesen" seien, was Roxana den Anlass gibt, mit dem Persischunterricht wieder aufzuhören. Die Tatsache, dass Roxana sich in der zehnten Klasse aus eigenem Antrieb für den Persischunterricht entscheidet, spricht für ihr erwachtes Interesse an ihrer Muttersprache und das Bedürfnis, ihre sprachlichen Kompetenzen aufzubessern. Der Satz „wir waren nicht so gut gewesen" legt allerdings nahe, dass das Erlernen der Muttersprache Roxana nicht leichtfällt und mit einigem Aufwand verbunden ist, die sie lediglich für eine kurze Zeit, bis zur Mitte der dritten Klasse des Persischunterrichts, aufbringt. *„Aber ähm ... ist halt auch schon wieder länger her, mittlerweile ist das auch wieder eingerostet."* Roxana stellt fest, dass ihr Persisch inzwischen „wieder eingerostet" sei und verbildlicht damit das Stehenbleiben ihrer sprachlichen Kompetenzen. Das Wort „wieder" impliziert, dass sich ihr Persisch sowohl vor als auch nach ihrer Iranreise und ihrem sprachlichen Erlebnis in Kanada nicht weiter entwickelt hat. Ihr sehr positives Erlebnis mit der persischen Sprache bei Verwandten in Kanada bleibt ein Ausnahmefall. Zurück in Deutschland kann Roxana ihr Vorhaben, Persisch zu lernen, lediglich für eine sehr kurze Zeit in die Tat umsetzen. Es gelingt ihr nicht, die mit „Stolz" verbundene Ausnahmeerfahrung aus Kanada in ihrer gewohnten Lebenswelt wieder erfahrbar zu machen. In Deutschland braucht sie nicht für ihre Familie oder Freund:innen zu übersetzen, da sie alle der deutschen Sprache mächtig sind, so dass die persische Sprache in Roxanas alltäglichem Interaktionszusammenhang an Relevanz verliert. Trotzdem, sagt Roxana, sei Persisch heute noch die Kommunikationssprache zwischen ihr und ihrer Mutter, da sie mit ihrer Mutter „kein Deutsch" sprechen könne:

„[...] mit meiner Mutter kann ich kein Deutsch reden, also ich red mit ihr wirklich Persisch, also was ich Persisch kann und alles, was mir einfällt ist dann Deutsch, also es ist ein Persisch-Deutsch-Gemixe ...."

Roxana betont, dass sie mit ihrer Mutter „wirklich Persisch" spräche, um dann ihre Aussage in einem Nebensatz mit den Worten „also was ich Persisch kann" zu relativieren. Dann sagt sie jedoch, „alles", was ihr einfalle, sei „Deutsch", und räumt ein, dass es sich um ein „Persisch-Deutsch-Gemixe" handle. Roxanas Bemühung um die Anwendung der persischen Sprache mit ihrer Mutter reicht nicht aus, um diese auch in die Tat umzusetzen. Viel eher handelt es sich um eine Mischung der persischen und der deutschen Sprache. Ihre Mutter sei die einzige Person, mit der sie die persische Sprache noch üben könne. Auch mit ihrem Bruder spricht Roxana mittlerweile Deutsch, und zu ihrem Vater hat sie ohnehin wenig Kontakt. Somit ist Deutsch für Roxana vor allem seit dem Auszug von zuhause und dem Verlassen des Familienumfeldes die Sprache ihrer alltäglichen Lebenswelt geworden. Diese Tatsache deutet die Tendenz einer sprachlichen Verschiebung bzw.

einer Sprachumstellung an, in der die persische Sprache als die erste Sprache allmählich durch Deutsch als die bislang zweite Sprache ersetzt wird. In der Kommunikation mit der Mutter ist tendenziell eine Mischsprache entstanden.

Roxana erzählt, dass ihr der Umgang mit anderen „älteren" Iraner:innen „unangenehm" sei, weil sie Muttersprache nicht sprechen könne:

„*[...] mittlerweile ist mir das auch unangenehm, weil wenn ich mit Älteren Leuten rede //Ja// also Persern ... und dann weiß ich einfach nicht, was ich sagen soll, dann steh ich da so und dann: Äh ja ja, hm hm danke danke und so und dann weiß ich auch nicht mehr, was ich sagen soll. Ich fühl mich dann so so ... ähm ... so doof einfach, dumm so komm ich mir dann vor so. In dem Alter, kannst kein Persisch, deine Muttersprache und so, komm ich mir auch blöd vor."*

Das Wort „mittlerweile" in diesem Abschnitt deutet die Prozesshaftigkeit in Roxanas Sprachentwicklung an. Dass ihre muttersprachlichen Kenntnisse retardieren, versetzt sie im Beisein älterer Iraner:innen in einen Zustand von Hilflosigkeit: „*Dann weiß ich einfach nicht, was ich sagen soll, dann steh ich da so und dann: Äh ja ja, hm hm, danke danke und dann weiß ich auch nicht mehr.*" Roxana kann im Gespräch mit älteren Iraner:innen nur mit ein paar einsilbigen bis einfachen Worten („Äh ja ja, hm hm, danke danke") reagieren. Auch dass sie diese wenigen Worte zweimal wiederholt, steht für ihre Unsicherheit und ihren Wunsch, ihrer kargen Antwort doch noch eine gewisse Fülle zu verleihen. Sie fühle sich „doof", „dumm" und „blöd" und macht sich Vorwürfe: „*In deinem Alter kannst du kein Persisch, deine Muttersprache (...)*". Dass Roxana sich selbst mit „du" anspricht, kann ein Indiz für die Spiegelung der anderen sein, durch deren Anwesenheit sie ihr sprachliches Niveau, das sie als höchst unbefriedigend einstuft, besonders spürt. Roxana ist eingeschüchtert und befangen („Äh ja ja, hm hm, danke danke") und schämt sich, dass sie die sprachliche Situation nicht besser meistern kann („komm ich mir [...] blöd vor"). Sie unterwirft sich dem sprachlichen Habitus der Älteren und zieht im Umgang mit der „unangenehmen" Situation keine möglichen Alternativen in Erwägung. So könnte sie in einer Sprachmischung aus dem Persischen und dem Deutschen antworten oder sich in Deutsch, der Sprache, in der sie mehr Übung hat, äußern. Auch gibt sie keine Auskunft über den deutschen Sprachstand der älteren Iraner:innen, die sich offensichtlich in Deutschland befinden. Es handelt sich vielmehr um eine aus der Sprachsituation heraus entstandene Hierarchie, wobei sich Roxana eindeutig der unteren Stufe zuordnet.

Ich möchte von Roxana wissen, ob sie noch persische Musik hört, was sie mit Einschränkung bejaht. Sie freue sich, wenn sie „woanders" persische oder türkische Musik höre, weil sie die Musik und das „Orientalische" „schon gern" möge und darin aufgehe, jedoch würde sie es „zuhause" nicht hören, was sie gleichzeitig bedauere:

„*Hm, die Frage, das hat mich gestern meine Freundin auch gefragt. Leider nicht, nee .... Ähm obwohl ich hab irgendwo 'ne Kassette, die habe ich mir extra gekauft, weil ich von Muin, Muin war das glaube ich, habe ich mir geholt, aber ich hör's eigentlich nicht so oft .... Weiß auch nicht warum, weil ich hör's eigentlich schon ganz gerne, also ich freue mich, wenn ich woanders bin, ähm die persische Musik höre oder beziehungsweise die türkische Musik höre, weil die ist sehr ähnlich mit persischer Musik. Also einfach dieses... Orientalische, das mag ich halt total gerne, dann gehe ich auch voll auf .... Weiß auch gar nicht, warum ich's zuhause ... Weil ich's meist nicht verstehe, vielleicht deswegen. Die reden zu schnell. Früher, früher, ich weiß nicht, früher konnt ich die verstehen. [... ...] Andi und Kurosh [...] Das war echt, ich kann alle Lieder auswendig .... Ich weiß ich nicht, jetzt kann ich's nicht mehr, ich kann's einfach nicht mehr und ich weiß auch nicht mehr so ganz genau, was die sagen und so. Ich konnte das früher in- und auswendig, ich war voll in den verknallt gewesen (lacht ein bisschen) und mit den Konzerten, und jetzt kann ich das auch nicht mehr, ich hab mal überlegt ..., [... ...] Nee, höre ich nicht so oft, obwohl ich's eigentlich mag, aber ich höre's nicht so oft. //Ja// Nee, leider nicht ....*"

Roxana erzählt von Zeiten aus ihrer Pubertät, als sie persische Lieder „in- und auswendig" gekannt, für einen bestimmten Sänger geschwärmt hat und zu den Konzerten gegangen ist: „Jetzt" könne sie die gesungenen Worte nicht mehr verstehen, sie „reden" ihr „zu schnell", heute höre sie sie „leider" nicht „so oft". Auch im Zusammenhang mit der persischen Musik scheint Roxana ihre schwindenen Kenntnisse der Muttersprache zu bedauern. Meine Frage nach der persischen Musik ruft bei Roxana lebendige und schöne Erinnerungen aus der Vergangenheit wach. Dieselbe Musik weckt heute noch in Roxana Gefühle der Freude und Lebendigkeit („dann gehe ich voll auf"), hinterlässt jedoch auch einen traurigen Beigeschmack, da Roxana im Gegensatz zu „früher" kaum noch einen sprachlichen Zugang zu den Liedtexten findet und somit auch ein Stück kulturellen Zugang einbüßt. Auch der Besuch von Konzerten als ein Zeichen der Zugehörigkeit zur iranischen Musikkultur scheint eher der Vergangenheit anzugehören. „Zuhause", sagt Roxana, höre sie keine persische Musik mehr. Vielleicht weil sie sich darin nicht länger „zuhause" fühlt. Das Empfinden von Zugehörigkeit teilt sie heute mit ihren türkischen Freund:innen, da die türkische Musik der iranischen ihrer Meinung nach ähnlich sei.

Durch ihre türkische Freundin, die ihr „gestern" auch die Frage stellte, ob Roxana noch persische Musik höre, scheint sie sich mit dem Thema Zugehörigkeit auf einer neuen Ebene auseinanderzusetzen und ihren eigenen Standpunkt zu reflektieren.

Die Entwicklung der Herkunftssprache lässt sich bei Roxana am ehesten als ein Prozess beschreiben, der aufgrund der tatsächlichen Notwendigkeit des Sprachgebrauchs Veränderungen unterworfen ist. Einerseits stellt Roxana einen Rückgang ihrer herkunftssprachlichen Fähigkeiten fest, da sie die Sprache wenig benutzt, was sie enorm bedauert. Andererseits hat sie auch die Erfahrung gemacht, dass sich ihre muttersprachlichen Kenntnisse durch einen Besuch im Herkunftsland verbessern lassen. Besonders das Erlebnis mit Verwandten iranischer Herkunft in Kanada, wo sie als Vermittlerin und Übersetzerin zwischen den Sprachen Englisch und Farsi fungiert hat, habe ihr Bewusstsein auf eine positive Weise geprägt, da sie ihre Fähigkeiten in einer alltäglichen Situation nützlich einsetzen konnte. Die positiven Erlebnisse mit der Mehrsprachigkeit gehören allerdings, wie Roxanas Schilderungen verdeutlichen, zu den Ausnahmen, die sie in ihrem Alltag gern häufiger erfahren würde.

2.6 Familienfeste - Norus und Weihnachten

Norus ist das größte persische Familienfest, das jährlich den Anfang des Frühlings und zugleich den Beginn des neuen Jahres einläutet. Für Roxana ist das Feiern des persischen Neujahrsfestes eng verbunden mit ihrer Mutter, die auch in Deutschland darauf „Wert" gelegt habe, diesen Brauch in der Familie fortzusetzen: *„Meine Mutter hat immer Wert drauf gelegt. Weil das ist unsere Feier und da hat sie dann Wert drauf gelegt."* Es gelingt Roxanas Mutter, diese Tradition in ihrer Familie zu erhalten. Auch nach dem Auszug von Zuhause besucht Roxana ihre Mutter zum persischen Neujahrsfest, und sie nehmen gemeinsam mit anderen Freund:innen an der Zeremonie teil, die an verschiedenen Orten in Deutschland und auch an einem Ort in ihrer Nähe jährlich gefeiert wird. Roxana selbst jedoch beschreibt „Weihnachten" als das Fest, das sie „liebe", „mehr fast" als das persische Neujahrsfest: *„Ich liebe Weihnachten, mehr fast als unser, unser Neujahr."* Im Zusammenhang mit ihrer Affinität zu Weihnachten wählt Roxana das Personalpronomen „ich" und zeigt damit, dass sie persönlich etwas sehr Positives mit Weihnachten verbindet. Vor allem die besondere Atmosphäre sei es, die sie an Weihnachten „schön" fände:

„Ich find das so schön, diese Atmosphäre und so, liebe ich einfach. Und ich, ähm, saß sehr oft am Fenster Weihnachten und hab draußen, weil du konntest bei uns auf den Tischen sitzen, da konnte man genau gegenüber reingucken und die haben immer so einen Riesenweihnachtsbaum gehabt und die Atmosphäre, also die haben auch das Licht gedämmt und das war geschmückt, wie richtig wie im Film und so richtiger [...] war das gewesen und ich saß und hab dann immer beobachtet so 'ne Zeit und bis mein Hintern kalt wurde und ich dann doch wieder ins Wohnzimmer dann gegangen bin."

Roxana berichtet von ihren mentalen Ausflügen in die schöne weihnachtliche Welt, die sie zur Weihnachtszeit zuhause nicht hatte. Sie beobachtet aus einem Fenster das weihnachtliche Geschehen der gegenüberwohnenden Nachbar:innen mit einem „Riesenweihnachtsbaum", gedämmten „Licht", geschmückt „wie im Film". Der Film geht zu Ende, wenn es Roxana - außerhalb der Wohnstube auf „Tischen" sitzend - dann doch irgendwann zu „kalt" wird und sie ins Wohnzimmer zurückkehrt. Das alljährliche Weihnachtsfest, das Roxana bei den Nachbar:innen beobachtet, ist so nah („gegenüber") und doch so weit von der realen Welt Roxanas entfernt. Mit der ernüchternden Kälte, die sie vom langen Sitzen am „Hintern" spürt, ist ihr träumerischer Ausflug beendet. Der Weg ins Wohnzimmer kann symbolisch für ihren Rückweg in ihr reales Familienleben am Heiligabend stehen. Roxana sehnt sich nach einer Feier, die sie aus ihrer Familientradition nicht kennt und die sie jenseits ihres Familienlebens für sich entdeckt hat. Sie berichtet von ihrem einmaligen weihnachtlichen Erlebnis bei einer deutschen Freundin und deren Familie, zu der sie eingeladen wird:

„Und ich war und dann irgendwann habe ich dann auch bei meiner Freundin, die haben mich dann auch mal zum ... Weihnachtsfest eingeladen. Das war auch, da war ich ... siebzehn oder sechzehn. Also auf jeden Fall haben die mich eingeladen und dann bin ich zu denen, das war so toll. Das darf meine Mutter nicht wissen, da haben wir Alkohol getrunken und [... ...] (lacht) und ähm da haben wir auch so Spiele gespielt und Geschenke ausgepackt und also dieses typisch deutsches Essen und das fand ich richtig toll. Danach sind die Kinder ins Zimmer gegangen und haben da gespielt und da hat die Mutter uns eine Flasche Sekt hingestellt. Und ich war das ... erste Mal, glaube ich besoffen also nicht besoffen, sondern so ich konnte nicht mehr gehen, ohne Festhalten, das fand ich so toll (lacht)."

Das Weihnachtsfest in der Familie ihrer deutschen Freundin mit Spielen, Geschenke-Auspacken und einem „typisch deutschen Essen" bezeichnet Roxana als „richtig toll". Dort trinkt sie Alkohol, was ihre Mutter nicht wissen dürfe. Die Mutter der Freundin stellt den beiden „Kindern" eine Flasche Sekt ins Zimmer, in dem sie „spielen". Daraufhin macht Roxana das erste Mal in ihrem Leben die Erfahrung, nicht mehr „ohne Festhalten" gehen zu können, was sie ebenfalls als „toll" beschreibt. Roxana, die zu diesem Zeitpunkt sechzehn oder siebzehn Jahre alt ist, bezeichnet sich selbst und ihre Freundin als „Kinder", die im Zimmer spielen. Daraus lässt sich scließen, dass sich Roxana mit sechzehn oder siebzehn Jahren zumindest an diesem Heiligabend wie ein Kind gefühlt hat.

Roxana scheint mit dem Weihnachtsfest Attribute zu verbinden, die sie in ihrem eigenen Familienrahmen nicht erfahren kann. Dazu gehört das „typisch deutsche Essen", der Verzehr von Alkohol, aber auch das Auspacken von Geschenken und das Spielen in der weihnachtlichen Atmosphäre. Ihre eigene Mutter lehnt Roxanas Bitten um das Aufstellen eines Weihnachtsbaumes lange Zeit ab:

„[...] und ich zu meiner Mutter immer so: Ah komm doch, ein Tannenbaum kostet doch nur zwanzig Mark und so, kannst du doch kaufen und sie: Nee nee, zwanzig Mark sind (...), wenn wir den sowieso wegschmeißen und das ist nicht unser Fest, [...]."

Roxanas Mutter sieht keine Notwendigkeit, für einen Tannenbaum Geld auszugeben, um ein Fest zu feiern, welches sie als „nicht unser Fest" definiert. Roxana und ihr Bruder begimmen trotzdem „sehr früh", sich zu Heiligabend auch ohne einen „Weihnachtsbaum" Kleinigkeiten zu schenken:

„Und wir haben sehr früh angefangen, uns Geschenke zu kaufen und dann haben wir das aber schon gemacht, also wir haben nicht diesen Weihnachtsbaum, den ich so gern hab-, das haben wir nicht gekauft. Aber wir haben schon ähm ... also ich bin nicht, also ich weiß nicht, fünfte sechste Klasse ungefähr haben wir uns also Geschenke gekauft."

Roxana ist etwa elf („fünfte bzw. sechste Klasse") und ihr Bruder etwa neun Jahre alt, als die beiden anfangen, Weihnachten auf ihre Art zu feiern. Zu diesem Zeitpunkt lebt die Familie seit circa sechs Jahren in Deutschland und hat jährlich das persische Neujahrsfest, jedoch nicht das deutsche Weihnachtsfest gefeiert. Es sind die Kinder, die sich eine weihnachtliche Zeremonie wünschen und anfangen, sich aus diesem Anlass Geschenke zu kaufen. Roxana beschreibt weiterhin, wie sie und ihr Bruder mit wenig Geld „kleine Sachen" aussuchen, und es mit dem Auspacken nie bis „Heiligabend" durchhalten:

„Also mein Bruder und ich wir hatten ja nicht so viel Geld, aber dann haben wir so ganz kleine Sachen gekauft und dann haben wir das eingepackt und dann haben wir uns das, wir haben es halt nie bis Heiligabend durchgehalten, wir haben es uns immer früher geschenkt (lacht). Also wir haben es nie ausgehalten."

Die Tatsache, dass die Kinder sich die Mühe machen, sich auch mit wenig Geld Geschenke zu kaufen, macht den hohen Stellenwert deutlich, den sie ihrer Vorstellung von Weihnachten und vom Schenken und Beschenktwerden beimessen. Dass die Geschenke bereits vor Heiligabend geöffnet werden, zeigt die Aufregung, die die Geschwister selbst durch ihre Geschenke auslösen. Später kauft Roxana mit ihrem ersten selbstverdienten Geld einen „Tannenbaum", den sie mit dem Bus nach Hause transportiert und ihre Mutter so vor vollendete Tatsachen stellt:

„*[...] mit meinem ersten Geld hab ich einen Tannenbaum gekauft und dann bin ich mit dem Bus, habe ich das Ding nach Hause gefahren. Jaja. Und dann: Hier, mein Geld und du sagst nichts.*"

Mit ihrer Weihnachtsbaum-Aktion setzt sich Roxana über den Wunsch der Mutter, das Weihnachtsfest nicht zu feiern, hinweg. Sie konfrontiert die Mutter mit vollendeten Tatsachen, indem sie den Tannenbaum mit dem eigenen Geld kauft und diesen eigenhändig ins Haus bringt. Mit den Worten „hier, mein Geld und du sagst nichts" präsentiert sich Roxana ihrer Mutter gegenüber als eine eigenständige und aktive Person, die eine neue Tradition ins Haus bringt. Auch kauft sie den Schmuck für den Tannenbaum und bastelt einige Kugeln selbst, was die Mutter mit den Jahren dazu veranlasst, ebenfalls „loszuziehen":

„*Und dann hab ich auch paar Sachen gekauft und total cool, also so viel Geld hatte ich dann auch nicht mehr. Aber ähm Kugeln zum Teil gebastelt und paar gekauft. Und dann mit der Zeit jedes Jahr mehr und dann hat meine Mutter aber angefangen auch, die fand das dann so toll. Und dann ist sie auch losge-zogen und hat ähm ... Weihnachtskugeln gekauft und so und seitdem machen wir das.*"

Roxanas beharrliches Bemühen, zu Weihnachten eine weihnachtliche Atmosphäre herzustellen, führt dazu, dass ihre Mutter diese Haltung mit der Zeit begrüßt und ihre Tochter bei den weihnachtlichen Vorbereitungen sogar unterstützt, indem sie auch „Weihnachtskugeln kauft". Damit scheint ein Damm in der Familie gebrochen und eine neue Familientradition durch die Tochter eingeführt zu sein: „Und seitdem machen wir das". Der in der Adoleszenz ausgetragene Mutter-Tochter-Konflikt um die Einführung des wichtigsten Familienfestes aus der Ankunftskultur (Weihnachten) führt zu einer Erweiterung der Feierlichkeiten innerhalb der Familie. Im Frühjahr wird Norus und im Winter wird Weihnachten gefeiert. Auch nach ihrem Auszug von Zuhause behalten Roxana und ihre Familie das Feiern beider Feste bei.

2.7 Kulturelle Zuschreibungen: Iranischsein - Deutschsein

Ich frage Roxana nach Eigenschaften, die sie als „persisch" oder „deutsch" einordnen würde. Sie erzählt, dass sie sehr viele „deutsche Züge" habe, ihre „Mentalität"[3] jedoch sei „persisch":

„[...] also ich hab sehr viel deutsche Züge, das merk ich manchmal. Ähm ... deutsche (leise) Ähm was bei mir persisch ist, ich denke mal meine Mentalität... Hm [...]. Ähm meine Mutter, also ich bin sehr aufbrausend, denke ich, weil ich weiß nicht, ob das bei allen persischen Frauen so ist. Denke ich mal, das ist ja dieses... ähm jedenfalls sind das nicht die Deutschen (lacht), das muss meine persische Seite sein, die ich von meinem Vater bekommen habe."

Roxana erklärt, dass sie wie ihr Vater „aufbrausend" sei. Ihre Mutter sei nicht aufbrausend und sie wisse nicht, wie die Mentalität anderer iranischer Frauen sei. Jedoch treffe „aufbrausend" nicht auf „die Deutschen" zu und sie sehe ihre aufbrausende Mentalität als ein Erbe ihres Vaters an, welches sie als „persisch" einstuft. Weiterhin bezeichnet Roxana ihre Gastfreundschaft und Offenheit als persisch:

„Ähm ... dieses ähm zum Beispiel, wenn ich Besuch habe, dass ich ähm ... ähm gleich so ähm Gastfreundlichkeit, das denke ich mal, dieses Offene: Kommt rein. Dass ich jeden, der mir über den Weg läuft, ich lad sie alle ein: Kommt, kriegen bei mir-. Ähm vielleicht was ich niemals machen könnte, was ich bei Deutschen immer so komisch find, wenn beim Geburtstag, bei meinem Geburtstag kommen alle, also das hat sich irgendwie so eingebürgert, dass die einfach vorbeikommen und ich weiß das auch, dass alle immer vorbeikommen... und dann mache ich immer voll viel zu essen."

Als ein Beispiel für ihre Gastfreundschaft und Offenheit erzählt Roxana, wie sie ihre Geburtstage im Gegensatz zu „den Deutschen" gestaltet. „Alle" kommen vorbei und sie mache „viel" zu essen. Die Bezeichnung „alle" ruft die Assoziation von einer großen Gruppe von Menschen hervor, für die sie sehr „viel" zu essen macht. Weiterhin beschreibt sie ihren Geburtstag wie folgt:

„Ich sitz dann, also mein Geburtstag ist sowieso immer 'n Höllentag für mich, weil ich dann den ganzen Tag in der Küche stehe und einfach nur was mache es ..... Ja, aber einmal im Jahr kann man das ja machen. //Ja// Und ähm bei meinen Freundinnen ist das

---

[3] Roxana scheint mit dem Wort „Mentalität" bestimmte Verhaltensmuster und vererbbare Charaktermerkmale eines Menschen zu verbinden. „Mentalität" (lat. *mens*, Geist) bezeichnet vorherrschende Denk- und Verhaltensmuster einer Person oder einer Gruppe von Menschen. (Bünting/Karatas 1996: 759)

immer so: Du gehst hin, du sitzt da, die machen 'ne Tüte Chips auf und das war's, zum Beispiel. Ich kann ich hab mir jedes Mal vorgenommen, ich schwör's dir, ich habe mir jedes Mal zum Beispiel vorgenommen: Diesmal machst du's genau so, kaufst drei Tüten Chips, ein bisschen Schokolade und das ist, so und dann legst du's hin und dann hat sich das. Kann ich nicht, ich kann das einfach nicht."

Der Geburtstag wird jedes Jahr für Roxana zu einem „Höllentag", da sie „den ganzen Tag" in der Küche stehe. Sie nehme sich „jedes Mal" vor, wie ihre Freundinnen nur Chips und Schokolade in kleinen Mengen anzubieten, jedoch würde ihr dies nicht gelingen. Es scheint Roxana wichtig zu sein, viele Menschen bei ihrem Geburtstag dabeizuhaben, für die sie in der Rolle der Gastgeberin in großen Mengen kocht. Dann spricht Roxana in der Wir-Form weiter und berichtet:

„Wir machen das, wenn man jemanden einlädt, ist alles da, man sagt nicht jemandem: Bring irgendwas mit, das hab ich das erste Mal auf einer Party, war ich schockiert als als meine Mutter war das auch, so: Bring Salat mit so, hä? So was macht man ja eigentlich nicht. So zum Beispiel, das so was kann ich nicht."

Roxana kann sich nicht mit dem Gedanken anfreunden, als Gast bei einer Einladung selbst etwas Essbares mitzubringen. Als Roxana und ihre Mutter das erste Mal darum gebeten werden, zu einer Party einen Salat mitzubringen, sind sie „schockiert". Roxana erzählt mir in diesem Abschnitt von einer Situation, die lange zurückliegen muss, da sie bereits seit zwanzig Jahren in Deutschland lebt. Ihre erste Party, vermutlich mit „deutschen" Gastgeber:innen, bei der auch ihre Mutter eingeladen ist, könnte demnach zehn bis zwanzig Jahre zurückliegen. An ihrer Einstellung scheint sich jedoch seit dieser Zeit, trotz der erwähnten Anpassungsversuche, wenig geändert zu haben. Anschließend berichtet Roxana von einem kulturellen Phänomen aus ihrer iranischen Sozialisation, von welchem sie mittlerweile Abstand genommen habe:

„Ich weiß jetzt auch nicht so ganz genau, was alles typisch deutsch und was typisch persisch wär. Aber das einzige, was meiner Meinung nach zumindest Perser verbindet, ist diese Gastfreundlichkeit, //Ja// das haben alle. Und... das habe ich auf jeden Fall, wobei ich mir das abgewöhnt habe, wenn jemand ... wenn ich dir jetzt zum Beispiel was hinstelle, ich biete dir das einmal an, zum Beispiel ich kann gerne noch mal nachfragen, wenn du was essen möchtest (lacht ein bisschen). Ich hab mir das, mittlerweile habe ich mir das abgewöhnt das tausendmal, weil ich das selber nicht abkann, wenn man mich, wenn ich irgendwo bin und wenn ich einmal sage: Nein ich danke, dann mag ich das nicht, wenn derjenige drei Mal und vier Mal und fünf Mal nachfragt: Möchtest du nicht

*doch was. So, das mag ich zum Beispiel nicht, das habe ich mir mittlerweile abgewöhnt...
Weil ich das einfach ... das nervt einfach, //Ja// nervt tierisch (lacht). Und das mache ich
zum Beispiel nicht mehr, da bin ich verdeutschlicht."*

Roxana ist sich nicht sicher, was sie als „typisch deutsch" oder „typisch persisch" einordnen würde. Vermutlich sieht sie sich durch meine Fragestellung gezwungen, diese Unterscheidung in ihrer Antwort treffen zu müssen, auch wenn es ihr selbst eher widerstrebt. Etwas, was alle „Perser" gemein hätten, sei die Gastfreundschaft. Dabei fällt ihr ein Beispiel für eine persische Umgangsart ein, die sie mit übertriebener Gastfreundschaft verbindet. Es handelt sich um das häufige Anbieten vom Essbaren bei Besuchen, für Roxana eine typische persische Eigenart, die sie sich jedoch abgewöhnt habe. Sie spricht hier indirekt den persischen Brauch „Taarof" an, bei dem etwas häufig angeboten wird, auch wenn das Angebot wiederholt abgelehnt wird. Dabei werden bestimmte Höflichkeitsfloskeln ausgetauscht und manchmal wird beim dritten oder vierten Anbieten das Angebot doch noch wahrgenommen. Ein Grund für dieses Verhalten zwischen Gast und Gastgeberin oder Gastgeber ist, dass es als unhöflich gilt, von der Tafel zu essen, bevor es angeboten wird. Selbst beim Anbieten ist Zurückhaltung eine Norm, die langsam in der Interaktion aufgeweicht werden kann. Um Missverständnisse zu vermeiden, kann sich die Beherrschung kultureller Codes als hilfreich erweisen. Diesen Brauch, so Roxana, würde sie nicht mehr pflegen, da sie ihn nicht möge.

Auch in Bezug auf das Thema „Teilen von Essen" stellt Roxana ein verändertes Verhalten irerseits fest:

„Ähm ... was ich mir mittlerweile auch hier angewoh- wöhnt habe, wenn ich unter beim bei der Arbeit bin, wenn ich was zu essen habe, wenn ich mir irgendwas zu essen mitgenommen habe, weiß ich auch nicht, da frag ich jetzt auch nicht mehr nach, ob die was haben wollen. Weil ich das, äh ich meine, ich mag das auch nicht, wenn irgendjemand, wenn, es kommt darauf an, was es ist, von meinen Teller isst oder was so, was man nicht teilen kann. Dann frag ich auch nicht nach, auch wenn es mir fast im Hals stecken bleibt, dass wenn die mir jetzt wieder dabei zuguckt, frag ich trotzdem nicht. Weil ich seh das gar nicht ein, die tun das auch nicht, also habe ich mir das mittlerweile schon angewöhnt, obwohl das eigentlich ... es ist ... es ist unangenehm."

Das Teilen von mitgebrachtem Essen am Arbeitsplatz sei etwas, was Roxana im Gegensatz zu früher mittlerweile nicht mehr praktiziere. So habe sie sich angewöhnt, ihren Kolleg:innen nichts von ihrem Essen anzubieten, weil diese ihr auch nichts anböten. Auch wenn die Kollegin ihr beim Essen zuschaue und Roxana das Essen dabei „im Hals stecken" bleibe und es ihr „unangenehm" sei, würde sie nicht von ihrer Entscheidung abrücken. Das Nicht-Teilen-Wollen scheint jedoch bei Roxana eher aus einem Gefühl der Kränkung und des Trotzes als aus einer inneren Überzeugung heraus entstanden zu sein. Anstelle des Bemühens um einen offenen Dialog passt sich Roxana dem allgemeinen Ess-Verhalten am Arbeitsplatz an und fühlt sich dabei gleichzeitig unwohl. An diesem Beispiel wird deutlich, dass Roxana ein Mensch ist, der gern mit anderen teilt bzw. teilen würde und sich dies auch von ihrer Umwelt wünscht. Das Eigene für sich zu genießen und nicht zu teilen, fällt ihr schwer, auch wenn sie es wie in der oben beschriebenen Situation versucht.

Das Teilen mit anderen stellt für Roxana einen kulturellen Aspekt dar, den sie - ähnlich wie ihre „aufbrausende" Mentalität und ihre Gastfreundschaft - mit ihrer persischen Seite in Verbindung bringt. Ihre „Mentalität" setzt sie mit der ihres Vaters gleich, während sie ihr Verständnis von Gastfreundschaft eher mit dem ihrer Mutter zu teilen glaubt. Roxanas Vorstellung von Gastfreundschaft hängt zusammen mit dem hohen Stellenwert, den Essen einnehmen sollte. An der Art und der Menge dessen, was eine Gastgeberin oder ein Gastgeber anbietet, wird auch die Qualität der Gastfreundschaft gemessen. Gleichzeitig schränkt Roxana jedoch mittlerweile ihre eigene Gastfreundschaft im Vergleich zu der als übertrieben empfundene Gastfreundschaft anderer Iraner:innen ein, indem sie sich kritisch über den Brauch des „Taarof" äußert und sich diesen Umgang mit anderen abgewöhnt.

Roxana fällt es leicht, Attribute aufzuzählen, die sie als persisch einstuft. In ihrer Erzählung werden einige Bestandteile ihrer iranischen Sozialisation deutlich, die sie begrüßt oder auch ablehnt. Vermeintlich deutsche Eigenschaften wiederum werden im Vergleich mit den persischen als konträr dargestellt. So sagt sie zum Beispiel, „die Deutschen" seien *nicht* aufbrausend, oder ihre Kolleg:innen würden mitgebrachtes Essen *nicht* teilen. Zwar betont Roxana, dass sie viele deutsche Züge habe, zählt jedoch diesbezüglich keine konkreten Merkmale auf. Die deutschen Charaktermerkmale werden als eine Folge des Abgewöhnens von persischen Umgangsweisen beschrieben. So scheint es sich um eine dauerhafte Veränderung ihrer Verhaltensweisen und Umgangsformen zu handeln. Während sie die iranische „Gastfreundlichkeit" als eher positiv bewertet und diese beibehält, empfindet sie die Umgangsart „Taarof" als übertrieben und nicht erstrebenswert. Das Ablegen anderer sozialisationsbedingter Umgangsformen, wie zum Beispiel das Nicht-Teilen aus einer bestimmten Situation heraus, fallen ihr wiederum eher schwer.

Roxana scheint mit dem Iranischsein eher eine kollektive und mit dem Deutschsein eher eine individuelle Lebensart zu verbinden. Dabei versucht sie, trotz all ihrer Bestrebungen nach Individualität auch Verhaltensweisen zu pflegen, die für sie eher iranisch und kollektivbehaftet sind. Das Teilen-Wollen des Pausenbrotes am Arbeitsplatz sowie die Gestaltung ihrer Geburtstage mit vielen Gästen sprechen für das Gemeinschaftsgefühl, das Roxana liebt und gern auslebt. Diese Merkmale können als das Erbe ihrer iranischen Sozialisation betrachtet werden, die Roxana mittlerweile als einen Teil von sich versteht. Die Integration bzw. Ablehnung dieser Merkmale sind prozesshaft und daher keineswegs abgeschlossen.

Im Laufe des Erwachsenwerdens lernt Roxana auch eine Seite des Kollektivs kennen, die sie als sehr negativ und hinderlich bei ihrer Identitätssuche erlebt. Dabei handelt es sich um die starke Kontrolle, die durch die iranische Gemeinschaft ihrer Stadt und durch ihren Vater auf sie ausgeübt wird. Das nächste Kapitel beschäftigt sich mit der Analyse dazugehöriger Passagen aus dem Interview.

2.8 Soziale Kontrolle

Roxana berichtet mir von der iranischen Gemeinschaft ihrer Stadt, mit der sie während ihrer Pubertät sehr negative Erfahrungen verbindet:

„*Ich war ... abends mit paar Freunden unterwegs gewesen, es waren wirklich nur Freunde gewesen, vier Jungs halt. Und dann sind wir in so'nem Döner-, Gyros-Laden da noch gewesen an der Ecke und das waren Perser gewesen und da hat gleich am nächsten Tag da: Ja deine Tochter da mit vier Jungs hier, was macht sie denn mit vier Jungs abends und so, ne? Ich mein, was sollte ich machen, ich musste nach Hause fahren, das war der letzte Bus, ne, abends? Und ich meinte zu meinem Vater: Ja willst du lieber, dass ich alleine an der Bushaltestelle stehe? Und oder anstatt mit den Jungs mitzugehen? Oder äh was willst du? Willst du, dass ich in Sicherheit bin, oder dass ich alleine irgendwo in der Ecke rumstehe? Und da hat er auch OK gesagt. Also er hat mir auch vertraut, dass das [...] Und das ist so das einzige, was ich hier so hasse, die lästern halt über dich, ohne Ende... Und deswegen habe ich auch immer aufgepasst [...].*"

In diesem Erzählabschnitt handelt es sich um einen Vorfall, der sich zwischen einem iranischen Verkäufer aus einem „Gyrosladen", Roxanas Vater und ihr selbst abgespielt hat.

Sie sei mit vier „Freunden" abends in einem „Gyrosladen" gewesen, welches von Iranern betrieben würde. Später habe einer dieser Iraner Roxanas Vater darauf angesprochen, was seine Tochter abends mit „vier Jungs" mache. Daraufhin wird ein Vater-Tochter-Eklat ausgelöst, bei dem Roxana versucht, sich vor ihrem Vater zu rechtfertigen und sein Vertrauen zu gewinnen. Vermutlich ist der Vater um seinen Ruf und den seiner Familie besorgt, den Roxana in den Augen anderer Iraner:innen durch ihr Verhalten gefährdet. Roxana soll sich als Teil der iranischen Gemeinschaft wahrnehmen, deren Regeln respektieren und befolgen. Ansonsten drohe das „Lästern", was sie als „das Einzige" beschreibt, das sie in ihrer Stadt „hasse". Sie habe daher stets „aufgepasst". Es bleibt unklar, ob Roxana mit „Aufpassen" das Vermeiden oder die Geheimhaltung von Tätigkeiten meint, die in den Augen anderer Iraner:innen verpönt sind. Ihre Erzählungen rufen die Assoziation vom Gefangensein in einem Kollektiv hervor, aus dem Roxana auszubrechen wünscht. Sie möchte sich als heranwachsende junge Frau nicht in ihrem Bewegungsraum von anderen kontrollieren oder definieren lassen. Sie wehrt sich gegen die soziale Kontrolle, deren Legitimation auf der gemeinsamen *iranischen* Herkunft beruht. Der Umgang mit dem Druck, der durch die starke Gemeinschaftskontrolle von außen über Roxanas Vater an sie herangetragen wird, ist Teil ihrer Entwicklung in der Phase der Adoleszenz. Die Benutzung des Verbs „hassen" impliziert einerseits ihre Wut, andererseits aber auch ihre Machtlosigkeit gegenüber der starken sozialen Kontrolle. Diese Gefühle beschreibt sie im weiteren Verlauf, in dem sie ihre damalige Haltung mit ihrer heutigen vergleicht:

„Also ich mein, ich hab jahrelang, also ich lebe ja seit Jahren hier, seit eigentlich zwanzig Jahren hier in (Stadtname), jahrelang drauf geachtet, was die andern Leute über mich denken. Mir ist es jetzt mittlerweile sowas von egal, was sie über mich denken. Wenn die meinen, ich bin 'ne Schlampe, dann bin ich halt eine. Wenn die 'n Problem damit haben, dass ich mit Jungs rumhänge, dann ist das deren Problem. Ist mir eigentlich echt egal."

„Jahrelang" habe sie seit der Migration darauf achtgegeben, was „andere Leute" von ihr denken. Aus ihrer Wortwahl „so was von egal" und „ist deren Problem" höre ich die starke Wut Roxanas heraus, die sie gegenüber der Macht ihrer Gemeinschaft und ihres Vaters über sie gespürt haben muss. Diese Macht scheint jedoch an Wirkung verloren zu haben. Roxana klingt erleichtert, wenn sie sagt, das alles sei ihr jetzt „echt egal". Dieser Richtungswechsel in Roxanas Entwicklung steht im engen Zusammenahng mit zwei großen Veränderungen in ihrer Biografie: Roxana erlebt mit dreiundzwanzig Jahren die Trennung ihrer Eltern, nach der beide die Stadt verlassen. Folglich muss Roxana das Wohnen im eigenen Elternhaus aufgeben und sich eine eigene Wohnung suchen. Durch die Abwesenheit des Vaters muss Roxana ihr Verhalten nicht mehr vor ihm rechtfertigen, wodurch ein großer Teil der Autoritätsmacht, die auf ihr gelastet hat, wegfällt. Hinzu kommt, dass Roxana durch das Alleinwohnen mehr Selbständigkeit und Eigenverantwortung erlangt.

Momentan befindet sich Roxana in einem Entwicklungsstadium, in dem sie in ihren Äußerungen eine rebellische Haltung gegenüber der iranischen Gemeinschaft ihrer Stadt einnimmt. Im Gegensatz zu dieser negativen Haltung gegenüber Iraner:innen pflegt sie ein positives Verhältnis zu ihrer aktuellen türkischen Peer-Group, in der sie sich wohl und willkommen fühlt. Im Folgenden möchte ich auf die Aspekte eingehen, die Roxana dazu veranlassen, sich in einem neuen Kollektiv zu verorten; zudem sollen Ambivalenzen aufgezeigt werden, die mit dieser neuen Erfahrungswelt einhergehen.

2.9   Peers türkischer Herkunft

Roxanas Partner sowie ihre beste Freundin sind türkischer Herkunft. Sie erzählt mir, dass sie auch ansonsten viele türkische Bekannte habe, mit denen sie gern ihre Freizeit verbringe. Als Gründe dafür gibt sie an, dass sie und ihre türkischen Peers die „gleiche Mentalität" und ähnliche „Prinzipien" teilen, während sie Roxana auch gleichzeitig in „Ruhe" ließen:

„[...] ich finde das halt so gut, die sind fast so wie wir. Also die Perser- und die lassen mich aber in Ruhe, das ist gut. Weil ich ja gar keine Türkin bin, die haben zwar die gleiche Mentalität und gleiche, fast die gleichen Prinzipien (... ...) nur dass sie 'ne andere Sprache sprechen und dass sie mich in Ruhe lassen. Also das heißt, ähm ... es interessiert sie nicht so sehr, was ich mache, sondern sie sie bleiben trotzdem unter sich."

Neben der Betonung der Gemeinsamkeiten zwischen ihrer Clique und ihr selbst aufgrund gleicher „Mentalität" und ähnlicher „Prinzipien" zählt Roxana in Verbindung mit der „anderen" Sprache einen Unterschied auf, welcher das Zusammensein mit ihren Freund:innen türkischer Herkunft im Gegensatz zu dem mit Iraner:innen für sie besonders angenehm gestalte: Sie würden sich nicht so sehr dafür interessieren, was Roxana „mache" und blieben „trotzdem" „unter sich". Mit „trotzdem" möchte Roxana vermutlich auf die Gemeinsamkeiten hinweisen, die trotz ihres Vorhandenseins keine Freiheitseinschränkung für Roxana darstellen. Sie scheint in der Beziehung zu ihrem neuen Freundeskreis eine Ausgewogenheit von Nähe und Distanz zu finden, die sie schätzt. Durch ihre türkische Herkunft seien ihr die Freund:innen nicht so nah wie die iranischen Bekannten, unter deren sozialen Kontrolle sie in der Adoleszenz gelitten habe, jedoch durch die „Mentalität" und „Prinzipien" nah genug, um sich über ähnliche Erfahrungen austauschen zu können.

Die „gleichen Prinzipien", die für Roxana einen Grund für ihre Zugehörigkeit zu ihren türkischen Peers darstellen, rühren auch aus ihrer Zugehörigkeit zur gleichen Religionsgruppe. Innerhalb des religiösen Rahmens gibt es jedoch auch Kontroversen, zum Beispiel das Thema „Schweinefleisch" und dessen Verzehr bzw. Nichtverzehr, das Roxana als einen Streitpunkt zwischen sich und ihren türkischen Peers beschreibt. Sowohl innerhalb ihrer Clique als auch in ihrer Beziehung zu dem jungen Mann türkischer Herkunft existiert eine starke Meinungsverschiedenheit zu diesem Thema. Ihre Freund:innen lehnen den Verzehr von Schweinefleisch in jeder Form ab und begründen diese Haltung mit dem Koran:

„Das Einzige, was mich nur bei Türken nervt, [...], die essen alle kein Schweinefleisch. Ich weiß nicht warum, das nervt mich so sehr, das kannst du dir nicht, das kannst du dir nicht, hach... weißte? Sagen, ich meine, wenn sie sagen, weil es im Koran steht, dass sie kein Schweinefleisch essen, dann sollen sie verdammt es [...], auch nichts zu trinken, weil das steht auch im Koran, dass man nicht, aber trinken tun se. Weißt du, das ist widersprüchlich."

Roxana stellt Widersprüchlichkeiten bei ihren türkischen Freund:innen fest, die den Umgang mit religiösen Vorgaben aus dem heiligen Buch der Muslime, dem Koran, zu ihrem Ess- und Trinkverhalten betreffen. Das Argument, es stehe im Koran, kein Schweinefleisch zu essen, kollidiere mit der Tatsache, dass Roxanas Freund:innen gleichzeitig das Alkoholverbot aus dem Koran nicht befolgten. Diese Widersprüchlichkeit betreffe sowohl ihren Partner als auch ihre beste Freundin:

„Weil sowohl mein Freund als auch meine Freundin ..., die sind nämlich so. //Ja// Und ich kann das nicht, ich weiß nicht, am Anfang hab ich mich so oft mit denen gestritten deswegen, weil ich das einfach nicht verstehe. //Ja// Also wie gesagt, wenn ich, ich finde das nur logisch, wenn man sagt: Das darf man einfach nicht, dann trinkt man auch nicht."

Roxana ärgert sich über die Haltung ihrer Freund:innen bei der Umsetzung der religiösen Gebote, stuft deren widersprüchliches Verhalten als nicht „logisch" ein und kritisiert deren ihrer Ansicht nach inkonsequentes Verhalten:

„Und ich meine jetzt, wenn jemand sagt: Ich mache es, weil es da steht, dann muss man sich an alles halten, und nicht sich irgendwelche Sachen raushal-, rauspieksen und das andere nicht machen."

Roxana selbst steht dem Verzehr vom Schweinefleisch positiv gegenüber. In diesem Zusammenhang erzählt sie von ihrer „Liebe" zu „Würstchen mit Senf", dem appetitlichen Geruch, dem sie nicht widerstehen könne sowie der negativen Haltung ihres Freundes demgegenüber:

„Ich liebe nämlich Würstchen und Senf, mag ich voll gerne... Ich esse das und [...] wenn ich diesen Geruch in der Nase hab, dann will ich das essen. //Aber das sieht er nicht gerne.// Hm hm (verneinend), dann... hält er Abstand von mir (lacht ein bisschen). //Das ist schwierig.// Ach Gott, das ist mir egal, das soll er machen, ist für ihn schlimmer als für mich (lacht). Mir ist es egal .... Hauptsache, ich mach das, was ich will. Da habe ich keine Probleme mit."

Roxana möchte nicht von ihrem Freund bevormundet werden und seinem offensichtlich religiös motivierten Wunsch nachgeben. Mit ihrem lustvollen Appetit auf Schweinefleisch missachtet Roxana seine Leitlinie, an die sie sich – seinem Wunsch entsprechend – eigentlich ebenfalls halten soll. Sie jedoch entwickelt eine Trotzreaktion, die sie nicht nur in Worten, sondern auch in ihrem Handeln ihrem Partner gegenüber auslebt. Der Tatsache, dass er deshalb Abstand von ihr nimmt, steht sie scheinbar gleichgültig gegenüber.

In der Analyse der Beziehung zwischen Roxana und ihren Freund:innen türkischer Herkunft stellen sich zwei Themen als zentral heraus. Ihre Schilderungen handeln sowohl von ihrem Zugehörigkeitsgefühl zu ihnen als auch von einer bewussten starken Abgrenzung. Zugehörig fühlt sie sich ihren türkischstämmigen Freund:innen aufgrund ihrer „Mentalität" und „Prinzipien", die sie im Vergleich zu ihren eigenen als ähnlich definiert. Diese Gemeinsamkeiten basieren unter anderem auf der Erfahrungswelt der Adoleszenten als ethnische Minderheiten in Deutschland. Gleichzeitig grenzt sich Roxana bei dem islamischen Gebot über den Verzehr von Schweinefleisch bewusst von ihrer türkischen Gemeinschaft ab. Diese Abgrenzungsversuche sind gleichzeitig ihre Strategie, sich nicht den Zwängen eines Kollektivs unterwerfen zu müssen. So versucht sie aus ihrem Zusammensein mit ihrer Clique die für sie positiven Attribute eines Kollektivs (wieder) erfahrbar zu machen, während sie sich gegen die ihr bekannten negativen und zwanghaften Aspekte einer Gemeinschaft wie Bevormundung und Kontrolle wehrt. Auf diese Weise setzt sich Roxana in einem neuen Rahmen mit bestimmten Aspekten ihrer Sozialisation auseinander, was ihr die Möglichkeit zum Experimentieren und Abstecken neuer Grenzen gibt. In der Beziehung zu ihrem türkischen Partner bildet die Beschäftigung mit den Geschlechterverhältnissen und mit ihrem eigenen Rollenverständnis als Frau einen wesentlichen Bestandteil, was im Folgenden näher beleuchtet wird.

2.10 Aktuelle Partnerschaft

Seit etwa drei Jahren führt Roxana eine Partnerschaft mit einem jungen Mann türkischer Herkunft. Die Beziehung der beiden ist von vielen Machtkämpfen gekennzeichnet, bei denen es Roxana um den Versuch geht, sich nicht unterzuordnen:

„*Also das ist halt so'n Problem, ähm weswegen wir uns auch ähm sehr oft streiten, ich und mein Freund. Ich lass mir einfach nichts sagen. Wenn ich was machen will, dann mach ich's. Ist mir egal, was andere denken. Ich, es ist mir egal, Frauen, das ist so'ne Sache, da bin ich echt allergisch, wenn das getrennt wird, warum Frauen das nicht machen dürfen, was Männer-.*"

Roxana bezeichnet die Tatsache, dass sie sich von ihrem Freund „nichts" sagen lässt, als ein Problem und einen Streitpunkt in ihrer Partnerschaft. Sie erklärt, dass es ihr „egal" sei, was andere von ihr denken. Wenn sie etwas „machen" wolle, dann würde sie es auch tun. Roxana sagt, dass sie „allergisch" darauf reagiere, wenn zwischen „Frauen" und „Männern" getrennt werde. Wenn „Frauen" etwas nicht machen dürfen, was Männern wiederum zugestanden wird. In diesen Punkten sind Roxana und ihr Freund offensichtlich getrennter Meinung.

Roxanas Schilderung erinnert mich stark an ihre Auseinandersetzungen mit ihrem Vater in der Pubertät und ihre Bemühungen, sich Freiräume zu erkämpfen. Erneut möchte sich Roxana „nichts" sagen lassen und sie wehrt sich gegen das Urteil „anderer", indem sie sagt, „ist mir egal, was andere denken". Vermutlich bildet das Urteil anderer über Roxanas Verhalten in der Öffentlichkeit ein zentrales Thema bei den Streitigkeiten zwischen Roxana und ihrem Freund. Durch ihre Partnerschaft wird die soziale Kontrolle, von der sich Roxana zu lösen versucht hat, aktualisiert. Roxanas Freund scheint eine starke Trennung im sozialen Habitus der Geschlechter vorzunehmen, worauf Roxana „allergisch" reagiert. Im Verlauf ihrer Erzählung jedoch schränkt sie ihre Aussage bezüglich der Geschlechtertrennung etwas ein:

„Bei einigen Sachen sehe ich's ein, das ist OK, will ich auch gar nicht machen. Aber bei einigen Sachen sehe ich's gar nicht ein, ich gehe zum Beispiel sehr gerne mit meinen Freundinnen abends weg. Auch wenn ich 'n Freund habe. Ist mir egal, wenn die andern denken, dass ich auf der Suche bin... Sollen sie doch denken, was sie wollen. Ich hab 'n Freund, ich will tanzen gehen, also gehe ich abends weg."

Roxana räumt ein, dass sie die Trennung von Frauen und Männern bei „einigen Sachen" nachvollziehen könne. Mit den Worten „das ist OK" und „will ich auch gar nicht machen" gibt sie sich nachgiebig und fügt sich ein Stück weit. In anderen Bereichen jedoch, wie zum Beispiel dem Ausgehen mit Freundinnen, möchte sie nicht eingeschränkt werden. Erneut betont sie ihre Gleichgültigkeit darüber, wie „andere" über sie denken: „Ist mir egal, wenn die andern denken, dass ich auf der Suche bin". Ich frage mich, warum Roxana sich durch ihre Partnerwahl dem gleichen Druck aussetzt, den sie aus der Beziehung zu ihrem Vater bereits kennt. Möchte sie sich beweisen, dass es ihr diesmal in der neuen Konstellation gelingt, den Kampf zu gewinnen? Sie vergleicht ihre Situation damals und heute:

„[...] ich hab jahrelang darauf aufgepasst, was andere von mir denken. Ich hab keinen Bock. Ich mach einfach, was ich was ich will. Und deswegen streiten wir uns öfter."

Die Worte „Ich hab keinen Bock" und „ich mach einfach, was ich will" sprechen für Roxanas Wut und ihre aus Rücksicht auf ihren Vater unterdrückten Gefühle von damals. Diesmal möchte sie etwas an ihrer Lage ändern. Sie möchte keine Rücksicht mehr nehmen und „machen", was sie „will". Roxana ist mit einem Partner zusammen, der ihr ähnliche Restriktionen aufzuerlegen versucht wie ihr Vater. Es handelt sich um Beziehungsmuster, die sie sehr gut kennt und aus denen sie nach wie vor auszubrechen versucht. Besteht in einer solchen Beziehungskonstellation überhaupt eine Chance des Ausbruchs für Roxana? Müsste sie nicht nach anderen Beziehungsmustern suchen, welche die Entstehung von neuen Konstellationen ermöglichen? Inwieweit sind die Befürchtungen ihrer Mutter, Roxana könnte sich ihrem Freund unterwerfen (vgl. IV 2.4.3), berechtigt? Roxana zeigt Tendenzen eines Entgegenkommens ihrem Partner gegenüber, wenn sie sagt:

„Also ich hab's auch eigentlich, also es ist auch nicht mehr so oft, wie ich damals weggegangen bin. Ich geh zwar immer noch gerne weg, denke, mittlerweile vertraut er mir auch und weiß, dass ich wirklich nur weggehe, um zu tanzen."

Hinter den Streitigkeiten um das „Weggehen" scheint ein bedeutender Beziehungsaspekt, nämlich Vertrauen bzw. Misstrauen, verborgen zu sein. Roxanas Worte „ich denke, mittlerweile vertraut er mir auch" implizieren, dass Roxanas Freund ihr bis dahin nicht vertraut hat. Daraus kann geschlussfolgert werden, dass die Verbindung der beiden nicht auf einem Gefühl des Vertrauens, sondern vielmehr auf einem Gefühl des Misstrauens basiert. Das Misstrauen in der Beziehung kann allmählich durch das gegenseitige Entgegenkommen abgeschwächt werden. Auch in den Auseinandersetzungen mit ihrem Vater hat die jugendliche Roxana um das Vertrauen ihres Vaters ringen und Überzeugungsarbeit leisten müssen.

Ich frage Roxana, „was sie an ihrem Freund gut findet". Sie nennt als erstes die Eifersucht ihres Partners als einen positiven Aspekt: *„[...] also ich finde es zum Beispiel, ich finde das gut, dass er eifersüchtig ist."* Weiterhin findet sie es wichtig, dass der Partner im Notfall in der Lage ist, die Rolle des Beschützers zu übernehmen:

„Also ich möchte, (...) wenn was passiert, möchte ich dass er sich hinstellen kann, also dass er das kann, sich hinzustellen und sagen: Was willst du? Und wobei es, wenn solche Situationen eintreten, ich [...] und dann geh ich dazwischen und sage: Hier hört auf, hört auf, es ist, ist in Ordnung. Also auch, ich möchte, dass er das kann... Also, dass es, wenn es so sein sollte, dass er das kann. Aber ich möchte nicht, dass er's macht (lacht). Das ist so 'n Unterschied."

Roxana inszeniert eine Situation, in der ihr Freund sie vor jemandem in Schutz nimmt. In ihrer Fantasie geht sie dann „dazwischen", um die beiden zu bitten, aufzuhören. Roxana möchte, dass um sie gekämpft wird. Ich frage mich, um wen es sich in diesem Beispiel tatsächlich handelt. Geht es eventuell um eine Situation, die Roxana bereits bekannt ist? Ist es möglicherweise die Wiederherstellung eines Streites zwischen Roxana und ihrem Vater, bei dem die Mutter interveniert, um zu schlichten? Soll ihr Freund etwa die Rolle der Mutter für sie übernehmen? Roxana fasst ihre Forderung an ihren Partner erneut mit den Worten zusammen: *„(...) ich will 'n Mann haben, der mich beschützen kann. Darauf lege ich sehr viel Wert."*

Roxanas Betonung der Beschützerrolle bei ihrem Partner wirkt auf mich etwas irritierend. Auf mich macht Roxana nicht den Eindruck einer schutzbedürftigen Person. Trotz ihrer sehr schlanken Statur wirkt sie eher robust und burschikos. Ihre Bewegungen sind bestimmt und ihr Erzählton ist fordernd. In der Auswertungsgruppe nehmen die Teilnehmer:innen sie als eine Person wahr, die gerne eine dramatische Situation inszeniert, um ihren Partner zu erproben. Ihr Bedürfnis nach Schutz wirkt nicht „authentisch", sondern eher „gewollt" oder „gekünstelt". Natürlich hängt die Entstehung dieses Bild von Roxana auch mit mir als ihrem Gegenüber zusammen. Möglich, dass ich als ein *weibliches*

Gegenüber nicht die zerbrechliche Seite aus Roxana herauslocke. Möglich auch, dass sie dem Bild ihrer Mutter nacheifert, die sie als eine zarte Person beschreibt, welche man „beschützen" möchte (vgl. IV. 2.4.3). Roxana, die sich gegen eine starke Geschlechtertrennung ausspricht, inszeniert in ihrer Beziehung selbst von Neuem eine sozial klischeebehaftete Mann-Frau-Rolle. Ihr Wunsch nach dieser Rollenkonstellation hängt eng mit dem Muster zusammen, welches sie als Tochter iranischer Eltern erfahren hat. Solange dieses Muster nicht durchbrochen ist, wird Roxana die ihr bekannte Rollenstruktur immer wieder suchen und entwerfen. Die beiden Eigenschaften „eifersüchtig" und „beschützend", die sie an ihrem Freund positiv bewertet, sind keine persönlichen Wesensmerkmale, die ihren Partner für Roxana unersetzbar machen würden. In ihrer Erzählung über ihre Partnerschaft, die seit drei Jahren andauert, vermisse ich eine gewisse Nähe und Vertrautheit. Roxana spricht von den Ängsten, die sie hat, wenn sie sich Gedanken um ein potentielles Zusammenwohnen mit ihrem Freund macht. Auf meine Frage hin, ob sie sich vorstellen kann, mit ihm zusammenzuziehen, antwortet sie:

„Ähm ab und zu ja, aber ähm dann ..., also von mir aus ... n- nein. Weil ich bin ja einmal auf die Schnauze gefallen mit dem davor, wir wollten also.... Ich hab wirklich hier alles aufgeben wollen und so, um ähm nach ... zu ziehen, weil er hat nämlich 'nen Studienplatz in [Stadtname] bekommen und ich wollte dann hier alles Zelte au- äh abschlagen und dahin. Und dann haben wir uns gestritten und ich hab Angst also ehrlich gesagt jetzt ähm ..., diesen Schritt noch mal zu wagen, weil ich äh... obwohl das halt dann hier wäre, aber ich weiß nicht, ich ich fühl mich eigentlich so wohl wieder, wie das ist, mit Abstand haben und so, weißt du."

Roxana erinnert sich zurück an ihre erste Partnerschaft. Es handelt sich dabei um eine dreijährige Beziehung, die aus einer intensiven Freundschaft zu einem gleichaltrigen deutschen Mitschüler während der Oberstufenzeit entstand. Auch diese Beziehung war wie ihre aktuelle Partnerschaft von vielen Streitigkeiten gekennzeichnet. Nach dem Abitur wollte Roxana mit ihrem Freund zusammenziehen. Sie sei bereit gewesen, dafür „alles" aufzugeben und alle „Zelte ab(zu)schlagen", aus ihrem Elternhaus auszuziehen und ihrem Freund in eine neue Stadt und eine neue Zukunft zu folgen. Diese Entscheidung wurde jedoch durch einen Streit revidiert und die Beziehung daraufhin endgültig beendet. Jetzt, sagt Roxana, habe sie Angst, diesen Schritt vom Neuen mit ihrem aktuellen Freund zu wagen. Den räumlichen „Abstand", den sie momentan zu ihm hat, empfindet sie als positiv. Der Gedanke an das Zusammenwohnen löst bei Roxana ein Gefühl der Nähe aus, welches ihr Angst einflößt und somit negativ besetzt ist. Sie befürchtet, dass die Beziehung zu ihrem jetzigen Partner dann scheitern würde:

„Also es kommt, also zusammenziehen würde ich schon gerne, aber ich habe Angst, dass das dann nicht klappt, deswegen nicht, erst mal (lacht ein bisschen)."

Die Analyse zeigt einige Parallelen zwischen Roxanas Beziehung zu ihrem Vater, ihrem Bruder und ihrer Beziehung zu ihrem Partner auf. Streit und Machtkämpfe sind Themen, die sich bei Roxana in der gegengeschlechtlichen Konstellation als zentral erweisen. Nähe und Vertrautheit sind wie in der aktuellen Vater-Tochter-Verbindung Aspekte, die in Roxanas Beziehung zu ihrem Partner offenbar schwer herstellbar sind. Roxana scheint sich in ihrer Partnerschaft mit Strukturen zu befassen, die den Verlauf ihrer Adoleszenz beeinflusst haben und weiterhin beeinflussen. Inwieweit diese Muster im Laufe ihrer Partnerschaft beibehalten, revidiert oder aufgehoben werden, bleibt offen. Es ist auch unklar, ob Roxana eine wirkliche Veränderung anstrebt. Eine Veränderung ist stets auch mit Gefühlen der Unsicherheit verbunden, die Roxana momentan eher zu vermeiden versucht. Seit der Scheidung ihrer Eltern und der Erfahrung, erstmals allein zu wohnen, ist Roxana um die Herstellung fester Strukturen in ihrem Leben bemüht. In Anbetracht ihrer starken Sehnsucht nach der Vergangenheit, ist die Wahrscheinlichkeit groß, dass eine Wiederholung bekannter Strukturen ihr kurzfristig ein Gefühl der Sicherheit und des „Zuhause-Seins" bietet. Hinzu kommt, dass die Ungewissheit über ihre weitere Lebensgestaltung nach dem Studium ihre momentanen Ängste und ihre Vergangenheitssehnsucht verstärken bzw. steigern kann.

2.11 Resümee

An Roxanas Beispiel wird die Entstehung einer neuen Form der Identität sichtbar, welche sich zwischen dem Gewinn an Gestaltungsmöglichkeiten eigener Lebensräume und dem Verlust eindeutiger Zugehörigkeit und kollektiver Sicherheit (vgl. Eickelpasch/ Rademacher 2004) bewegt. Das Bemühen um die Herstellung einer Balance zwischen einem individuellen Lebensgefühl einerseits und dem Zugehörigkeitsbedürfnis zu einer Gemeinschaft andererseits ist ein zentraler Aspekt in Roxanas Adoleszenz, der gleichzeitig den roten Faden ihrer Erzählung bildet.

Das kollektive Lebensgefühl, welches Roxana vermisst, gehört zu ihren Kindheits- und frühen Jugendtagen, in denen sie sich als Teil einer multikulturellen „Gemeinschaft" beschreibt. Im weiteren Verlauf bahnt sich eine individuelle Haltung an, mit der sich Roxana gegen die für sie negativen Aspekte eines Kollektivs wie zum Beispiel die soziale Kontrolle zur Wehr zu setzen versucht. Der Weg zwischen einer kollektiven und einer individuellen Lebensführung ist durch Ambivalenzen gekennzeichnet, die Roxana deutlich spürt. Sowohl die Darstellung der intergenerationalen Beziehungsverläufe als auch die Analyse zentraler Themen aus Roxanas Lebensgeschichte zeigen Widersprüchlichkeiten auf, deren Wahrnehmung bei Roxana eine Sehnsucht nach „Leichtigkeit" und das Bedürfnis nach Flucht verursachen: „Ich hab keinen Bock, darüber nachzudenken." Roxana möchte emanzipiert und zugleich traditionell sein. Sie möchte in einer Partnerschaft ihren Weg gehen und dabei trotzdem eine Frau bleiben, die „beschützt" werden muss. Sie möchte einen Partner haben, der „eifersüchtig" ist, ihr jedoch trotzdem alle Freiräume gewährt, die sie einfordert. Sie möchte ein Teil ihrer türkischen Clique sein, aber trotzdem von ihr in Ruhe gelassen werden. Sie möchte zu einer Gemeinschaft gehören und gleichzeitig einen eigenen Lebensweg einschlagen können.

Es ist schwierig zu sagen, wie sich Roxanas individuelle Entwicklung ohne die Scheidung ihrer Eltern vollzogen hätte. Sie fühlt sich nach der Trennung ihrer Eltern und ihrem Umzug einsam und verlassen. Sicherlich wird dadurch ihre Sehnsucht nach der „heilen Welt" der Vergangenheit zusätzlich verstärkt. Zwar sieht sie in der eigenständigen Lebensführung ihrer Mutter ein Vorbild, wählt jedoch gleichzeitig einen Partner, der sie in ihrer Lebensführung zu bevormunden versucht. Den Sorgen ihrer Mutter, sie könnte sich ihrem „moslemischen" Freund unterordnen, steht Roxana mit einer rebellischen Haltung gegenüber. Sie möchte beweisen, dass sie es schaffen kann, trotz aller Widerstände in ihrer Beziehung ihre eigenen Vorstellungen zu realisieren. Dabei ist sie stark hin- und hergerissen zwischen einer herkömmlichen Rollenaufteilung und einer gleichberechtigten Partnerschaft. Die traditionelle Seite ihrer Sozialisation, welche besonders durch ihren Vater geprägt wurde, ist ein Aspekt, den Roxana offensichtlich wieder gesucht und in ihrem Partner und auch in ihrer Clique zum Teil wieder gefunden hat. Die von Roxana gewählten Beziehungsstrukturen, innerhalb derer sie sich aktuell bewegt, geben ähnliche Einschränkungen und Konfliktpotentiale wieder, gegen die sich Roxana innerhalb ihrer Familie in der frühen Phase der Adoleszenz zur Wehr gesetzt hat. Gleichzeitig kann die Tatsache, dass sich Roxana in ihrer aktuellen Partnerschaft sowie innerhalb ihrer türkischen Gemeinschaft in einem neuen, selbstgewählten Rahmen mit der eigenen Sozialisation und deren kulturellen Anforderungen auseinandersetzt, eine Chance bedeuten, um alte Strukturen zu durchbrechen und neue Wege anzugehen. Dafür würden Roxanas

Anteil an Willenskraft sprechen, die sie in ihre zwischenmenschlichen Beziehungen mitbringt, ihre Antipathie gegenüber Abhängigkeit und Dogmen sowie die Unterstützung der Mutter als eine zuverlässige und starke Bezugsperson.

V. Ergebnisse der Feinanalysen

Shirin und Roxana leben seit ihrer frühen Kindheit mit ihren Familien in Deutschland. Während Roxana ihr Herkunftsland in der Zwischenzeit einmal besuchen konnte, bleibt Shirins Wunsch, in den Iran zu reisen, um sich aus der Nähe ein Bild über ihr Herkunftsland machen zu können, ihr momentan verwehrt. Die fortwährende räumliche Distanz zum Herkunftsland führt bei gleichzeitiger Bemühung der jungen Frauen um die Herstellung einer Kontinuität zwischen den Anteilen der Vergangenheit und der Gegenwart, zur Herausbildung von Gemeinsamkeiten in ihren Erfahrungswelten, wie an den Beispielen von der muttersprachlichen Entwicklung und den Reflektionen über spezifische Merkmale, Werte und Normen ihrer Herkunftsreligion und -kultur deutlich werden konnte. Die fehlende Anknüpfung an das Herkunftsland sowie das Fehlen einer, wie Shirin sagt, „Community" mit anderen Gleichaltrigen iranischer Herkunft bewirkt, dass die Verwendung der persischen Sprache in den Hintergrund tritt und die Muttersprache sich von der ersten Sprache in der Kindheit zur zweiten und schwächeren Sprache in der Adoleszenz entwickelt. Roxanas Schilderung über die positive Erfahrung mit ihrer Muttersprache bei persisch- und englischsprachigen Verwandten in Kanada führt ihr vor Augen, dass es außerhalb ihrer alltäglichen Lebenswelt auch andere Realitäten gibt, in denen sie ihre Sprachkenntnisse sinnvoll einsetzen könnte. Dieses Erlebnis motiviert sie dazu, (wieder) Sprachunterricht in Farsi zu belegen. So ist die Entwicklung der Muttersprache als ein Aspekt der Herkunftskultur unter vielen zu betrachten, der in der Lebenswelt der Adoleszenten Wandlungsprozesse durchläuft, welche die Identitätsbildung der jungen Frauen nachhaltig beeinflussen.

Weitere in den biografischen Erzählungen relevante soziokulturelle Anteile aus der Herkunftskultur der jungen Frauen sind die kollektive Lebensart, die patriarchalen Rollenstrukturen und die islamisch geprägten Moralvorstellungen, mit deren Inhalten sich Shirin und Roxana in der Phase der Adoleszenz reflexiv auseinandersetzen. Die Analyse dazugehöriger Erzählpassagen zeigt, dass die Konfrontation mit divergenten Anforderungen aus der „iranischen" Sozialisation in der Migration und die Möglichkeit des Experimentierens und der Reflektionsarbeit in dem „Schonraum" der Adoleszenz in der Aufnahmegesellschaft die Entstehung einer nachhaltig neuen Sichtweise bezüglich der eigenen Lebensführung der jungen Frauen bewirken. Die kritische Beschäftigung mit dem vorherrschenden Geschlechterverständnis ihrer ersten männlichen Bezugspersonen, der Väter, die daraus hervorgeht, dass den jungen Frauen im Umgang mit dem anderen Geschlecht starke Restriktionen auferlegt werden, bewirkt die Entstehung einer nachhaltig emanzipatorisch ausgerichteten Lebensführung, die sich in der Aufnahmegesellschaft entfalten kann. Die Mütter der jungen Frauen stehen patriarchalen Beziehungsstrukturen äußerst kritisch gegenüber und nehmen ihre Töchter vor dem Versuch der Machtausübung von Seiten der Väter und der Partner in Schutz. Gleichzeitig führen sie ihren Töchtern das Gelingen einer positiven weiblichen Biografie jenseits von unterdrückenden restriktiven Rahmenbedingungen vor und sind den jungen Frauen greifbare und unterstützende Vorbilder.

Insgesamt findet sowohl bei Roxana als auch bei Shirin über die adoleszente Lebensphase eine nachhaltige Mutter-Tochter-Solidarisierung statt (vgl. Rohr 2001), während die Beziehung zu den Vätern von vielen Konflikten und Kämpfen begleitet wird. Anders als bei Roxana ist bei Shirin in einer späteren Phase der Adoleszenz, etwa vom sechzehnten bis achtzehnten Lebensjahr, eine Wiederannäherung von Vater und Tochter zu verzeichnen. Shirin und ihr Vater zeigen eine Dialogbereitschaft auf einer gleichberechtigteren Ebene. Dieses beidseitige Sich-Einlassen der Generationen auf die durch die Adoleszenzphase herbeigeführten Veränderungen kann eine neue Chance in der Vater-Tochter-Beziehung bedeuten.

VI. Themenspezifische Analyse

Eine themenspezifische Analyse zum Umgang der jungen Frauen mit den unerschiedlichen soziokulturellen Anforderungen ihrer Lebenswelt beinhaltet sowohl die Untersuchung zentraler Familienbeziehungen aus den Schilderungen der Interviewpartnerinnen als auch die Untersuchung gemeinsamer Themenfelder aus den Erzählungen heraus. Die Ebene der Beziehung schließt die Analyse der Vater-Tochter-Beziehung, der Mutter-Tochter-Beziehung sowie der Mädchenfreundschaften mit ein. Weiterhin geben die Analysen einen Einblick in die Erlebnisse, Konflikte und Bewältigungsstrategien der jungen Frauen in Bezug auf die Entwicklung der Herkunftssprache, den Umgang mit Glaube und Religion sowie die Auseinandersetzung mit den Themen Beruf, Mutterschaft und Familie.

1 Väter und Töchter

In den Erzählungen meiner Interviewpartnerinnen bildet die Auseinandersetzung der jungen Frauen mit ihren Vätern eine wesentliche Rolle bei der Herausbildung und der Definition einer Ich-Identität. So sehr sie sich in der Kindheit an den geliebten Vätern orientieren, umso mehr kämpfen sie in der Adoleszenz um die Erlangung einer eigenständigen Identität als werdende *Frauen* in der Gesellschaft und um eine Loslösung aus der engen Vater-Tochter-Beziehung. Wie vollzieht sich diese Loslösung? Wird der Vater als der „wichtigste Ansprechpartner" des Kindes in der Pubertät durch jemand anderes ersetzt? Welche Quellen ziehen die Frauen als Unterstützung im Prozess der Frau-Werdung heran? Wie entwickelt sich die Beziehung zwischen Vater und Tochter in der Adoleszenz und darüber hinaus? Woran liegt es, dass sich bestimmte Aspekte in den Vater-Tochter-Beziehungsverläufen in den Erzählungen der jungen Frauen wiederholen? Gibt es den „iranischen" Vater in der Migration aus der Sicht der jungen Frauen? Wenn ja, wie wird er beschrieben? Was macht ihn aus? Wie steht er zu ihnen? Was sind seine Wünsche und Hoffnungen für seine Tochter? Die Analyse der „Vater-Passagen" aus den Interviews geben dazu einige Hinweise und Antworten.

Aufgrund von Scheidungen der Eltern und Folgen der Migration, die ich ausführen werde, sind die Väter nicht kontinuierlich von der Geburt bis zur späten Adoleszenz der Töchter anwesend. Narges ist erst zwei Jahre alt, als ihr Vater an den Folgen einer Krankheit im

Iran stirbt. Donyas Eltern lassen sich insgesamt drei Mal scheiden. Donyas gemeinsame Zeit mit ihrem Vater bezieht sich vor allem auf ihre Kindheit. Farideh und Marjan leben bis zum zwölften bzw. fünfzehnten Lebensjahr mit ihren Eltern im Iran und werden dann von ihnen nach Deutschland geschickt. Seitdem haben beide ihre Väter nur ein einziges Mal wiedergesehen. Shivas Eltern trennen sich in Deutschland, als sie fünf Jahre alt ist, woraufhin der Vater in den Iran zurückkehrt. Bis zu ihrem vierzehnten Lebensjahr besucht sie ihn jährlich und lebt zuletzt auf eigenen Wunsch für ein Jahr im Iran, bevor sie sich für ein Leben bei ihrer Mutter in Deutschland entscheidet. Danach lässt der Kontakt zum Vater nach. Sara lebt mit ihrem Vater und ihrer Mutter bis zu ihrem zehnten Lebensjahr zusammen. Als ihre Mutter an den Folgen einer schweren Krankheit in Deutschland stirbt, geht Saras Vater mit ihrem Bruder in den Iran zurück und überlässt sie seinen eigenen Eltern in Deutschland. Seitdem wird der Kontakt über Briefwechsel, Telefonate und einige wenige Besuche aufrechterhalten. Acht von meinen Interviewpartnerinnen, Shirin, Roxana, Vida, Puneh, Minu, Roja, Lilli und Nuran wachsen bis zur späten Adoleszenz mit einem präsenten Vater auf. Shirin, Vida und Roja erleben als Folge der Migration jeweils eine ein- bis zweijährige Trennung von den Vätern, da diese vor dem Rest der Familie nach Deutschland reisen. Lillis Vater folgt seiner Frau und seiner Tochter nach sechs Monaten auf Fluchtwegen nach Deutschland.

Die Analyse der intergenerationalen Verhältnisse aus den Erzählungen der jungen Frauen zeigt eine frühe positive Beziehung zu den Vätern auf. Aus den Schilderungen der Kindheit spricht die Bewunderung heraus, die die Töchter ihren Vätern entgegenbringen. Puneh zum Beispiel bezeichnet ihren Vater als ihr „Idol", „die große Person schlechthin" und „der Mann", mit dem sie sich als Kind besser verstanden hat als mit der Mutter:

„Also mit meinem Vater, da hab ich mich ähm als Kind besser verstanden (als mit meiner Mutter). Das war auch die große Person für mich schlechthin, das war der Mann (lacht). Mein Idol. Also hatte ich 'ne super Beziehung als Kind."

Für Puneh steht es außer Frage, dass sie als Kind zu ihrem Vater eine „super Beziehung" hatte, an die sie sich gern zurückerinnert. Donya beschreibt das gute Verhältnis zu ihrem Vater als Kind folgendermaßen:

„Als ich klein war, hatte ich ein sehr sehr gutes Verhältnis zu meinem Vater ... Also ähm und immer also wenn zum Beispiel man fragt ja so mit kleinen Kindern fragt man doch immer: Liebst du deine Mutter mehr oder deinen Vater? //Mhm// Und ich immer meinen Vater (lacht ein bisschen). Weil ähm ich weiß nicht ..., ähm hab mit ihm viel gespielt und

er brachte mir immer so Spielzeug und was weiß ich was ... und ähm ... ich fühlte mich einfach so wohl bei ihm, weil er war wirklich ein sehr guter Vater, sehr besorgter Vater und ... der hat wirklich alles gemacht, dass es seiner Familie gut geht."

Donya habe ihren Vater mehr geliebt als ihre Mutter. Das „Spielen", die vielleicht wichtigste Tätigkeit im Leben eines Kindes, um zu lernen und zu begreifen, bringt Donya mit ihrem Vater in Verbindung. „Hab mit ihm viel gespielt" steht synonym für „hab mit ihm vieles begreifen gelernt", „er half mir meine Welt besser zu verstehen". Sie habe sich mit ihm „einfach wohlgefühlt". „Wirklich ein sehr guter Vater", ein „sehr besorgter Vater" sei er gewesen. Donya bezeichnet ihren Vater als jemanden, der äußerst darauf bedacht war, dass es „seiner Familie gut geht". Die Tatsache, dass Donya als Kind ein emotional engeres Verhältnis zu ihrem Vater gespürt hat als zu ihrer Mutter, ist ein Aspekt, den sie mit den meisten Erzählerinnen teilt. Shirin bezeichnet ihren Vater als ihren „Hauptansprechpartner" in der Kindheit. Er habe sie „überall mit hingenommen", habe ihr die Welt erklärt und „alles" für sie „gemacht". Roxana spricht von ihren unvergesslichen Erlebnissen mit ihrem Vater auf dem Fußballplatz oder zu Hause beim Melonenschneiden für die Familie. Die Erzählungen aus der Kindheit sind getragen von einer tief empfundenen Liebe zu den Vätern und von gemeinsamen Aktivitäten. Mit ihren positiven Äußerungen über die Väter räumen die jungen Frauen ihnen einen ganz eigenen Platz in ihrer Kindheit ein.

Dieses enge Verhältnis und die besondere Rolle der Väter werden mit Beginn der Pubertät der Töchter und den damit einhergehenden lebensweltlichen Veränderungen auf äußerst konflikthafte Proben gestellt. Die autoritäre Haltung der Väter kollidiert mit dem Wunsch der heranwachsenden Töchter nach eigenen Freiräumen außerhalb der Familie. Ein Konfliktpunkt ist vor allem das Interesse am anderen Geschlecht. Die Väter versuchen, die Kontrolle über das Leben der Töchter beizubehalten und reagieren mit väterlicher Eifersucht auf die gegengeschlechtlichen Beziehungsversuche der Töchter. Vidas Bericht über die Strenge ihres Vaters in ihrer Jugendphase ist exemplarisch für das Verhalten der Väter aller meiner Interviewpartnerinnen, die mit einem anwesenden Vater aufgewachsen sind: *„Ähm, aber wie das halt ist, dafür hat unsere Kultur das halt, dass die Väter strenger sind, dass die Töchter vielleicht keine Freunde mit nach Hause bringen sollen, obwohl ja nie richtig drüber geredet wird, also er hat sich auch nicht hingestellt und hat gesagt „du darfst keinen Freund haben. Aber wenn ich mit 'nem Fr-, äh einfach 'nem Kumpel oder so durch die Gegend gelaufen bin, hat er schon zehn Mal gefragt: „Und wer ist das und*

was will der hier?" Und dann wusstest du halt, wo's lang geht. Oder dass ich abends nicht weggehen durfte oder so, das das war halt [...], das war ziemlich eingeschränkt."
Vida spricht von der iranischen „Kultur", in der die Väter „strenger" seien. Die Töchter dürften ihren „Freund" nicht „mit nach Hause" bringen, obwohl über das Thema „nie wirklich geredet wird". Ihr Vater habe nie wörtlich gesagt, sie dürfe keinen Freund haben, er habe ihr lediglich in seiner Art der Fragestellung und in seinem Verhalten ihr zu verstehen gegeben, „wo es lang geht". Abendliche Ausgänge seien ihr nicht erlaubt gewesen. Ihre Pubertät bezeichnet sie als „ziemlich eingeschränkt." Vida spricht von Einschränkungen, denen sie durch die Kontrolle ihres Vaters über ihren Lebensraum ab der Pubertät unterworfen worden sei. Zwar habe sie sich verbal gegen das Verbot gewehrt, sich nicht mit einem Jungen treffen zu dürfen, aber dennoch keinen anderen Weg gesehen. als die Freundschaften zu gleichaltrigen Jungen vor ihrem Vater zu verheimlichen:

„Ich hab mich hingestellt und hab gesagt: Ich darf das vielleicht auch nicht, das bin aber ich und ich mach ... In der Hinsicht war ich vernünftig zwar noch, weil ich war nie, wirklich kein unvernünftiges Mädchen oder ... Kind auch ..., aber es ist meine Sache und da lasse ich mir nicht reinreden. //Mhm.// Hab´s dann aber zuhause meinem Vater trotzdem verheimlicht ..., weil ich diese Konfrontation nicht wollte."

Während der Vater sich nicht „hinzustellen" braucht, um Vida zu vermitteln, „wo es lang geht" („Er hat sich nicht hingestellt und hat gesagt [...]"), versucht sie sich ihrem Vater selbstbewusst mitzuteilen, indem sie sich „hinstellt" und demonstriert „[...] das bin aber ich." In einem kleinen Absatz benutzt Vida insgesamt acht Mal das Subjekt „ich". Das Ich möchte nach außen dringen, sich Ausdruck verleihen und sich zeigen mit all seinem Anderssein. Vida bezeichnet sich als ein „vernünftiges Mädchen" und als jemanden, der sich nicht „reinreden" lässt. Jedoch habe sie sich letztendlich *gegen* die „Konfrontation" und *für* das „Verheimlichen" entschieden. Eine Gesprächsbereitschaft oder ein Entgegenkommen seitens des Vaters scheint es in dieser Zeit nicht zu geben. Die Lebenswelten der beiden klaffen auseinander. Vida täuscht ihrem Vater vor, sie würde seine „Macht" über ihr Leben akzeptieren und tut trotzdem, was sie für richtig hält. Ihre Mutter scheint sich bei den Konflikten zwischen Vater und Tochter im Hintergrund zu halten, zumindest ist sie in diesen Erzählpassagen nicht sichtbar. Nach dem plötzlichen Tod des Vaters, als Vida neunzehn Jahre alt ist, kann sie die Heimlichkeiten aufgeben: *„Als er verstorben ist, habe ich halt das ausgelebt, was ich sowieso hätte ausleben wollen so, vorher aber nicht konnte...."* Hier wird das Ausmaß des Drucks deutlich, den Vida als Jugendliche in ihrer Erziehung gespürt hat und der sich erst durch den Tod ihres Vaters auflöst. Ihr Vater habe sich gewünscht, dass der Mann, mit dem sie zusammen ist, auch derjenige sein würde, den sie heiratet. Allerdings wäre sie nach dem Abitur sowieso von zuhause ausgezogen, um zu studieren, und da hätte er ohnehin „keine Kontrolle mehr" gehabt. Sie glaubt auch, dass ihr Vater, wäre er am Leben geblieben, ihr im Studium mehr Freiheiten zugestanden hätte. Vida erzählt, dass sie sowohl vor als auch nach dem Tod des Vaters ihre Mutter stets an ihrer Seite gewusst hat. Allerdings gibt es in der Familienkonstellation ein deutliches Machtgefälle zugunsten des Vaters. Sein Wort scheint zu seinen Lebzeiten mehr zu wiegen als das anderer Familienmitglieder. Auf sehr ähnliche Weise beschreiben auch Shirin und Roxana die einseitige Machtausübung ihrer Väter über ihre Lebenswelt in der Pubertät (vgl. IV.1.4.2; 2.4.2). Die Mütter zeigen Verständnis für die Töchter, sind ihre Verbündete und Vertraute in dieser Phase. Möglich, dass ihre weibliche Solidarisierung unter anderem eine stille Rebellion gegen die patriarchale Macht ihrer Ehemänner sein könnte.

Während die strengen Verbote gegen die Wünsche der heranwachsenden Töchter bei Vida, Shirin und Roxana direkt von den Vätern ausgehen, sprechen Minu, Roja und Puneh diesbezüglich von beiden Elternteilen, die gemeinsam agieren. Die Töchter neigen dazu, sich wider Willen doch noch mit den Gegebenheiten zu arrangieren. Minus Eltern, die einer religiösen Minderheit angehören, sind bis in die späte Adoleszenz ihrer beiden Töchter hinein sehr darauf bedacht, dass diese nicht außer Haus übernachten und pünktlich nach Hause kommen, da sie einen intensiven Umgang zwischen ihren Töchtern und gleichaltrigen Jungen verhindern möchten:

„Als wir älter wurden und äh Partys dann doch angesagt waren irgendwann dann, haben die auch drauf geachtet, dass wir pünktlich zuhause waren und ... Ja, nicht bei anderen übernachten durften und ..., aber es war, als wir schon älter waren ..., als wir schon erwachsen waren und eigentlich (lacht) selbst bestimmen wollten. Weil da haben die ... mehr Druck, also ... was heißt Druck, aber mehr aufgepasst. //Ja// Man kann ja nie wissen, was die achtzehn-, neunzehnjährigen Jungs mit einem anstellen (lacht). Man hat als Eltern hat man immer Angst [...]."

Das Bedürfnis nach „Selbstbestimmung" kollidiert mit dem „Druck", den die Eltern auf die Töchter ausüben. Minu erklärt das Verhalten ihrer Eltern fast entschuldigend mit den Worten, man könne ja „nicht wissen", was die „Jungen" „mit einem anstellen". Anschließend fühlt sie sich in ihre Eltern ein, wenn sie sagt, „als Eltern" habe „man" „immer

Angst". Möglicherweise wechselt Minu hier die Perspektive und spricht aus ihrer Rolle als Mutter heraus, die nun selbst zwei Kinder hat. Der psychische Druck, von dem Minu berichtet, kann als ein generelles Merkmal in der Adoleszenz meiner Interviewpartnerinnen bezeichnet werden. Minu lernt ihren jetzigen Mann deutscher Herkunft mit neunzehn Jahren während ihrer Ausbildung kennen. Nach der Ausbildung zieht sie im Alter von einundzwanzig Jahren mit ihm zusammen, die beiden heiraten kurz darauf und gründen eine Familie. Damit löst Minu ihren Auftrag ein, eine sexuelle Beziehung nur mit einem Mann einzugehen, den sie auch heiratet.

Roja beschreibt ihre anfängliche Traurigkeit über die Einstellung ihrer Eltern bezüglich einer möglichen Beziehung ihrer Tochter zu einem Jungen in der Pubertät:

„Also am Anfang ... haben die auch solche Sprüche gelassen, so von wegen, du darfst keinen Freund haben, bis du heiratest und solche Sachen ... War ich halt noch frühes Teenie-Alter ... und ich hab das voll ernst genommen und hab nur geheult. Und war voll am Ende."

Was bedeutet „Heiraten" für ein Mädchen von zwölf Jahren? Warum darf sie keinen „Freund" haben? Roja heult, sie ist „am Ende". Ihre Eltern drohen ihr, sie nach „Persien" zurückzuschicken, wenn sie nicht gehorcht: *„ (...) wir schicken dich nach Persien zurück und ich hab dann immer das voll ernst genommen, so mit zwölf, ne? //Ja// Hab da nur geheult (lacht)."* Roja glaubt ihren Eltern, sie nimmt sie „ernst". Aus Angst, die Familie würde sie allein nach „Persien" zurückschicken, gehorcht sie und ist dabei tieftraurig. Als ihr Bruder allerdings ebenfalls in die Pubertät kommt und eine Freundin haben darf, startet sie einen neuen Versuch bei ihren Eltern. Zu diesem Zeitpunkt ist Roja bereits achtzehn Jahre alt und hat einen Freund, den sie ihren Eltern vorstellt. Voller Staunen stellt sie fest, dass ihre Eltern ihren Freund akzeptieren und es sogar zulassen, dass er bei ihnen übernachtet:

„Und später hatte ich aber 'n Freund, da mit siebzehn, achtzehn ... und das war auch o.k., ne? Da haben die nix zu gesagt. Der hat bei uns übernachtet und alles."

Tatsächlich wird der Freund auch in den anderen Familien häufiger in der späten Phase der Adoleszenz geduldet als vorher. Hierzu stehen zwei zusammenhängende Erklärungsansätze zur Verfügung: 1. Die Volljährigkeit der Mädchen bedeutet ein Signal für das Erwachsenwerden. 2. Die Eltern passen sich allmählich ihrem Leben in der Ankunftsgesellschaft an und es fällt ihnen leichter, Veränderungen zu akzeptieren, da sich die Beziehungen zur Herkunftskultur zunehmend auflockern. Geschieht dies nicht, bleibt die Familie mit den alten Strukturen verbunden und den Töchtern bleiben die Türen zu den

Möglichkeitsräumen der Adoleszenz zum Teil verschlossen. Dazu möchte ich das Verhältnis von Puneh und ihren Eltern schildern, welches diese Problematik deutlich macht. Der Abschied von der Kindheit hat für Puneh, die gleichen Einschränkungen zur Folge wie für die meisten meiner Interviewpartnerinnen. Ihr Vater hat weniger Zeit für sie und ist geschäftlich häufig unterwegs; gleichzeitig gibt es in Punehs Familie jedoch bestimmte stillschweigende Vereinbarungen, über die sich die heranwachsende Tochter nicht hinwegsetzen sollte. Puneh, die ebenfalls keinen Freund haben „darf", fügt sich ähnlich wie Minu und Roja den Wünschen ihres Vaters und ihrer Mutter, weil sie befürchtet, ansonsten noch weniger Freiraum für sich haben zu dürfen. Lieber meidet sie den Ärger mit ihren Eltern, als sich noch weiteren Einschränkungen zu unterwerfen:

„Das war ja, ich glaub wenn ich mit fünfzehn gesagt hätte: H- Hallo, ich möchte 'n Freund haben, hätten sie mich wirklich nur noch selber (lacht) überall mitgenommen ... Weiß es nicht, wie's gewesen wäre. Ich wusste nur, dass sie's halt nicht wollten und ähm da wollte ich jetzt auch keinen Ärger aufkommen lassen und so hab ich's vermieden."

Mit fünfzehn weiß Puneh, dass ihre Eltern einen Freund für sie ablehnen, und sie muss dies respektieren, wenn „kein Ärger" aufkommen soll. Bis heute hat Puneh, abgesehen von einer kurzen Verlobungszeit mit einem iranischen jungen Mann, die wieder aufgelöst wurde, keine feste Partnerschaft gehabt. Sie erklärt das mit ihrem „Respekt" vor den Eltern:

„Und ähm ... ich muss auch gestehen, ich hab ziemlich großen Respekt vor meinen Eltern und ah das war auch der Grund, warum ich nie enge Freundschaften eingegangen bin. Also ... ich hab mich mit Jungs ganz gut verstanden, wie gesagt hatte auch zahlreiche Freunde, aber- //Kumpels// Genau, ja, ähm aber ernsthafte Beziehungen hatte ich nicht."

„Zahlreiche Freunde", aber „keine engen Freundschaften", keine „ernsthaften Beziehungen", um die Möglichkeit einer sexuellen Annäherung zu vermeiden. Puneh ist zum Zeitpunkt des Interviews siebenundzwanzig Jahre alt, wohnt noch bei ihren Eltern und passt sich ihren moralischen Vorstellungen an. Punehs Eltern pflegen rege persönliche und geschäftliche Kontakte zu ihrer Heimat, einer Provinzstadt im Iran. Mehr als alle anderen meiner Interviewpartnerinnen ordnet Puneh ihr Leben den familiären Moralvorstellungen unter. Punehs Biografie steht für das Leben einer angepassten Tochter, die ihr Nest nicht verlässt. Niemand fragt sie nach ihren Wünschen. Was zählt, ist das Kollektiv und das Einhalten der darin verborgenen Regeln. Diese Regeln sind unantastbar, wenn nicht heilig. Anders als die meisten jungen Frauen, die zwischen dem achtzehnten und zwanzigsten Lebensjahr ihre erweiterte Bildungsphase nutzen, um sich neue Möglichkeitsräume außerhalb der Familie zu erschließen und eine Partnerschaft einzugehen, ordnet sich Puneh in die Familienkette ein. Ihre Wünsche nach einer eigenen Sexualität und eigenen Erfahrungen diesbezüglich bleiben vorerst unerfüllt.

Ähnlich konform wie Puneh ist auch Nurans Haltung ihrer Familie gegenüber. Nuran bemüht sich, ihre Familie in ein positives Licht zu stellen und betont ohne mein Nachfragen, dass sie bis auf eines „alles" dürfe:

„*Ich darf halt alles andere, was auch die anderen auch dürfen die Kinder, in die Disko gehen, ähm was weiß ich, zu Freunden gehen, übernachten, also jetzt nicht Jungs, sondern Mädchen (lacht). Und ... das hat halt doch mit der Mentalität zu tun, dass man das nicht selber machen will.*"

Nach diesem Abschnitt zu urteilen, scheint in Nurans Fall eine Internalisierung kulturell geprägter Geschlechterdefinition gelungen zu sein. Nach Nuran würde „man" als Mädchen von sich aus anders mit dem Thema „Jungs" umgehen, das sei eine Frage der „Mentalität". Damit stellt Nuran klar, dass sie einen Unterschied macht zwischen den „anderen Kindern" und sich selbst als „Kind" mit iranischem Migrationshintergrund. Dass sie sich selbst mit zweiundzwanzig Jahren und auch die anderen Gleichaltrigen als „Kinder" bezeichnet, demonstriert in diesem Erzählabschnitt ihre Sicht der Dinge aus der Position der Erwachsenen: „Ein Mädchen aus dem Iran darf alles, was auch die anderen dürfen. Nur beim Thema Jungs gelten andere Regeln." Nurans Eltern sind seit zwei Jahren geschieden. Sie lebt mit ihrer Mutter zusammen. Zu ihrem Vater habe sie einen guten Kontakt. Sie verstehe sich mit beiden Eltern. Nurans Bruder zieht mit neunzehn Jahren von zuhause aus. Ein Jahr später, im Alter von siebzehn Jahren, stellt Nuran der Familie ihren neuen Freund vor. Die Eltern sind darüber nicht erfreut, mit der Begründung, Nuran solle die Schulzeit ernst nehmen und vorerst das Abitur machen. Sie geht jedoch nach der zwölften Klasse von der Schule ab und beginnt eine Lehre. Die Eltern lassen sich scheiden und auch Nurans Beziehung endet in dieser Zeit. Es wird deutlich, dass in Nurans Leben eine Phase existiert hat, in der sie und ihre Familie sich nicht einig gewesen sind, eine Phase der Rebellion, eine Phase, in der erste Ablösungsversuche stattgefunden haben. Es bleibt ungeklärt, inwiefern Nurans Bemühungen um eine Ablösung von ihren Eltern zu den Auseinandersetzungen in der Familie und dem Scheidungsgrund der Eltern beigetragen haben. Seitdem sind zwei Jahre vergangen. Fühlt sich Nuran für die Scheidung ihrer Eltern verantwortlich? Zumindest ist Nuran in ihrer Erzählung äußerst darum bemüht, ihre Familie in ein harmonisches Licht zu stellen und zeigt sich ihr gegenüber loyal. Sie habe keinen Freund und auch kein Bedürfnis danach, eine Partnerschaft einzugehen. Sie sei glücklich so, wie ihr Leben momentan sei.

Meinen Interviewpartnerinnen ist bewusst, dass die familiären Anforderungen, die sie zu bewältigen versuchen, als „Töchter iranischer Eltern" an sie delegiert werden. Sie bekommen vermittelt, dass sie anders seien als die „deutschen" Mädchen und sich anders zu verhalten haben. Deshalb ist die Wut und die innere Rebellion der Töchter eine doppelte, da die Konflikte sich nicht nur auf der Ebene der Zugehörigkeit zu zwei verschiedenen Generationen (alt und jung) vollziehen, sondern zusätzlich auf der Ebene der von der Mehrheitsgesellschaft abweichenden ethnischen Zugehörigkeit.

Wie sehr auch die Väter während der Adoleszenz der Töchter einem seelischen Druck unterworfen sein können, macht die Erzählung von Roxana deutlich, als sie die Reaktion ihres Vaters über ihren neuen Freund beschreibt: *„Er hat geheult, als meine Mutter ihm das erzählt hat (lacht ein bisschen). Richtig geheult."* Roxanas Vater weint. Zu diesem Zeitpunkt hat seine zwanzigjährige Tochter bereits seit zwei Jahren einen Partner. So können seine Tränen einerseits für die väterliche Eifersucht stehen und andererseits für die Ohnmacht, die er in Anbetracht der Tatsache spürt, dass er eine lange Zeit nichts von der Beziehung seiner Tochter zu einem jungen Mann gewusst hat. Die Mutter fungiert als die Vermittlerin zwischen Vater und Tochter. Roxanas Eltern lassen sich in dieser Zeit scheiden.

Verlust- und Ohnmachtsgefühle sind Bestandteile der Adoleszenz und müssen verarbeitet werden, wenn eine Wiederannäherung zwischen Vater und Tochter über die Adoleszenz hinaus möglich sein soll. Zwischen ihrem achtzehnten und zwanzigsten Lebensjahr erleben die meisten meiner Interviewpartnerinnen eine biografische Veränderung, sei es, dass sie die Schule abschließen und studieren wollen, sei es, dass sie von zu Hause ausziehen. Nach ihrem Abitur bzw. nach dem Abschluss der Schule und einer Ausbildung wird den Töchtern mehr zugetraut. Es tritt eine neue und gleichberechtigtere Beziehungsphase in der Vater-Tochter-Dynamik ein, in der eine größere Akzeptanz von Seiten der Väter sichtbar wird. Die jungen Frauen ergreifen in dieser Zeit die Chance, die neu entstehenden Freiräume zu nutzen und treten damit in eine neue Lebensphase ein. Die Väter akzeptieren dann in der Regel die Anwesenheit des Partners an der Seite ihrer Töchter und mischen sich generell weniger in die Angelegenheiten ihrer Töchter ein. Insgesamt ist in allen Familien - mit Ausnahme der Familie von Puneh – nach der Volljährigkeit der Töchter eine Auflockerung in den strengen Erziehungsstrukturen festzustellen.

Diese Auflockerung der Erziehungsmethoden in der späten Phase der Adoleszenz ist ein Aspekt, der sowohl bei Interviewpartnerinnen auftaucht, die in der klassischen Triade der Kernfamilie aufwachsen, als auch bei denjenigen, die mit ihrer Mutter, den Großeltern – wie Sara - oder bei einer Pflegefamilie - wie es bei Marjan der Fall ist - aufwachsen. Die Volljährigkeit der Töchter und die Dauer des Aufenthaltes in der Ankunftsgesellschaft unter Berücksichtigung des Bindungsgrades zum Herkunftsland spielen wichtige Rollen dabei, wie viele Freiheiten die Töchter zugestanden bekommen und wie diese definiert werden. Alle meine Interviewpartnerinnen, die nicht mehr zuhause wohnen und deren Väter noch am Leben sind, berichten davon, dass seit dem Auszug von zu Hause tatsächlich eine neue gegenseitige Akzeptanz zwischen Vater und Tochter für das Leben des anderen entstanden sei

Die Analyse der Vater-Tochter-Dyade in der Adoleszenz zeigt traditionelle Tendenzen familialer Geschlechterverhältnisse auf, in der es um die Behauptung und Erhaltung von Macht des Vaters hinsichtlich der neuen Interessen der heranwachsenden Tochter außerhalb der Familie geht (vgl. King 2004: 137 ff). Die väterliche Fürsorglichkeit, die in der Kindheit vorhanden zu sein scheint, lässt in der Adoleszenz der Töchter rapide nach und es wird ein autoritärer Erziehungsstil der Väter deutlich, der wenig Raum für eine innere Begegnung zwischen Vater und Tochter zulässt. Erst in der späten Phase der Adoleszenz ist seitens der Väter ein Zugehen auf die Töchter in Form von Gesprächsbereitschaft und Akzeptanz derer Wünsche zu vernehmen. Auffallend an den Ausführungen der jungen Frauen über die erzieherischen Verbote aus den Familien, in denen beide Eltern präsent sind, ist das - auf den ersten Blick passiv wirkende - Verhalten der Mütter. Vidas Mutter zum Beispiel, die jahrelang die Anweisungen des Vaters an die Tochter hinzunehmen scheint, setzt nach seinem Tod die bis dahin für Vida geltenden Erziehungsmaßnahmen nicht länger fort. Wie selbstverständlich erzählt Vida, auf welche Weise sie nach dem Abschied vom Vater ihre neugewonnene Freiheit nutzen kann. Es ist allerdings auch die Möglichkeit mitzubedenken, dass die strengen Erziehungsmethoden des Vaters bei Vida im Alter von neunzehn Jahren vermutlich ohnehin allmählich ihre absolute Gültigkeit verloren hätten. Die Frage, die sich hier stellt, ist, warum einige Frauen sich den strengen Erziehungsstrukturen der Familie in der Pubertät zu entziehen versuchen, während sich andere anpassen. Wo liegen die Unterschiede in den Familiendynamiken der einen und der anderen Gruppe? Die Analyse zeigt deutlich, dass die Delegation „frommer" Erwartungen und Hoffnungen an die Töchter zunächst dem Anschein nach gleichermaßen von beiden Elternteilen getragen wird. Jedoch ergibt sich bei genauerem Hinsehen ein markanter Unterschied. Diejenigen jungen Frauen, die sich gegenüber den Einschränkungen eher anpassungswillig zeigen, sind Töchter von Müttern, die sich als Frauen ebenfalls eher konform verhalten. Dies mag eine Erklärung für die Verzichtbereitschaft der Töchter sein, da ihnen das weibliche Vorbild für Mut und einen Sinn für Rebellion in der Pubertät fehlt. Als „gute" Töchter arrangieren sie sich lieber mit den Gegebenheiten, als dass sie den „Familienfrieden" auf die Probe stellen. Dabei sind sie keineswegs mit ihrer Entscheidung zufrieden, es ist eher ein Kompromiss, der auf Kosten ihrer Entfaltung in der Adoleszenz gehen kann.

In den Familien, in denen die Mädchen ausschließlich mit der Mutter aufwachsen, sind die Erfahrungen in der Mutter-Tochter-Beziehung andere als die in der traditionellen Kernfamilie. Deshalb macht die Untersuchung familialer Dynamiken nur vor dem genauen Hintergrund der familialen Zusammensetzung einen Sinn. Im Folgenden soll über die Ausführungen zur Mutter-Tochter-Beziehung ein differenziertes Bild dargelegt werden.

2 Mütter und Töchter

Gefragt nach ihrem Verhältnis zu ihren Müttern, betonen die meisten Frauen zunächst die positive Beziehung und die enge Bindung zu ihnen. Später, wenn sie auf die Pubertät zu sprechen kommen, berichten einige durchaus, dass sie offene Kämpfe mit ihren Müttern ausgetragen haben, in denen es hauptsächlich um abendliche Ausgehen oder das Treffen mir einem Jungen gegangen sei. Die folgenden Abschnittsanalysen sollen wiedergeben, wie meine Interviewpartnerinnen ihre Mütter heute sehen und wie sich die Beziehungen seit der Kindheit, während der Pubertät und der Phase der Adoleszenz in den unterschiedlichen Biografien entwickelt haben.

Punehs Haltung ihrer Mutter gegenüber macht exemplarisch deutlich, was für die Empfindung und Einstellung einiger meiner Interviewpartnerinnen aus ihrer heutigen Sicht, allerdings mit unterschiedlicher Intensität, gilt. Punehs Mutter ist vor kurzem an Krebs erkrankt und kämpft seitdem um ihr Leben. Puneh, die ihr Studium abgeschlossen hat und berufstätig ist, wohnt mit ihrer jüngeren Schwester noch zuhause und möchte besonders jetzt für die Mutter da sein. Sämtliche Bereiche und Bedürfnisse in ihrem Leben werden momentan der Krankheitssituation der Mutter untergeordnet. „Alles", besonders „die Werte des Lebens", hätten sich für sie durch die Krebsdiagnose ihrer Mutter verändert. Vorher sei es ihr um ihren Beruf und um materielle Dinge gegangen, heute wisse sie, dass man nichts „mehr" brauche als „Gesundheit", dann würde man „alles andere" auch erreichen. Die Gesundheit ihrer Eltern sei für sie „ganz wichtig". Rückblickend beschreibt Puneh ihre Mutter als die Person, zu der sie in der späten Adoleszenz mit ihrem Kummer gehen konnte und immer ein offenes Ohr gefunden hat. Vorher jedoch habe sie ihre Mutter als eine ernste und disziplinierte Person wahrgenommen und erst viel später gemerkt, dass die Mutter diese Ernsthaftigkeit an den Tag gelegt habe, damit es Puneh „besser" ergehe als ihr selbst:

„[...] als ich irgendwie sechzehn siebzehn war und ähm ... irgendwie mit meinen ganzen Geschichten bei ihr anlief und hab ihr dann alles erzählt und erst da hab ich dann festgestellt, dass sie wirklich doch ähm das was sie zu mir sagt ähm ... na ja halt aus Liebe macht oder aus Liebe sagt, damit ich halt vorankomme und es besser habe[...]."

Puneh erzählt, dass sie mit sechzehn, siebzehn Jahren eine neue Seite an ihrer Mutter entdeckt habe, die ihr bis dahin verborgen gewesen sei. Die Liebe der Mutter und der Wunsch, dass die Tochter vorankomme, seien die eigentlichen Beweggründe hinter der von Puneh als ernst und diszipliniert wahrgenommenen Fassade der Mutter ihr gegenüber gewesen. Puneh beschreibt ihre Mutter heute als „die wichtigste Person" in ihrem Leben und lobt sie für ihre liebe und verständnisvolle Art:

„Also meine Mutter ist die wichtigste Person in meinem Leben, die ... liebe ich echt über alles. Die ist auch so lieb und derart verständnisvoll und ... ähm die ist echt die Supermama."

Mit dem Superlativ „Supermama" und der Aussage, dass sie ihre Mutter „über alles" liebe, stellt Puneh ihre Mutter über alles andere und über alle anderen Menschen in ihrem Leben.

So wie bei Puneh werden die Mütter in den Erzählungen häufig in der Lebensplanung der Frauen mitberücksichtigt, etwa wenn Donya berichtet, wie sie sich ihr Leben in zehn Jahren vorstellt:

„Ah ich hoffe, dass ich dann endlich mal meinen Traumjob finde. Ja, ... dass ich halt selbständig bin, dass ich dann auf meinen eigenen Beinen stehe, egal ob mit oder ohne Mann, das ist an zweiter Stelle für mich ... //Mhm// Aber erste Stelle wäre wirklich ... Karriere ... //Mhm// [...] und dann einfach ein schönes harmonisches Leben haben, ...viel reisen, das ist wirklich mein Traum, ... Hobbys, viel zu reisen, ... ich weiß nicht, alles zu sehen, die ganze Welt, am liebsten wär ich Reisende ... und Kind muss nicht unbedingt sein ... Muss ich nicht unbedingt haben ... Ähm am liebsten 'nen Hund //Mhm// Ja,...

aber zehn Jahre, dass ich ein schönes Leben, ein sicheres Leben haben kann, dass ich dann ... meiner Mutter auch so ein bisschen zur Seite stehen kann auch so, so in zehn Jahren ist sie auch um einiges älter //Mhm// Und ähm, dass ich dann für sie da sein kann, dass ich auch ... die finanzielle Macht habe, sie, ihr zu helfen ...."

Donya betont den hohen Stellenwert einer eigenen Berufstätigkeit, so wie sie das selbst von ihrer Mutter kennt. Sie möchte „auf eigenen Beinen" stehen und selbständig sein. Ein Mann an ihrer Seite sei zweitrangig, wichtig sei ein harmonisches Leben, viel reisen zu können und so viel „finanzielle Macht" zu haben, um auch ihrer Mutter „zur Seite" stehen zu können, wenn diese „älter" wird. Auch bei Donya existiert ein zutiefst solidarisches Empfinden der Mutter gegenüber, das wie ein unsichtbares Band zu bestehen scheint. Ähnlich wie Puneh beschreibt auch Donya ihre Mutter als eine „strenge" Mutter. Donyas Mutter zieht ihre zwei leiblichen Töchter und ihre Pflegetochter zu einem großen Teil ohne ihren Ehemann auf. Bis zum Studienbeginn haben Donya und ihre gleichaltrige Pflegeschwester nicht länger als bis Mitternacht ausbleiben dürfen:

„Meine Mutter war sehr streng, wir mussten immer um zwölf Uhr zu Hause sein ... Alle nannten uns Cinderella (lacht ein bisschen.) Ja ... aber als wir dann mit der Uni angefangen haben,... war sie dann bedeutend lockerer ... //Mhm// ... Ja, ja da war sie dann nicht mehr so, also wir mussten nicht mehr Punkt zwölf Uhr zu Hause sein ...... "

Donya erzählt in diesem Abschnitt, wie ihre iranische Clique, in der alle älter gewesen seien als sie selbst, sie beide „Cinderella" genannt hätten, da sie nur bis Mitternacht ausbleiben durften. Als sie zu studieren beginnt, lockern sich mit dem erweiterten Bildungsweg auch die strengen Zeitreglementierungen.

Auch Narges erlebt ihre alleinerziehende Mutter vor allem hinsichtlich ihrer männlichen Freundschaften in der Adoleszenz als eine strenge Mutter. Eine sexuelle Beziehung mit einem Jungen ist für Narges, wie sie sagt, „ein Tabu" gewesen:

„Für mich ich war halt ... Thema Mädchen Jungs immer ein Tabu und in Deutschland war ich ja auch vier Jahre dann, also dreieinhalb, aber ... ich hatte dadurch, dass ich erst die Sprache gelernt habe, dann immer büffeln musste für die Schule, ja keinen Draht zu den Jungs in dem Sinne, so wie meine deutschen Freundinnen."

Die ersten vier Jahre nach der Migration, zwischen ihrem vierzehnten und achtzehnten Lebensjahr, habe Narges erst die Sprache lernen und für die Schule „büffeln" müssen. Daher habe sie anders als ihre „deutschen Freundinnen" „keinen Draht" zu Jungen gehabt. Ihre erste sexuelle Erfahrung hat sie im Alter von achtzehn Jahren mit ihrem ersten

Freund. „Das erste Mal" wird für Narges zu einer enttäuschenden Erfahrung, da ihr Freund sich danach ganz anders verhalten habe, als sie erhofft hat:
„*Und ähm dann hab ich ja halt meine erste sexuelle Erfahrung mit ihm gemacht und hm ... war dann arg enttäuscht, dass er halt nicht gesagt hat, ja toll, wir heiraten?... oder toll, dass du mit mir schläfst, [...].*"
Narges wundert sich darüber, dass ihr Freund deutscher Herkunft nach dem „ersten Mal" keine Heiratsabsichten äußert und sich ihr gegenüber nicht dankbar zeigt. Aufgrund ihrer Sozialisation stellt Narges andere Erwartungen an ihr „erstes Mal" als ihr Freund, wodurch eine Enttäuschung vorprogrammiert ist. Diese negative erste sexuelle Erfahrung löst in Narges ein doppelt schlechtes Gewissen ihrer Mutter gegenüber aus: einerseits, weil sie die Beziehung vor der Mutter geheim gehalten hat und andererseits, weil sie glaubt, die Erziehungswerte ihrer Mutter verraten zu haben: „*[...] ich dachte, ich hab meine Mutter enttäuscht und hm die ganze Erziehung ähm, die ich genossen habe [...].*"
Die große Enttäuschung über das „erste Mal" und der ungeheure Gewissenskonflikt mit der Mutter bringen Narges in ein psychisches Dilemma:
"*[...] da bin ich überhaupt nicht darauf gut abgefahren und bin voll ... durchgedreht so ähm psychisch und mir ging's dann danach total schlecht.*"
Narges sieht keinen anderen Ausweg, als ihrer Mutter ihre „Sünde" zu „beichten":
„*[...] und hab mir gedacht, das nützt alles nichts, ich musste es meiner Mutter sagen, ne? Weil er- erst habe ich das heimlich gemacht. Und dann habe ich gebeichtet, dachte ich, dass ich 'ne Sünde begangen habe und ... weil sie ja ähm ... selber da dran so geglaubt hat, war sie sehr enttäuscht von mir und hat dann gesagt, sie möchte erst mal Abstand haben und sie möchte erst mal damit ähm das verarbeiten, was ich gemacht habe und da habe ich sehr doll schlechtes Gewissen gehabt ... (seufzt) und hatte Migräneanfälle bekommen. Und äh dadurch habe ich auch in der Schule sehr doll versagt? Und deswegen habe ich die Schule die zwölfte Klasse auch unter anderem wiederholt, weil ich privat s ... gelitten habe.*"
Die Mutter verhält sich so, als wäre ihr selbst etwas widerfahren, was sie die ganze Zeit über zu verhindern versucht habe. Anstelle von Narges ist es die Mutter, die signalisiert, dass sie alles verarbeiten müsse und „Abstand" bräuchte. Nach der eigenen Enttäuschung über das „erste Mal" erlebt Narges nun eine zweite Enttäuschung: das abweisende Verhalten ihrer Mutter nach der „Beichte". Die Reaktion der Mutter löst ein dermaßen schlechtes Gefühl in Narges aus, dass sie als Folge „Migräneanfälle" bekommt und aufgrund ihrer Situation die zwölfte Klasse wiederholen muss. Die Migräne kann ein

Ausdruck für die unterdrückte Wut auf die Mutter sein. Dieser bestehende Konflikt in der Mutter-Tochter-Beziehung wird vorerst nicht weiter ausgetragen. Narges hat danach zwei weitere Partnerschaften, die sie nicht mit ihrer Beziehung zu ihrer Mutter in Einklang bringen kann. Daher bleiben die Heimlichkeiten weiterhin bestehen. Erst als sie von Zuhause auszieht und sich für eine Psychotherapie entscheidet, bekommt die Beziehung zwischen Narges und ihrer Mutter eine neue Chance. Es baut sich zunächst eine Distanz zwischen Mutter und Tochter auf, über die sie schließlich wieder aufeinander zugehen können und so ihr Verhältnis auf einer neuen gleichberechtigteren Basis fortsetzen:

„Letztendlich hat mir das Weggehen von Zuhause s- sehr geholfen und hat unsere Beziehung auch ziemlich vertieft .... Denn da konnte sie mich gar nicht so kontrollieren und ... sie hatte keine Macht mehr über mein Leben und hat dann dadurch vielleicht mehr ... Aufmerksamkeit für ihr Leben gewonnen? Und wir sind glücklich dann ... als zwei erwachsene Frauen uns nähergekommen, muss ich sagen."

Narges beschreibt die positive Wendung, die die Beziehung zu ihrer Mutter durch den Wegfall der Kontrolle und der Macht der Mutter über ihr Leben genommen habe. Daraus resultierend habe die Mutter ihrem eigenen Leben mehr Aufmerksamkeit gewidmet und beide seien sich „glücklich" als erwachsene Frauen nähergekommen. Hier findet in einer späteren Phase der Adoleszenz eine Wiederannäherung zwischen Mutter und Tochter mit mehr gegenseitigerm Respekt statt. Narges, die heute eine eigene Familie hat, bezeichnet ihre Mutter als „die wichtigste Person" in ihrem Leben und schätzt sie für ihre Lebensleistung:

„Meine Mutter ist für mich ähm ... verkörpert so meine Familie! Und ist eigentlich für mich die wichtigste Person! In meinem Leben! Also wenn ich dann die Menschen, die mir ganz wichtig sind, ähm ... aufreihen würde, dann kommt als allererstes, das ist ja kein Mensch, sondern mein Glaube an Gott, also m- der liebe Gott und dann meine Mutter ... und also ich dann und dann meine Mutter, mein Partner und jetzt mein Kind! Für mich ist sie eine sehr sehr starke Frau, die ähm ... sehr viel in ihrem Leben äh hat ... ähm vernachlässigen müssen, um ein Leben aufzubauen für sich und für mich, eine [...] Sicherheit ...."

Heute bewundert Narges die Stärke ihrer Mutter und weiß um die Entbehrungen, die sie auf sich genommen hat, um sich und ihrer Tochter „Sicherheit" zu bieten. Ihre Mutter sei die Verkörperung ihrer „Familie" und nach „Gott" die wichtigste Person in ihrem Leben, danach kämen ihr Partner und der Nachwuchs, den sie erwarte.

Die im Nachhinein innige Mutter-Tochter-Beziehung, von der Puneh, Donya und Narges berichten, basiert vor allem auf einem sich entwickelnden Verständnis von Seiten der Töchter als werdende Frauen für die Belange und Handlungsmotive der Mütter. Es wird deutlich, dass in Familien, in denen der Vater nicht oder weniger anwesend ist, eher Kämpfe zwischen Mutter und Tochter ausgetragen werden (müssen), als beispielsweise bei Shirin und Roxana, die mit beiden Elternteilen aufwachsen und in denen der Vater zu dominieren versucht.

Ähnlich wie Donya, Narges und Puneh ist es auch Minu ergangen, die zwar mit beiden Elternteilen aufgewachsen ist, ihren Vater jedoch als einen ruhigen Vater beschreibt, der sich wenig in die Erziehungsangelegenheiten eingebracht habe. Dadurch habe sie das Meiste mit ihrer Mutter ausgetragen, was die Beschreibung ihres Mutter-Tochter-Verhältnisses deutlich macht. Als Kind sei sie „immer gern" mit ihrer Mutter einkaufen gegangen oder Hand in Hand mit ihr „durch die Stadt gebummelt", „noch lange" Zeit, bis sie elf oder zwölf Jahre alt gewesen sei. Minus Eltern hatten ein Lebensmittelgeschäft, in dem die Mutter häufig mitgeholfen hat. Ihr Vater sei durch seine Arbeit sehr eingespannt und lediglich an Sonntagen anwesend gewesen. Die Mutter war mittags zuhause, wenn ihre Töchter von der Schule kamen. Minu könne sich an „ziemlich viele schöne Dinge", aber auch an „schreckliche Sachen" mit der Mutter erinnern. In der Spätphase der Pubertät habe sie sich oft mit ihrer Mutter „gestritten". An die Gründe für die Streitigkeiten könne sie sich nicht mehr richtig erinnern, es habe sich jedoch um die Themen „Weggehen" und Ausgehzeiten am Abend gehandelt. Im Gegensatz zu ihrer Schwester, die sich oft mit Freundinnen verabredet habe, sei Minu häufig auch an Nachmittagen zuhause gewesen, selbst wenn ihre Mutter nicht da war. In den Sommerferien habe sie viel mit den Jugendfreizeitgruppen ihrer Gemeinde (eine religiöse Minderheitengruppe) unternommen, was ihre Eltern sehr begrüßt haben, da sie selbst dieser Glaubensgemeinde angehören. Minu betont jedoch auch, dass in ihrer Familie wenig gesprochen worden sei, sie habe von ihren Eltern nicht gelernt, ihre Meinung zu äußern oder nachzufragen. Das habe ihr in der Schule und auch während ihrer Ausbildung eher geschadet, denn sie habe immer wenig gesprochen. Minu zeigt sich genau wie Puneh weitestgehend an die Erwartungen ihrer Familie angepasst. Erst zwei Monate vor ihrer Heirat zieht Minu von Zuhause aus und mit ihrem Freund zusammen. Ein Jahr später wird Minu zum ersten Mal Mutter. Heute hat Minu zwei eigene Kinder und sie schätzt die Anwesenheit ihrer Mutter auf eine neue Weise, wenn diese ihr ihre Hilfe in der Rolle als Großmutter zur Verfügung stelle:

„Wir hatten 'ne echt gute Beziehung und auch jetzt ... äh mit unseren Kindern, sie hilft mir total viel, sie arbeitet ja im Moment nicht, ist oft hier. Sie liebt ihre Enkel über alles (lacht). Und dann kann ich auch mal entspannen."

Die Liebe der Großmutter zu den Enkelkindern und ihr Zusammensein mit ihnen wird von Minu als große Unterstützung empfunden. So hätte sie auch manchmal die Gelegenheit, sich zurückziehen und „entspannen" zu können. In der Mutter-Tochter-Beziehung findet somit durch die Erfahrung eigener Mutterschaft und die Wertschätzung der Anwesenheit der Mutter in ihrer Rolle als Großmutter eine Wiederannäherung statt. Minus Biografie ist ein Beispiel dafür, wie die Jugendphase und das Erwachsenwerden ohne eine verlängerte Adoleszenzphase ineinander übergehen. Eine räumliche Loslösung von der Mutter und dem Vater findet erst mit der Heiratsabsicht der Tochter statt. Minus Vater ist in ihrer Adoleszenz wenig anwesend und selbst im Falle seiner Präsenz ist er eher zurückhaltend. Es ist die Mutter, mit der sich Minu auseinandersetzt, streitet und sich ihr in einem späteren Zeitpunkt wieder annähert. Es scheint, als sähe sich die Mutter durch die Abwesenheit des Vaters dazu veranlasst, die Erziehungsziele bei der Tochter mit einer größeren Strenge durchzusetzen.

Auch die Erzählung von Roja, die mit einem viel beschäftigten und dazu alkokohlabhängigen Vater aufwächst, zeigt, wie anders sich die Mutter-Tochter-Beziehung gestaltet, wenn der Vater nicht präsent ist. Sind die Mütter wie bei Shirin und Roxana Vertraute und Beschützerinnen ihrer Töchter vor der Machtrolle der Väter, so verändert sich ihre Position, wenn der Vater als Erziehungsinstanz wenig vertreten ist. In Rojas Erzählung kommt hinzu, dass die Mutter sich den Gegebenheiten stark unterordnet und sich wenig um die Belange ihrer Kinder in der Pubertät bemüht. Roja bekommt in der Adoleszenz von der Seite ihrer Mutter kaum Rückhalt in Bereichen, die sie wirklich beschäftigen. Die Mutter bietet ihr weder in ihrer Lebensführung noch in ihrer emotionalen Haltung der Tochter gegenüber eine Vorbildfunktion oder eine Unterstützung. So verbringt Roja ihre Adoleszenz haltlos zwischen einer „schwachen" Mutter und einem desinteressierten Vater und wünscht sich nichts sehnlicher, als „verstanden" zu werden. Rückblickend beschreibt sie, wie schlecht sich ihr Verhältnis in der Pubertät zu ihrer Mutter und zu ihrem Vater gestaltet habe:

„[...] ich wollte immer nicht ich selbst sein. Ich hatte voll die Identitätskrise ... jahrelang. Wollte immer jemand anders sein, am liebsten irgendwie gar keine Eltern haben und adoptiert sein (lacht). Also hört sich fies an, aber ich hatte halt ... so'ne Phase."

Roja beschreibt, wie sie sich jahrelang gewünscht habe, „jemand anderes" zu sein, „am liebsten", „gar keine Eltern" zu haben und adoptiert zu sein. Auf meine Frage, von wem sie gern adoptiert gewesen wäre, antwortet sie:

„Von anderen. Von Deutschen (lacht). Ich wollte einfach nicht, ich wollte irgendwie dazu gehören... Und ... also Pubertät war irgendwie ganz hart. Da hat man ja dauernd Liebeskummer und ... überhaupt Identitätskrise und man fühlt sich superhässlich und ... also hatte ich jedenfalls alles .... Ja und meine Eltern haben mich natürlich nicht verstanden. Dann hab ich sie gehasst ... und wollt mit denen nix zu tun haben. Also, ich hab versucht, denen so weit wie möglich aus dem Weg zu gehen. So sah das halt ... aus."

Roja fühlt sich in der Pubertät von ihren Eltern unverstanden, sie will gern „deutsch" sein und von „Deutschen" adoptiert werden. Ihre Pubertät sei „ganz hart" gewesen. Sie habe „Liebeskummer" gehabt, eine „Identitätskrise", habe sich „hässlich" gefühlt und ihre Eltern „gehasst". Daher habe sie versucht, ihren Eltern möglichst aus dem Weg zu gehen. Die Beziehung zu ihrer Mutter sei erst etwas besser geworden, als sie achtzehn, neunzehn Jahre alt gewesen ist. Vorher habe die Mutter bei Sorgen oder Problemen „gleich aufbrausend" reagiert und sie angeschrien:

„[...] Ich hab mich nie verstanden gefühlt, wie I... sie ist dann immer so gleich aufbrausend geworden, wenn ich dann irgendwas hatte ... Ich war immer sehr sensibel und hab immer geheult und irgendwas war immer, ne? //Mhm// Liebeskummer oder ... irgendwas. Und sie hat dann immer ... teilweise mich immer angeschrien. Und sie sagte immer, wenn sie's tut, dann tut sie's weil ich ihr leid tue, weil sie eigentlich ... das nicht mit ansehen will, aber ich hab das nicht so verstanden."

Die Mutter begründet ihre „aufbrausende" Reaktion damit, dass sie lediglich Mitleid mit Roja habe und ihr Leid nicht mit ansehen wolle. Offensichtlich ist dies jedoch für die Tochter keine Hilfe. Vielmehr bedauert sie, dass ihre Mutter ein „ängstlicher Typ" und „sehr verunsichert" sei. Auch sei die Mutter zwar schon immer „nett", aber übertrieben „aufopfernd" gewesen. Die Selbstaufopferung der Mutter, die Roja anspricht, bezieht sich hauptsächlich auf die Unterordnung der Mutter unter den Vater. So habe die Mutter die Sucht des Vaters ertragen sowie die Tatsache, dass er neben der Ehe auch Affären hatte. Insofern lebt Rojas Mutter ihrer Tochter ein Leben vor, das sie selbst in keiner Hinsicht erstrebenswert findet. Aufgrund dieser negativen Erfahrungen ist Roja verunsichert, ob sie, die mittlerweile mit ihrem deutschen Partner in einer Ehe lebt, eigene Kinder haben möchte. Sie fände Kinder zwar „ganz süß", aber es sei eine „große Verantwortung fürs Leben" und man könne /das Kind nicht wieder abgeben und müsse sich das „genau überlegen". Roja möchte erst einmal auf dem zurzeit unsicheren Arbeitsmarkt Fuß fassen und einen Job finden, der ihr langfristig Sicherheit biete. Im Interview lerne ich Roja als eine intelligente und kritikfähige junge Frau kennen. Als einzige meiner Interviewpartnerinnen stellt sie mir im Interview ebenfalls Fragen und wägt meine Antworten ab. Ihre Intelligenz und guten Leistungen hätten ihr oft Probleme eingebracht. So sei sie häufig für eine Streberin gehalten worden. Zuhause habe ihre Mutter sie stets darin bestärkt, gute Schulleistungen zu erbringen, was ihr ohnehin nicht schwergefallen sei. Tatsächlich wird Rojas Bildungsweg für sie zu einem Halt in ihrer haltlosen Umgebung. Sowohl die Schule als auch ihre Ausbildung und die universitäre Laufbahn schließt sie mit Bravour ab. Roja verlässt sich auf ihre akademischen Fähigkeiten und hofft, darin eine Erfüllung zu finden. Rojas Eltern lassen sich scheiden, nachdem sie von Zuhause ausgezogen ist. Der Vater stirbt kurze Zeit danach an Herzversagen. Die Frage der Zugehörigkeit habe sich mit der Zeit insofern gelöst, als dass sie heute „stolz und froh" sei, dass ihr „Horizont" durch die kulturellen Erfahrungen erweitert worden sei. Ihr einjähriger Aufenthalt in den USA sei für sie bezüglich der Frage kultureller Zugehörigkeiten hilfreich gewesen. Vor einem Jahr habe sie mit ihrer Mutter zum dritten Mal eine Iranreise unternommen und festgestellt, dass sie sich dort zwar als Gast „wohl" fühle, jedoch ihr eigentliches Leben hier in Deutschland stattfinde. Ihrer Mutter habe sie sich in den letzten Jahren wieder angenähert. Heute könne sie mit ihr über" fast alles" sprechen und bezeichnet die Beziehung als „relativ gut".

Diese Art der Distanzierung und der Wiederannäherung an die Mutter ist sowohl bei Minu und Roja zu beobachten, deren Väter in der Erziehung zurückhaltend bzw. wenig präsent gewesen, als auch bei Narges, die mit ihrer Mutter aufgewachsen ist. Wie in der Analyse der Eltern-Tochter-Beziehungen bei Shirin und Roxana mit dominanten Vätern geht es auch in den Familienkonstellationen mit einer anwesenden Mutter und einem wenig präsenten Vater oder einer alleinerziehenden Mutter um die Umgestaltung und Neuverteilung der Machtverhältnisse innerhalb der Familie, bei denen sich innere Rebellionstendenzen von Seiten der Töchter anbahnen.

Ein weiterer wichtiger Aspekt, der sich bei der Analyse herausbildet, bezieht sich auf die Partnerwahl der Töchter und die diesbezügliche Haltung der Mütter. Diejenigen Mütter, die selbst aus patriarchalen Verhältnissen ausgebrochen sind oder die darunter gelitten haben, neigen dazu, junge Männer aus gläubigen islamischen Familien als Partner ihrer Töchter abzulehnen. Möglicherweise möchten sie eine Wiederholung der Beziehungsstrukturen aus ihrer eigenen Ehe vermeiden und ihre Töchter darin stärken, sich nicht den Fesseln einer ungleichberechtigten Partnerschaft zu unterwerfen. Narges, die ihren Vater sehr früh verlor und Shiva, die ihren Vater in der Adoleszenz nur sporadisch erleben konnte, suchen sich in der späten Pubertät junge Männer aus moslemischen Kulturkreisen, die in ihrer Beziehung Gehorsam und auch Unterwerfung verlangen. Ähnlich wie in der ausführlichen Darstellung über die Mutter-Tochter-Beziehung bei Roxana (IV. 2.4.3) zeigen sich die Mütter besorgt über das Beziehungsgeflecht zwischen ihren Töchtern und ihren moslemisch-traditionell orientierten Partnern. Narges, die eine Beziehung zu einem streng religiösen Mann gepflegt hat, beschreibt das Erkennen der paternalistischen Strukturen, vor der ihre Mutter sie gewarnt hatte, folgendermaßen:

„Ich ertappte mich dann im wachen Zustand ... und da war es schon zu spät, der hatte voll Macht über mich da, sagen w- sage ich mal so, ne? Ich betrachtete das alles als Liebe, aber für ihn war das mich bevormunden, mir zu sagen, wo es langgeht, was gut ist, was schlecht ist, welche Freunde gut sind, was schlecht ist ... und ähm ... das war so'n Machtding, also er wollte mich immer mehr von Freunden zurückziehen, von Familie zurückziehen und ... da war's äh dann ein Kampf zwischen uns, wo ich dann halt immer, zwischendurch mal ähm mich dagegen gewehrt habe, so war's natürlich immer mit Stress verbunden. Aber ... ich war emotional so äh gebunden und hab Angst gehabt vor'm Alleinsein, das ist ja das Problem, was viele Frauen auch noch haben und ich war nicht ... davon ausgeschlossen. Äh ... dass ich nicht in der Lage war, mich zu trennen, sondern gedacht hab, aber keiner wird mich so lieben wie er."

Sie habe in der Beziehung ihren „Vaterkomplex" „durchgearbeitet" und es doch noch geschafft, aus der Partnerschaft herauszukommen. Meine Interviewpartnerin Shiva befindet sich in einer ähnlichen Situation wie einst Narges; auch sie versucht, sich den widrigen Bedingungen in ihrer Partnerschaft nicht zu fügen. Shivas gleichaltriger Freund ist ein tief religiöser junger Mann türkischer Herkunft, der es „aus Liebe" zu seiner Freundin gern hätte, dass sie nicht zum Tanzen in eine Diskothek geht, dass sie bei ihrer Kleidung möglichst wenig Haut zeigt und auch ansonsten stets auf seine Meinung hört. Shiva ist zweiundzwanzig Jahre alt, hat einen Realschulabschluss und lebt mit ihrer berufstätigen Mutter, einer Akademikerin, und ihrem älteren Bruder zusammen. Sie möchte ihren Freund, mit dem sie seit sechs Jahren zusammen ist, heiraten. Shiva betont im Gegensatz zu Narges, dass ihre Mutter „von Anfang an" „sehr offen" gewesen sei und ihr nichts „verboten" habe. In der Pubertät habe sie keinerlei Einschränkungen von Seiten ihrer Mutter erfahren. Der Beziehung zu dem jungen Mann allerdings steht Shivas Mutter skeptisch und besorgt gegenüber, da sie nicht möchte, dass ihre Tochter Opfer von ähnlich negativen Erfahrungen wird, wie sie sie selbst mit ihrem einstigen Ehemann gemacht hat. Tatsächlich übernimmt Shivas Freund den Part, den Shivas Vater in der Ehe mit ihrer Mutter eingenommen hat:

„Mein Freund ist genau das Gegenteil von meiner Mutter. Er erlaubt mir gar nichts. Also er erlaubt's, erlauben, was will er nicht erlauben ..., ja er möchte nicht, dass ich in die gehe. Genau das umgekehrte, wie ich aufgewachsen bin, ganz frei .... "

Shiva beschreibt ihren Freund als das Gegenteil ihrer Mutter. Er erlaube ihr gar nichts, während sie vorher „ganz frei" aufgewachsen sei. Shiva reflektiert nicht über die Ähnlichkeit ihrer Beziehung zu dem jungen Mann mit der zwischen ihren Eltern. Shivas Vater hat gern Macht in der Familie ausgeübt, zur Not mit Gewalt. Über die Sorgen ihrer Mutter erzählt sie Folgendes:

„Meine Mutter war am Anfang total dagegen //Mhm// mit 'nem Türken (lacht ein bisschen) und weil er so st-, so auch solche Sachen, also versucht hat und gesagt hat, nicht und so was. Sie war ... die ersten vier Jahre, also sie war dagegen."

Dass die Mutter Shivas Freund nach vier Jahren Beziehung doch noch akzeptiert und ihn an der Seite ihrer Tochter duldet, begrüßt Shiva sehr. Sie beschreibt ihre Mutter heute als ihre beste Freundin:

„[...] mit meiner Mutter, wir sind ... beste Freundinnen. Also wir streiten uns auch, aber wir haben mehr Freundinnen, also wir sind mehr Freundinnen als Mutter-Tochter. //Mhm// Wir können über alles reden. Sie erzählt mir ihre Probleme und ich erzähl ihr meine ...."

Shiva sieht in ihrer Mutter eher eine beste Freundin als eine Mutter, da sie trotz Streitigkeiten ihre Probleme teilen und miteinander „reden" könnten.

Weiterhin zeigt die Analyse der Mutter-Tochter-Dyade, dass die Mütter meiner Interviewpartnerinnen häufig in ihrer Selbständigkeit und ihrem zum Teil hohen Bildungsgrad ein Vorbild für die Töchter sind oder zumindest für ihre Lebensleistungen bewundert werden. Bis auf zwei Mütter haben alle studiert, einen Beruf erlernt oder gehen einer Arbeit nach. Die Berufstätigkeit der Mütter vor der Geburt der Kinder und eine spätere Wiederaufnahme der außerhäuslichen Tätigkeit werden von den Töchtern überaus befürwortet. Vida zum Beispiel freut sich darüber, dass ihre Mutter viele Jahre nach der

Migration nach dem Auszug der Kinder von Zuhause trotz ihres fortgeschrittenen Alters wieder eine Arbeit aufnimmt:

„Ja, also sie hat dann wieder gearbeitet, also sie ich war eigentlich immer stolz auf sie, sie war sie hat dann immer zwischendurch gesagt: „Mensch, ich bin so alt im Verhältnis zu dir. Macht dir das nix?" Und, es hat mir nie was gemacht, weil sie halt ... nie alt war also in meinen Augen, weil sie sich nie alt benommen hat, //Ja// weil sie halt nicht die Frau war so: Ah, ich bleib zuhause und schließ mich ein und ich bin ja schon alt!"

Vida unterscheidet zwischen dem gefühlten und dem tatsächlichen Alter ihrer Mutter und betont ihren Stolz darauf, dass die Mutter keine Frau sei, die sich „alt" benehme und sich „zuhause" einschließe. Den Frauen ist bewusst, welch hohe Bedeutung eine außerhäusliche Tätigkeit für das Wohlbefinden ihrer Mütter hat. Dies ist ein Grund, warum sie selbst um eine eigene Selbständigkeit bemüht sind. Marjan, deren Mutter im Iran lebt, spricht von dem Bedauern ihrer Mutter, auf Wunsch des Ehemannes den erlernten Beruf nie ausgeübt zu haben:

„Meine Mutter war Lehrerin geworden, wollte in die Schule, aber dann kam mein Vater und sagte: (lacht) [... ...] ich verdien' genug Geld, warum sollst du arbeiten gehen? Bleib doch zuhause sitzen und fühl dich wohl. Und meine Mutter, sie liebte ja meinen Vater und er war auch nicht schlecht aussehend (lacht), sie akzeptierte das und bereut das jetzt natürlich, aber es hilft nichts."

Dieses Beispiel zeigt auch, dass die Frauen sich mit der Biografie ihrer Mütter auseinandersetzen, um daraus für sich Handlungsstrategien zu entwickeln, die ihrem eigenen Lebensentwurf zugutekommen. Marjan greift das Schicksal ihrer Mutter auf und nutzt die Chance, die sie selbst über ihre Bildung in der Aufnahmegesellschaft erhält, um sich im Beruf mit ihren Fähigkeiten behaupten zu können. Marjan ist nach dem Studium erfolgreiche Abteilungsleiterin eines Chemieunternehmens. So kann Marjans Bemühung um eine erfolgreiche Karriere auch für den nicht ausgelebten Wunsch der Mutter stehen, den Marjan nun realisiert.

In ihrer Zielstrebigkeit und ihrer Willensstärke, eigene Lebensentwürfe zu gestalten, bekommen alle Frauen von ihren Müttern einen großen Rückhalt und solidarische Unterstützung. Alle Mütter vermitteln ihren Töchtern den hohen Stellenwert einer erfolgreichen Schullaufbahn mit anschließender (universitärer) Ausbildung und einer Berufstätigkeit und unterstützen ihre Eigenständigkeit. Sara erzählt:

„[...] meine Mutter, die war halt selber Lehrerin ... hat zwar nicht gearbeitet, weil sie auf uns aufgepasst hatte, aber ... sie hat immer gesagt, das ist wichtig, Schule und Studium und so was, ist halt sehr wichtig, auch für 'ne Frau natürlich ... ."

Auch Roja berichtet vom Ehrgeiz der Mutter, die Tochter auf das Gymnasium zu schicken; sie selbst sei der Idee „dann aber auch" nicht mehr abgeneigt gewesen:

„Also damals war's ja so, ich musste auf's Gymnasium, also sonst hätte ich echt Ärger gekriegt ... von ihr. Und ich wollte dann aber auch ... . Ja und nachher fand sie mich zu ehrgeizig und hat dann immer gesagt, mach doch nicht so viel (lacht) ...."

Die Mutter begleitet die Schullaufbahn der Tochter und versucht sie zu bremsen, wenn sie aus ihrer Sicht „zu ehrgeizig" erscheint und zu viel für die Schule tut.

Diejenigen Frauen, die mit berufstätigen Müttern aufwachsen, heben ihre heutige Wertschätzung den Müttern gegenüber hervor. Narges spricht bewundernd von den Opfern, die ihre alleinerziehende Mutter im jungen Alter für sich und ihre Tochter gebracht hat, um sie finanziell versorgt zu wissen:

„Sie hat ihre Jugend ... ganz oft geopfert, obwohl sie die Wahl h- hatte, vielleicht auch sich zu vergnügen, aber sie ist äh ... arbeiten gegangen, um uns finanziell irgendwie absichern! Und das ist ihr auch sehr gut gelungen."

Die positive Einschätzung der Berufstätigkeit ihrer Mütter und die Bedeutung, die die Frauen ihr beimessen, haben auch eine ethische Seite, die in Shirins Worten besonders zum Tragen kommt:

„[...] ich glaube ..., dass Kinder auch sehr viel davon haben können, wenn die Mutter arbeitet. Sie lernen viel, ist einfach wichtig für's Leben. Auch um ... Frauen gegenüber Respekt ... entgegenzubringen ist es wichtig. Und also es ist auch ein anderer Blickwinkel, wenn man 'ne Mutter hat-te, die ähm immer zuhause ist ... als wenn man eine Mutter hat, die selbständig ist und ihr Ding macht."

Aus Shirins Sicht können Kinder von der Tatsache, eine berufstätige Mutter zu haben, profitieren. Sie bekommen einen „anderen Blickwinkel" und lernen, „Frauen" gegenüber Respekt entgegenzubringen.

Die Frauen fühlen sich mit ihren Müttern auf eine andere Art verbunden als mit ihren Vätern. Die Erfahrungen mit den Vätern aus der Kindheit gehen häufig mit einer besonderen emotionalen Nähe einher, die nicht auf die gleiche Weise den Müttern zugeschrieben werden kann. Die Nähe zu den Müttern verstärkt sich im Laufe der Adoleszenz auf eine reflektierende Weise zugunsten eines weiblich orientierten Lebensmodells. Die liebevolle und unterstützende Haltung der Mütter ihren Töchtern gegenüber ist für die jungen Frauen auf ihrem Weg zum Erwachsenwerden ein enormer Rückhalt. Es sind sowohl die berufstätigen als auch die nicht berufstätigen, zu zweit oder allein erziehenden, in Deutschland oder im Iran lebenden, hoch gebildeten oder weniger gebildeten Mütter, die ihre Töchter allesamt darin stärken, ihren Bildungsweg ernst zu nehmen. Diese Haltung der Mütter ist tatsächlich unabhängig davon, ob die Töchter eher in einer gebildeten und an die Moderne orientierten Familie oder eher in einer moslemisch-traditionell orientierten Familie aufwachsen. Der Bildungsauftrag an die Töchter für ein mündiges und besseres Leben existiert in allen Familien.

3 Mädchenfreundschaften

Bei der Darlegung und Diskussion der Mädchenfreundschaften beziehe ich mich auf die ersten Mädchenfreundschaften nach Beginn der Pubertät, die meist einen ersten Ablösungsversuch von den Eltern ermöglichen und in der Regel vor einer potentiellen intensiveren Beziehung zu Jungen stattfinden. Freundschaften zu Gleichaltrigen beruhen auf „egalitären Machtstrukturen und gleichen Entwicklungsanforderungen" und bieten daher ein „Übungsfeld außerhalb der Erwachsenenkontrolle" an (vgl. Krenke/Seiffge 2005: 272). Sie unterstützen die Loslösung von den Eltern und bieten einen „Schonraum", um „neue Identitäten" auszuprobieren (vgl. Breitenbach 2000: 15). Im Zusammensein mit Gleichgesinnten können die Heranwachsenden ihre eigenen Wünsche, Vorstellungen, Möglichkeiten sowie Grenzen kennen lernen und sich ein Stück des Weges begleiten. Sie stehen sich bei der „Lösung innerer Konflikte" bei und verlassen sich aufeinander (vgl. Keller/Gummerum 2003: 98f).

In den Erzählungen meiner Gesprächspartnerinnen kommt dem Zusammensein mit Gleichaltrigen in der Pubertät eine besondere Bedeutung zu. Die Frauen berichten in Verbindung mit Freundschaften in der frühen Adoleszenz von einer „besten" Freundin, mit der sie ihre Interessen teilen. Die Interessen beziehen sich meist auf das Bedürfnis nach einer engen Bindung zu einer gleichgesinnten Person, mit der die Gefühlswelt geteilt wird. Oft ist die Rede von „Teilen" von Geheimnissen und gemeinsamen Interessen. Während die beste Freundin bei einigen meiner Informantinnen iranischer Herkunft ist, handelt es sich bei anderen um eine deutsche beste Freundin. Puneh zum Beispiel berichtet von ihrer besten Freundin aus der Schule, die „zufällig" aus dem Iran und dazu noch aus dem gleichen Ort wie sie stammt:

„[...] mit der hab ich mich super verstanden und ah wir waren auch unzertrennlich also (lacht) ähm ... Ja wie gesagt, haben alles zusammen gemacht."

Diese Freundschaft hält allerdings nur, solange die Mädchen Klassenkameradinnen sind und eine gemeinsame Lebenswelt teilen. Nachdem sie auf unterschiedliche weiterführende Schulen kommen, lässt die Intensität der Freundschaft rasch nach. Die meisten Mädchenfreundschaften meiner Gesprächspartnerinnen werden in der Schule unter Klassenkameradinnen geschlossen. Auch Lilli erzählt von einer besten Freundin in der Pubertät aus ihrer Klasse, mit der sie in der Pubertät „alle" Geheimnisse geteilt hat:

„[...] also ich hatte dann eine beste Freundin in der Klasse mit der habe ich mir auch immer Briefe geschrieben und alle Geheimnisse so erzählt, wer in wen, wie verknallt ist."

Die gemeinsamen Interessen beziehen sich häufig auf die Neugierde am anderen Geschlecht, das erste Verliebtsein und gemeinsame Unternehmungen. Das Bedürfnis der Mädchen in dieser Lebensphase, etwa mit vierzehn oder fünfzehn Jahren, auch abends auszugehen, kollidiert häufig mit der Ansicht der Eltern, dass die Töchter dafür noch zu jung seien. Während dieser Standpunkt der Eltern von einigen Mädchen respektiert wird, setzen sich andere dagegen zur Wehr und finden mit Hilfe der besten Freundin Wege, um diese Erwartungshaltung doch noch zu umgehen. Shiva zum Beispiel erkämpft sich mit Unterstützung der ein Jahr älteren deutschen Freundin von ihrer Mutter die Erlaubnis, abends für ein paar Stunden in die Disco zu gehen:

„Also mit fünfzehn hab ich auch angefangen zur Disko zu gehen. //Ja// Also ... weil ich hatte auch eine Freundin, deutsche Freundin, die ein Jahr älter war, die war sechzehn schon und ähm ... da hat meine Mutter es erlaubt."

Kurze Zeit später lernen die Mädchen in der ihre ersten Freunde kennen, was das langsame Auflösen der Mädchenfreundschaft einleitet. Auch die beiden Freundinnen Marjan und Donya, die bei Donyas Mutter leben, schaffen es mit Hilfe der Überredungskunst der „iranischen" Clique, die Erlaubnis zu bekommen, abends zusammen auszugehen. Marjan erzählt, wie sie diese wenigen Stunden ausgiebig „genossen" haben:

„Donya und ich durften nicht so lange weg bleiben, wenn es hoch kam elf Uhr abends [...]. Ja und die Clique kam zu uns nach Hause und fragte meine Tante um Erlaubnis für uns beide: Wir holen sie ab und bringen sie auch wieder zurück, sie sind bis elf Uhr auch wieder da. Und so gingen wir dann aus. //Aha// Und diese drei vier Stunden, die wir draußen dann waren, genossen wir richtig."

Die Beispiele zeigen, wie die Mädchen es gemeinsam schaffen, den als restriktiv wahrgenommenen Bereich der Familie immer wieder zu verlassen und ein Stück Freiheit und

Raum zum Experimentieren zu finden. Zusammen haben die Freundinnen mehr Macht und Überzeugungskraft gegenüber der Familie als allein. Allerdings sind nicht alle Töchter und ihre Freundinnen so erfolgreich mit ihren Überredungskünsten wie Shiva, Donya und Marjan, die mit ihren Müttern aufwachsen. Die Freundschaften stehen oft in einem Spannungsverhältnis zur Familie, dessen Spannungs*grad* sehr von den Entscheidungen und Interaktionen der Akteur:innen abhängt. So bekommen die Mädchen in Familien mit beiden Elternteilen nicht vor ihrem achtzehnten oder neunzehnten Lebensjahr die Erlaubnis, abends mit Gleichaltrigen auszugehen oder sich mit Jungen zu verabreden. Einige Mädchen nehmen ihre Interessen in diesem Alter trotzdem heimlich wahr und „decken" sich als Freundinnen gegenseitig, wie die Erzählung von Shirin zeigt:

„Ich hatte halt wie gesagt meine Freundin Sima, die hat sich halt immer, wir haben uns gut verstanden. Weil ihr Vater sehr streng war, ... strenger als mein Vater ..., aber ähnlich halt. Und damals haben wir uns immer gegenseitig gedeckt sozusagen. Und das ging auch bis wir ... neunzehn oder zwanzig waren."

In einem solchen Fall wird die Phase der Adoleszenz zu einem verzweifelten Balanceakt zwischen der Familie und dem Lebensraum der Gleichaltrigen. Auch Sara erzählt von ihrer besten Freundin, mit der sie ein paar Mal ohne das Wissen ihrer Großeltern, bei denen sie aufgewachsen ist, in die Disco geht:

„In die Disco durfte ich immer nicht. Dann habe ich immer erzählt, dass ich bei meiner Freundin übernachte, ich hatte auch bei ihr übernachtet und dann waren wir ein paar Mal in der Disko, obwohl ich das nicht wirklich durfte."

Der Wunsch, abends mit der Freundin auszugehen, ist in diesem Alter groß genug, um den Willen der Erziehungsberechtigten ab und zu mit Notlügen zu umgehen. Die meisten Interviewpartnerinnen bezeichnen ihre Eltern im Zusammenhang mit dieser frühen Zeit der Adoleszenz als „streng". Als Töchter können sie das Ausgehverbot der Eltern nicht wirklich nachvollziehen und sehen sich im Zusammensein mit der Freundin in der Lage, die erzieherischen Anweisungen auch zu durchbrechen, ohne dass die Eltern davon erfahren müssen. Lilli erzählt davon, ihren Vater in der Pubertät in dem Glauben gelassen zu haben, dass sie bei ihrer Freundin übernachtet, um ohne sein Wissen in die Disko gehen zu können:

„Ich musste erst einmal mir das hart erkämpfen und hab dann auch geflunkert und hab dann auch gesagt, ich übernachte bei Tanja, und dann war ich bis vier Uhr morgens in der Disko. Aber, das weiß Papa nicht. (lacht) Mittlerweile weiß er das und das ist auch in Ordnung und lustig, aber aber damals war das schwierig."

Zwar betont Lilli, dass sie sich ihre Rechte „hart erkämpfen" musste, räumt jedoch auch ein, dass sie mit Hilfe des „Flunkerns" ihre Wünsche doch noch realisieren konnte. Auf diese Weise ist es den Mädchen möglich, sich – unterstützt von den Freundinnen - ein Stück weit von den Eltern abzugrenzen und sich selbst in anderen Zusammenhängen zu erfahren und kennenzulernen. Insofern kann die Freundschaft mit der besten Freundin als eine Art „Schutzraum" gesehen werden, aus dem heraus sich die Mädchen an neue Erfahrungen herantasten können.

4   Die Entwicklung der Herkunftssprache

Wie sich die Herkunftssprache in der Aufnahmegesellschaft enwickelt, hängt von verschiedenen Faktoren ab, die sich besonders in der Phase der Adoleszenz verfestigen oder verflüssigen können. Der Status der Sprache, d.h. wie eine Sprache institutionell verankert und behandelt wird, hat Einfluss auf den Umgang der Gesellschaftsmitglieder mit derselbigen. So zum Beispiel genießt die englische Sprache weltweit einen hohen Sprachstatus sowohl auf der wirtschaftspolitischen als auch auf der sozialen Ebene der Kommunikation. Englisch ist in Deutschland die erste Fremdsprache in der Schule. Es ist ein unbestrittener Gewinn, wenn jemand Englisch in Wort und Schrift beherrscht oder gar Englisch als erste oder zweite Sprache in der Familie lernen kann. Anders steht es mit den sogenannten Migrantensprachen in Deutschland, die institutionell keinen hohen Sprachstatus haben. Insofern nehmen viele Heranwachsende mit Migrationshintergrund ihre Herkunftssprache als ein Defizit wahr und neigen dazu, unbewusst dem institutionellen Habitus folgend, ihre Herkunftssprache zu ignorieren oder gar zeitweise zu verleugnen. Diese Entscheidung führt dann häufig dazu, dass die Entwicklung der Herkunftssprache auf einem gewissen Level stehenbleibt. Die Untersuchung zeigt, dass diejenigen Frauen, die die Entwicklung ihrer Herkunftssprache in der Adoleszenz vernachlässigt haben, diesen Zustand heute sehr bedauern. Im Laufe des Erwachsenwerdens wird ihnen klar, wie schwierig sich das Erlernen von neuen Sprachen im fortschreitenden Alter gestalten kann und sie lernen den „Wert" ihrer Herkunftssprache mehr zu schätzen. Aus ihrer heutigen Sicht bereuen sie die Tatsache, die persische Sprache in der Kindheit und der Adoleszenz nicht weiterentwickelt zu haben.

Lilli, die seit ihrem fünften Lebensjahr mit ihrer deutschen Mutter und ihrem iranischen Vater in Deutschland lebt, erzählt davon, was damals der Anstoß dafür gewesen sei, dass sie den Zugang zur persischen Sprache verloren habe. Sie habe irgendwann angefangen, sich bei ihrem Vater zu beschweren, dass er immer mit ihr in Farsi sprechen würde. Auf ihren Wunsch hin sei der Vater bei der Kommunikation mit ihr zur deutschen Sprache übergegangen. Im Interview fragt Lilli rhetorisch, wie ihr Vater damals „bloß" auf ein fünfjähriges Mädchen habe hören können. Dadurch hätten sich ihre Persischkenntnisse rapide verschlechtert. Lilli, die heute Deutsch, Englisch und Französisch fließend beherrscht, habe als Kind ihre Vatersprache Farsi und ihre Muttersprache Deutsch eine Zeit lang gleichermaßen sprechen und verstehen können. Das Sprachdefizit, das in den Jahren entstanden sei, als sie kein Farsi mehr sprechen wollte, könne sie heute nicht mehr ausgleichen. Sie schenkt mir eine Audiocassette, auf der Gespräche und Lieder zu hören sind, die sie und ihr Vater im Iran aufgenommen haben. Da sei das Persisch zu hören, das sie mal sprechen und singen „konnte", sie würde es „heute gern noch können". Später, beim Anhören der Aufnahmen, merke ich, dass Lilli einen großen Schatz aus ihrem Leben mit mir geteilt hat, den sie verloren zu haben glaubt. Symbolisch drückt sich ihr Verlust darin aus, dass sie mir keine Kopie, sondern die einzige Originalcassette schenkt, die sie besitzt. Darauf ist ein vierjähriges fröhliches Mädchen zu hören, das, vom Vater begleitet und liebevoll motiviert, persische Kinderlieder singt und dazu musiziert.

Auch Minu berichtet mir davon, dass sie heute mit ihren Eltern Deutsch spreche. Das persische Alphabet habe sie nicht gelernt, da sie bei der Einwanderung drei Jahre alt gewesen sei und danach keine Gelegenheit zum Erlernen der Schrift gehabt habe. Daran wie sie Deutsch gelernt habe, könne sie sich nicht mehr erinnern. Deutsch sehe sie heute als ihre „Muttersprache" an:

„Ich kann mich auch nicht erinnern, wie ich Deutsch gelernt hab (lacht). Ist meine Muttersprache, sehe ich als meine Muttersprache. Persisch ist nicht soo ..., ja. Manchmal kann ich Englisch besser als Persisch (lacht)."

Das scherzhafte Erwähnen ihrer Fähigkeiten im Englischen, die manchmal besser seien als ihre Persischkenntnisse, macht deutlich, dass die persische Sprache einen geringen Stellenwert einnimmt und keine zentrale Rolle in Minus Leben spielt. Die Verschiebung oder Ersetzung der Herkunftssprache durch die Sprache der Aufnahmegesellschaft geht bei Minu so weit, dass sie mittlerweile Deutsch als ihre „Muttersprache" bezeichnet. Dennoch erwähnt Minu, dass sie ihre eigenen Kinder oft mit Koseworten in Farsi anrede, die sie selbst aus der frühen Kindheit kennt:

„So wenn ich mit meiner Tochter kuschel, dann äh kommen also dann rede ich auch manchmal Persisch so „djunami" oder so was, so Kose- Kosewörter. Da das kann ich auch besser auf Persisch, aber alles andere geht auf Deutsch."

Im vertrauten Zusammensein mit ihren Kindern fallen Minu Koseworte ein, die sie einst sicherlich von ihren Eltern gehört hat. Dabei werden Emotionen angesprochen, die sie besser auf Persisch mit ihren Kindern teilen kann. Ansonsten spricht Minu mit den Kindern in der Sprache, die sie besser beherrscht - der deutschen. Im Beisein anderer Iraner:innen fühlen sich Minu und auch ihre jüngere Schwester wegen ihrer herkunftssprachlichen Defizite häufig unwohl:

„Wenn man mit anderen Persern zusammen ist und die andern meistens Persisch sprechen und dann kommt 'n deutsches Wort dazwischen von uns, das ist nicht so nicht so angenehm. Ist uns manchmal peinlich, aber ... wir leben damit (lacht)".

Ähnliche Erfahrungen mit dem Verlust der persischen Sprachkompetenz machen auch Shirin und Roxana. Besonders in der Phase der Adoleszenz versuchen beide, sich bezüglich ihrer Herkunftssprache von den Eltern zu distanzieren. So wird die persische Sprache eine Zeit lang nur ungern gebraucht. Sogar mit der *iranischen besten* Freundin wird, wie Shirin sagt, *Deutsch* gesprochen. In der späten Phase der Adoleszenz setzt jedoch eine neue versöhnende innerpsychische Entwicklung ein, die mit der Erkenntnis verbunden ist, die eigene Herkunft als einen Teil des Selbst annehmen und integrieren zu wollen. Damit geht der Versuch einher, die Kenntnisse der Herkunftssprache aufzubessern, indem Alphabetisierungsklassen in Farsi besucht werden. Die Fortschritte sind jedoch gering, da sich das Auffrischen der Herkunftssprache neben dem angefangenen Studium als schwierig erweist. Shirin erkennt ihren eingeschränkten Wortschatz, insbesondere in Alltagssituationen:

„So die alltäglichen Sachen fehlen einem halt, ne? So ... Floskeln, dies ist das Schlimmste. //Mhm// Was sag ich jetzt, was sag ich jetzt, ne? So diese alltäglichen Sachen, wenn jemand zum Beispiel, keine [...] keine Ahnung, wenn man sich gratuliert... oder so Sachen ... und ich weiß ..., ich antworte immer so einsilbig und total kühl ...."

Das Fehlen der „alltäglichen Sachen" und der „Floskeln" bezeichnet Shirin als das „Schlimmste" und fühlt sich in Anbetracht der Wortlosigkeit in bestimmten Situationen hilflos („was sag ich jetzt, was sag ich jetzt?"). Shirin, Minu, Roxana und auch Lilli machen die Erfahrung, dass ein späteres Wiederaufgreifen der Herkunftssprache in Unterrichtsform schwierig ist, nicht zuletzt weil sie dann wie eine Fremdsprache behandelt wird. In persischen Sprachsituationen neigen die Frauen dazu, deutsche Wörter unter die persischen Sätze zu mischen. Diese Sprachmischungen sind umso gehäufter, je weniger die Frauen ihre Herkunftssprache benutzen und je weniger Übung sie darin haben. Farideh berichtet mir in einem Gespräch nach unserem Interview, dass sie bei ihrer einmaligen Reise in den Iran im vergangenen Jahr von ihren Cousins gehänselt worden sei, da sie im Lesen des Persischen nicht mehr so geübt sei. Sie hätten sich darüber lustig gemacht, dass Farideh zwar andere Sprachen beherrsche, jedoch nicht die „wichtigste", nämlich ihre eigene Muttersprache. Sie habe den „verletzenden" Worten entgegengehalten, dass sie einen „gebildeten" Geist für wichtiger erachte, als Menschen, die andere aufgrund ihrer geringen muttersprachlichen Kenntnisse belächeln würden. Farideh sagt, dass sie später mit ihren eigenen Kindern „auch" Farsi sprechen werde, denn Sprache lebe von ihrer praktischen Anwendung und man würde sich an vieles wieder erinnern, wenn man die Sprache und die Schrift wieder benutze.

Dass sich die sprachlichen Kompetenzen durch einen Aufenthalt im Herkunftsland und durch Kommunikationsmöglichkeiten in Farsi wieder verbessern lassen können, zeigt die Erzählung von Shiva:

„Aber ist ganz komisch, dass ich hier gemischt rede und wenn ich aber im Iran bin, da dann ist es als ob ich umschalte und da nur Persisch rede. Aber hier fällt mir das manchmal auch schwer, dann sag ich: Wie heißt das noch mal auf Persisch? Oder oder wenn ich jetzt einige Zeit im Iran bin, dann sag ich: Wie heißt das noch mal auf Deutsch?"

An Shivas Schilderung wird deutlich, dass Zweisprachigkeit nicht linear verläuft, sondern Veränderungen unterworfen ist. Das Mischen der Sprachen erweist sich als ein zeitweiliges Phänomen, welches sich in einer persischen bzw. deutschen Umgebung wieder auflöst; es ist ein sprachliches Merkmal, welches bei Shiva nur in der Kommunikation mit Personen vorkommt, die ebenfalls sowohl Deutsch als auch Farsi verstehen.

Auch Sara berichtet davon, dass sie vor kurzem ihre persischen Sprachkenntnisse durch einen Besuch im Iran ausbauen konnte. Darüber hinaus spricht Sara auch Türkisch, da ihre Großeltern, bei denen sie in Deutschland aufgewachsen ist, aus einem türkischsprachigen Teil Irans kommen und die Sprache auch zuhause anwenden. So habe sie spielerisch drei Sprachen lernen können, was sie heute zu schätzen wisse. Die Beherrschung von drei Sprachen habe sie jedoch nicht immer als einen Gewinn gesehen. In der Adoleszenz habe sie sich nicht von den anderen deutschsprachigen Mitschüler:innen unterscheiden wollen und sich deshalb lieber auf die deutsche Sprache konzentriert. Aus ihrer heutigen Sicht empfindet Sara ihre Dreisprachigkeit als bereichernd und wünscht sich, diese Kompetenz auch an ihre zukünftigen Kinder weitergeben zu können:

„Das wär mir zum Beispiel wichtig, weil ich meine Kinder halt unbedingt groß- zweisprachig groß erziehen will, wenn nicht sogar noch Türkisch dazu, wer weiß (lacht), also ähm ... das ist mir halt schon wichtig."

Vom Vater ihrer Kinder würde sie sich wünschen, dass er der persischen Sprache gegenüber zumindest nicht abgeneigt wäre. Das Leben mit mehreren Sprachen im Alltag ist für Sara zu etwas „Wichtigem" geworden, das sie gern auch mit ihrer zukünftigen Familie teilen würde.

Auch für Narges, die ihr erstes Kind erwartet, gehört ein Leben mit zwei Sprachen zum Alltag. Aus diesem Grund möchte sie ihr Kind am liebsten ebenfalls zweisprachig erziehen:

„Ich will auf jeden Fall iranisch mit ihm reden und ... also wenn es klappt, also das Ziel hab ich. Und ähm der Papa Deutsch und ... damit er zweisprachig aufwächst [...]."

Narges bezeichnet die zweisprachige Erziehung als ein Ziel, das sie gern umsetzen möchte und hofft darauf, dass es auch tatsächlich klappt. Für Donya und Marjan, die seit ihrem vierzehnten und fünfzehnten Lebensjahr in Deutschland leben, sind beide Sprachen selbstverständliche Bestandteile ihrer Lebenswelt. Während Marjans Arbeitsumfeld deutschsprachig ist und sie ansonsten auch viele deutschsprachige Freund:innen hat, kommuniziert sie mit ihrem Lebenspartner und dessen Familie sowie ihren Freund:innen iranischer Herkunft in der persischen Sprache. Auch die Kommunikation mit ihren Eltern, die im Iran leben, trägt zur Pflege der persischen Sprache bei. Marjan geht auch gern auf persische Veranstaltungen und Konzerte und kann die Atmosphäre und das Zusammensein mit anderen persischsprachigen Menschen dort genießen. Donya fühlt sich ebenfalls sowohl in der persischen als auch in der deutschen Sprache wohl. Auch bei ihr gibt es im Alltag durch einen bikulturellen Freundeskreis unterschiedliche Situationen, in denen sie beide Sprachen zur Kommunikation einsetzen und nutzen kann. Insgesamt beschreiben die Frauen ihre bilinguale Lebensweise als sehr zufriedenstellend und betrachten sie als eine Erweiterung ihres Denkhorizonts.

Der Blick auf die Entwicklung der Herkunftssprache in der Aufnahmegesellschaft zeigt, dass der Grad der Zweisprachigkeit bei den jungen Frauen im Laufe der Adoleszenz variieren kann, je nachdem, wie oft sie Farsi als Kommunikationssprache gebrauchen und welche innere Einstellung sie zu der persischen Sprache pflegen. Deutsch als die zweite Sprache der Heranwachsenden entwickelt sich im Vergleich linear und wird fortlaufend besser. Ein ausgewogenes Verhältnis der Zweisprachigkeit ist ein Wunsch, der von allen Interviewpartnerinnen ausgesprochen wird, die den Verlust muttersprachlicher Fähigkeiten und deren Folgen im Laufe des Erwachsenwerdens in unterschiedlichen Lebensbereichen erlebt haben. Als Kind würde man die Sprachen spielerisch lernen und verinnerlichen. Im Vergleich dazu fehle im schulischen Fremdsprachenunterricht der emotionale

Zugang zu den Sprachen. Heute messen die jungen Frauen ihren Sprachkompetenzen einen hohen Stellenwert bei, zumal sie den Verlust ihrer Herkunftssprache als vermeidbar einstufen.

Zusammenfassend kann gesagt werden, dass die Herkunftssprache im Laufe der Biografien der jungen Frauen besonderen Wandlungsprozessen unterworfen ist. Die persische Sprache hat sich von der intimen und vertrauten „Muttersprache" der Kindheit zu einer scheinbar bedeutungslosen Sprache in der Ankunftsgesellschaft, besonders während der Adoleszenz entwickelt. Heute ist sie für die jungen Frauen zu einer wichtigen Ressource geworden, aus der heraus sie eine kulturelle Vielfalt leben können.

5 Glaube

Die Untersuchung von Interivewpassagen, in denen die jungen Frauen etwas über ihren Glauben erzählen, zeigt eine Übereinstimmung in Bezug auf eine Distanzierung zur Religion an sich und einen starken Glauben an eine universelle Kraft, für die sie auch die Bezeichnung „Gott" verwenden.

Lilli berichtet mir von ihrer Sichtweise auf die Schriften Bibel und Koran:

„Also ich sehe ... die Bücher Bibel und Koran also ... Schriften von früher, wo einige Sachen drinstehen, die ganz ... interessant sind und die man vielleicht auch annehmen kann und ... ich verstehe ich verstehe beide Seiten sag ich mal ähm. Nur für mich persönlich. Evolutionstheorie Biologie (lacht). Eher zur Natur, so vielleicht habe ich einen vielleicht glaube ich an irgendwas Übermächtiges, aber das kann ich nicht konkret evangelisch oder christliche Religion oder oder islamische Religion nennen. Nicht so."

Lillis Auseinandersetzung mit der christlichen und der islamischen Religion führt sie zu einer eigenen Denkweise über die Welt des Glaubens, die am ehesten an die naturwissenschaftliche Evolutionstheorie Darwins angelehnt ist. Die Bibel und den Koran sieht sie als „interessant[e]" Bücher und „Schriften von früher", in denen „einige Sachen" stünden, die man „vielleicht auch annehmen" könne. Ihren eigenen Glauben an etwas potenziell „Übermächtiges" könne sie nicht konkret „christlich" oder „islamisch" nennen. So schaut Lilli mit einem analytischen Blick auf die wichtigsten Werke der beiden monotheistischen Religionen und nimmt eine kritische Haltung dazu ein.

Rojas Antwort auf meine Frage nach ihrem Glauben zeigt, dass sie sich ebenfalls nicht einer Religion zuordnen würde, betont jedoch ihren starken Glauben an Gott:

„Also, ich hab ... ich bin nicht religiös in dem Sinne, dass ich mich einer Religion zugehörig fühle ..., aber ich glaub ganz stark an Gott."

Roja ist gegen eine Vorschrift durch die Gebote der Religion, vielmehr ist sie der Ansicht, jeder Mensch solle selbst überlegen, was einen guten Menschen und den richtigen Umgang miteinander ausmache:

„[...] da kann man doch gleich sich selber überlegen, wie will ich am liebs-, am besten leben, was ist'n guter Mensch oder wie ... ist es besser zu leben, wie is es besser mit Menschen umzugehen, anstatt dass ich mir das vorschreiben lasse von der Religion. //Mhm// Und an Gott glaub ich eben. Ich denke, man sollte irgend'n Glauben haben."

Trotz ihres vorhandenen Glaubens an „Gott" plädiert Roja für die Auslebung einer vernunftgeleiteten Moral im Gegensatz zu einem blinden Folgen von Vorschriften.

Der Glaube an sich stellt im Leben der Erzählenden einen wichtigen Anker dar, eine Kraftquelle oder, wie Puneh es bezeichnet, einen „Hoffnungsschimmer":

„Ich muss ganz ehrlich gestehen, also an Gott glaube ich. Da, ich denke mal, das muss auch irgendwo sein, dass es so, ähm dies Hoffnungsschimmer, den man manchmal hat, wenn man sch- in Schwierigkeiten steckt oder so, dass man halt dann sagt, okay ... die Verbindung ... zu Gott das ist ... halt ja ... macht einem Hoffnung. Dass doch dahinter was ist, was dich unterstützen könnte."

Die Verbindung zu Gott gäbe Hoffnung in schwierigen Lebenssituationen. Ihr Glaube gibt Puneh das Gefühl, dass „hinter" dem Ganzen etwas existieren müsse, das sie „unterstützen könnte". Das starke Bedürfnis an etwas glauben zu wollen und Hoffnung haben zu können, hängt sicherlich auch mit der aktuellen Krankheit ihrer Mutter zusammen. Puneh beschreibt, wie sich ihre Sicht auf das Leben durch die Sorge um die Gesundheit der Mutter verändert habe. Sie betrachte heute ein „gesundes Leben" als das Wichtigste, denn „dann" erreiche man auch „alles andere".

Auch Narges betont im Zusammenhang mit dem Thema Religion ihren Glauben, den sie stark abgrenzt von einer religiös begründeten, autoritären Lebensphilosophie. Sie erzählt von ihrem moslemischen Freund aus Ägypten, mit dem sie einige Zeit zusammen gewesen sei. Dieser Freund habe mit ihr streng nach den Gesetzen des Islams leben und ihr erklären wollen, was sie zu tun und zu lassen habe. Heute wisse sie, dass diese Beziehung für sie schädlich gewesen sei und sie sei froh, nicht mehr mit ihm zusammen zu sein. Im Gegensatz zu diesem jungen Mann, der nach den Gesetzen der Religion leben wollte, sei Narges Gläubigkeit ein Glaube „im Herzen":

„Ich bin zwar gläubig, in meinem Herzen, aber ich lebe nicht nach den Gesetzen des Islams, ne? Ich glaube an Gott und ich äh respektiere auch Religionen, aber ... ich finde nicht ..., das muss jeder selber wissen, so lange er nicht mit seinen religiösen Ansichten den andern belastet."

Narges respektiert „Religionen" und ist der Ansicht, dass jeder selbst wissen muss, woran er glaubt, „solange" er nicht andere mit seinen „religiösen Ansichten" belastet.

Das Befolgen der „Gesetze des Islams" wird - wie auch die Ausführungen zu Shirin und Roxana (IV) zeigen - als einengend und nicht nachahmenswert eingestuft. Sara zum Beispiel, die mit der Großelterngeneration aufgewachsen ist, drückt ebenfalls ihren Glauben an „Gott" aus, während sie sich gleichzeitg von den religiösen Ritualen wie „Beten" und „Fasten" abgrenzt:

„Also ich glaube an Gott ... schon noch so weit, ähm aber jetzt nicht dass ich ähm regelmäßig bete oder faste ..."

Als wenn sich die jungen Frauen vorher abgesprochen hätten, ordnen sie sich mit ihrer Einstellung zum Glauben und zur Religion in eine gemeinsame Reihe ein. Keine von ihnen sucht je eine Moschee oder eine Kirche auf. Es wird nicht öffentlich gebetet, es wird kein Ramadan gefeiert, es wird weder gefastet noch ein Koftuch getragen. Gefeiert wird das persische Neujahrsfest „Norus", das den Frühling einläutet und dessen Geschichte weit auf die Zeit vor der Gründung der drei monotheistischen Religionen zurückgeht. Weihnachten wird ebenfalls gern gefeiert. Allerdings handelt es sich dabei weniger um die christlichen Aspekte der Feier als vielmehr um das Zusammenkommen unter dem Tannenbaum und das Genießen der feierlichen Atmosphäre.

Meinen Gesprächspartnerinnen ist es wichtig, in den Erzählungen über ihren Glauben zwischen Gläubigkeit und Religiosität zu unterscheiden. Gläubigkeit beinhaltet eine persönliche Nuance, sie ist ein „Hoffnungsschimmer" und eine Stütze auf dem Lebensweg der jungen Frauen. Der Glaube, aus dem Kraft geschöpft wird, findet - um es mit Narges Worten zu formulieren - „im Herzen" statt. Mit Religion verbinden die Frauen die institutionelle Seite des Glaubens mit all ihren Vorschriften, denen sie kritisch gegenüberstehen und die sie nicht auf Kosten der individuellen Denkfreiheit übernehmen wollen. Vielmehr vertreten sie ein humanistisches Weltbild, das nach Aufklärung und Gleichberechtigung verlangt und jegliche Art der Bevormundung durch andere ablehnt.

6 Beruf und Familie

Der eigene, bereits ausgeübte oder künftige Beruf ist für meine Interviewpartnerinnen ein wichtiger Teil ihrer Lebensplanung. Die Analysen zeigen auch, dass die jungen Frauen eine deutlich positive Einstellung zum Thema Vereinbarung von Beruf und Familie haben. So erzählen sie von ihrem Wunsch, in Zukunft die Möglichkeit zu haben, mit einer eigenen Familie auch ihren Beruf ausüben zu können. Dem Gedanken, Mutter zu sein bzw. einmal Mutter zu werden, stehen sie bis auf zwei Interviewpartnerinnen positiv gegenüber. Die beiden Frauen, die die Vorstellungen von einer Mutterschaft eher skeptisch betrachten (Roja und Donya), haben ihr Studium beendet und befinden sich auf Jobsuche. Roja und Donya sind sich unsicher, ob sie die Verantwortung für ein eigenes Kind in Zukunft tragen möchten. Donya stellt sich ihre Zukunft idealerweise mit einem eigenen Beruf vor und einem Mann, den sie liebt. Kinder spielen in ihrer Lebensplanung keine große Rolle. Roja ist verheiratet und ist sich nicht sicher, wie sich eine Vereibarung von Beruf und der großen Verantwortung für ein Kind praktisch gestalten lässt. Die übrigen Interviewpartnerinnen setzen sich einerseits durchaus kritisch, andererseits aber mit einer positiven Einstellung mit der Möglichkeit der Mutterschaft und der Vereinbarung von Beruf und Familie auseinander.

Vida erzählt, dass sie sich unter anderem aufgrund ihres Kinderwunsches gegen ein langes Studium der Medizin entschieden habe:

„Medizin habe ich mir gut überlegt [...], und dann habe ich gesagt, ne, das dauert mir zu lange und ich hab halt 'n bisschen andere Prioritäten, ich möchte auch irgendwann Kinder haben und so und dann möchte ich mich nicht irgendwie mit acht oder neun Jahren Studium rumschlagen, will ich einfach nicht."

Vida spricht von „anderen Prioritäten", die sich auf ihren Wunsch nach eigenen Kindern in naher Zukunft beziehen. So entscheidet sie sich für ein Alternativstudium, mit dem sie ihre Lebensplanung besser in Einklang bringen kann. Mittlerweile ist Vida berufstätig und lebt mit ihrem Partner deutscher Herkunft zusammen. Wenn sie eines Tages Mutter wird, möchte sie nicht mehr ganztags arbeiten, jedoch ist es ihr ein Anliegen, den Beruf weiterhin ausüben zu können:

„Aber ich ... [... ...] wo ich in der Lage bin zwei Kinder zu bekommen, man weiß es ja nie, also wenn ich dann irgendwann mal zwei hab, äh werde ich definitiv nicht ganztags mehr arbeiten erst mal, also es geht gar nicht. Ich würd das gar nicht schaffen. Das weiß ich einfach, weil das wäre mir einfach zu viel und da würd ich drunter leiden und die Kinder

(lacht) bestimmt auch und die Arbeit auch. Dann würd ich schon eine Halbtagsstelle dann annehmen, //Ja// aber gar nicht arbeiten möchte ich nicht, wie l... also gar nicht auf Dauer mehr arbeiten, das könnte-, dann hätte ich ja umsonst studiert. Also dafür ist das Geld zu gut, was ich verdienen würde, dafür ist der Beruf zu gut, den ich im Moment habe, dafür wär die Arbeit umsonst, die ich mir vorher gemacht hab..."

Vida betont, wie wichtig ihr das Fortführen ihres Berufes trotz ihrer Familienplanung sei. Sie ist sich der Mühe bewusst, die sie in ihre Ausbildung investiert hat und nimmt ihren Beruf als einen Gewinn wahr. Die Möglichkeit, als Mutter halbtags zu arbeiten, stellt für Vida einen geeigneten Weg dar, um beiden Rollen gerecht zu werden, ohne dass sie und die Kinder „leiden" müssten.

Auch für Roxana ist der Wunsch nach einer eigenen Familie neben dem Beruf ein zentraler Aspekt dar. Auf meine Frage, wie sie sich ihr Leben in zehn Jahren vorstellt, antwortet sie:

„Also ich würde gerne in zehn Jahren, würde ich gerne mein Studium längst fertig gemacht haben und arbeiten (lacht ein bisschen) [...]", [...] und dann hoffe ich, dass ich dann irgendwann heirate und Kinder kriegen werde, mindestens zwei Stück ... bis dahin."

Roxana hat konkrete Vorstellungen von ihrem Leben in zehn Jahren. Sie möchte ihr Studium beendet haben und arbeiten. Sie hofft, dass sie dann „irgendwann" heiratet und „mindestens zwei" Kinder bekommt. Die Verknüpfung der Themen Beruf und Familienplanung wird – ohne mein konkretes Nachfragen - häufig von den Frauen selbst vorgenommen. Marjan zum Beispiel, die mir aus dem Inhalt ihres Vorstellungsgespräches mit ihrem jetzigen Arbeitgeber berichtet, betont in diesem Zusammenhang auch die Relevanz ihres Kinderwunsches für die Zukunft. Sie habe bei der Frage ihres Arbeitgebers nach ihrem Kinderwunsch diesen keineswegs verheimlicht, während sie gleichzeitig hervorgehoben habe, wie wichtig ihr die ausgeschriebene Stelle und ihr Beruf seien:

„Ich bin eine gesunde Frau. Wieso soll ich denn keine Kinder haben wollen? Nur ... eins sage ich Ihnen jetzt schon, wenn per Zufall jetzt ein Kind unterwegs sein sollte, werde ich nicht wegen meines Berufs jetzt ähm abtreiben lassen. Aber ... im Moment haben wir nichts geplant. Ich hab mir ja bis jetzt den Rücken krumm gemacht, damit ich heute vor Ihnen sitze und mit Ihnen dieses Gespräch führen darf und ich bin auch stolz drauf, dass ich hier sitze und jetzt äh wenn Sie meinen, dass ich in zwei Jahren ein Kind haben will und Tschüß ich gehe jetzt, das ist nicht der Fall."

Marjan, die sich für dieses Vorstellungsgespräch „den Rücken krumm gemacht" hat, nimmt ihren Beruf sehr ernst. Trotzdem kommt für sie eine Abtreibung aus beruflichen Gründen nicht in Frage. Mit ihrer Aussage betont sie den Wunsch nach einem eigenen Kind. Gleichzeitig stellt sie im Vorstellungsgespräch klar, dass sie nicht vorhabe, ihre Berufschancen gleich zu Beginn ihrer Tätigkeit durch eine Schwangerschaft aufs Spiel zu setzen.

Dass ein tatsächliches Heranrücken der Mutterschaft für die Frauen eine biografische Herausforderung bedeuten kann, zeigt die Erzählung von Narges, die ihr erstes Kind erwartet. Sie beschreibt, wie die Schwangerschaft sie dazu bringt, sich auf eine neue Weise mit ihrer Kindheit und ihrer Herkunft zu beschäftigen. So denkt sie über Wege nach, wie sie ihrem Kind Anteile aus der iranischen Kultur vermitteln kann:

„[...] gerade wenn man, wenn Frau schwanger ist, macht man, mache ich zumindest bisschen mehr Kindheits-ähm ...-Verarbeitung oder Kindheitsverarbeitung durch. Also meine Kindheit geht mir sehr oft durch den Kopf... und ich ähm werde dadurch ja auch an meine Kindheit und meine Herkunft erinnert. Und will auf jeden Fall, wenn unser Sohn da ist mit meinem Mann, er ist übrigens Deutscher, auch in den Iran, um ihm zu zeigen, wo ich herkomme und auch selber da mal ... so frisch irg- frisch Luft schnuppern oder an dem an dem Land riechen keine Ahnung, hört sich vielleicht Quatsch an, aber wieder auch mal so die Erinnerung auffrischen ... "

Da sich Narges durch ihre anstehende Mutterschaft auf eine neue Weise mit ihrer eigenen Biografie konfrontiert sieht, kann diese Phase als ein Teil der Adoleszenz auf dem Weg ins Erwachsenleben betrachtet werden, in der die Verarbeitung der eigenen biografischen Anteile und die Ausgestaltung der Zukunft mit Blick auf die nächste Generation stattfinden. Ausgelöst durch die anstehende Geburt, beschäftigt sie sich mit ihrer eigenen Geschichte, ihrer Kindheit und ihrer Herkunft. Wenn das Kind da ist, würde sie gern mit ihrer neuen Familie gemeinsam in den Iran reisen und ihre Erinnerungen „auffrischen".

Minu, Mutter zweier Kinder, zieht das Resümee, dass Menschen erst durch die Elternschaft und die Übernahme von konkreter Verantwortung für ein Kind wirklich erwachsen werden:

„[...] man denkt immer mit achtzehn, neunzehn ist man erwachsen, aber ... man ist erwachsen, wenn man 'n Kind hat. Also dann fühlt man sich richtig so verantwortlich für jemanden, ähm man muss erwachsen sein."

Der Zwang des Erwachsenwerdens, von dem Minu hier spricht, kann auch für die eingeschränkten Wahlmöglichkeiten stehen, die den jungen Frauen nach einer Mutterschaft zur

Verfügung stehen. Minu, die vor der Mutterschaft als Erzieherin tätig war, sieht in der Übernahme von Verantwortung für ein eigenes Kind den größten Meilenstein auf dem Weg zum Erwachsensein. Sie hat sich mit der Geburt des ersten Kindes dafür entschieden, nicht berufstätig zu sein, solange die Kinder nicht zumindest in den Kindergarten gekommen sind. Minu fühlt sich zum ersten Mal in ihrem Leben „für jemanden" wirklich verantwortlich und möchte diese Aufgabe so gut wie möglich bewältigen.

Es besteht ein Konsens bei den jungen Frauen darüber, dass Mutterschaft einen großen Einschnitt im Leben bedeute. Folglich beschäftigen sie sich bewusst mit dem Gedanken, wie sie ihre Rolle als werdende Mütter zufriedenstellend in ihre Lebensplanung einbauen können. Die Analysen zeigen, dass die meisten jungen Frauen Mutterschaft nicht als eine mögliche oder in der Ferne liegende Perspektive ansehen, sondern sie als einen Teil ihrer Zukunft behandeln, der gleichzeitig mit der Ausgestaltung ihrer beruflichen Laufbahn einhergeht. Der Kinderwunsch bezieht sich in allen Fällen auf eine Familiengründung mit mehr als einem Kind. Den Frauen ist bewusst, dass sie zur Realisierung ihres Kinderwunsches zumindest zeitweilig aus dem Beruf aussteigen werden. Diese Überlegung zieht bei ihnen keinen Konflikt nach sich, solange sie das Gefühl haben, dass ihnen die Tür zu einem Wiedereinstieg offensteht, wenn die Kinder älter sind. Auffallend an der Auseinandersetzung der jungen Frauen mit dem Thema Beruf und Familie ist die Nichteinbeziehung des Lebenspartners bei dem Gedanken an die Betreuung der eigenen Kinder. Die Kinderpflege und Kinderbetreuung werden ausschließlich als eine Aufgabe der Frauen selbst betrachtet und nicht als eine Arbeit, die zwischen Mann und Frau, Mutter und Vater geteilt werden kann. Die Priorität der jungen Frauen liegt trotz des hohen Stellenwertes, den sie ihrer Bildung und ihrem Beruf beimessen, auf der Seite der Kindererziehung, die idealerweise von ihnen selbst übernommen werden soll. Der Ausstieg aus dem Beruf und ein Wiedereinstieg in Form von einer halben Stelle wird von allen Interviewpartnerinnen eher als ein Wunschweg und weniger als eine Einschränkung empfunden. Für sie bietet diese Idee den nötigen Kompromiss, um möglichst viel Zeit mit den Kindern verbringen zu können und trotzdem nicht auf den Beruf verzichten zu müssen.

7   Resümee

Die Analysen der biografischen Erzählungen meiner Interviewpartnerinnen bezüglich ihrer Familienbeziehungen in der Ankunftsgesellschaft eröffnen einen Einblick in die Entwicklungen der Adoleszenzphase, die geprägt ist von der intensiven Auseinandersetzung mit der Elterngeneration. Adoleszenz zeigt sich als eine prozesshafte, sich *intergenerational* verortende Lebensphase, die sich eben nicht abgekoppelt *von* den vorangegengenen Generationen, sondern in Beziehung *zu* diesen entwickelt. Die Untersuchung zeigt, dass die jungen Frauen einerseits bemüht sind, sich außerhalb der Familie neue Möglichkeitsräume zu verschaffen, während sie gleichzeitig die Beziehung zu den Eltern aufrechterhalten und mit ihnen im Dialog bleiben möchten.

Über Mütter und Töchter mit einem Migrationshintergrund gibt es seit der Studie von Elisabeth Rohr (2001) sowie der Untersuchung von Ursula Boos-Nünning und Yasemin Karakasoglu (2005) das übereinstimmende Ergebnis einer engen Mutter-Tochter-Beziehung in der Phase der Adoleszenz. Die von Boos-Nünning und Karakasoglu befragten jungen Frauen heben zum größten Teil ihre Mütter als die Person hervor, mit der über „alle Sorgen und Nöte gesprochen werden kann" (Boos-Nünning/ Karakasoglu 2005: 125). Rohr stellt fest, dass die von ihr interviewten Mädchen mit Migrationshintergrund ein Adoleszenzmodell, welches die Ablösung von den Eltern und eine frühe Zuwendung zum anderen Geschlecht beinhaltet, ablehnen. Die enge Bindung zur Mutter bleibe ungetrübt und würde als Bereicherung und Hilfe in allen Lebensbereichen angesehen.

Die von mir untersuchten Mutter-Tochter-Beziehungen bestätigen die enge Bindung der Dyade ab der Pubertät, solange der Vater als eine präsente und strenge Instanz in der Erziehung zur Verfügung steht. In Familien, in denen der Vater sich zurückhaltend verhält, besonders jedoch in der Konstellation mit einer alleinerziehenden Mutter, werden durchaus Kämpfe und Distanzierungsversuche von Seiten der Tochter in der Adoleszenz sichtbar, um eigene von der Mutter nicht besetzte Freiräume zu erlangen. Auch eine frühe Hinwendung zum anderen Geschlecht oder zumindest der Wunsch danach wird von allen Interviewpartnerinnen erwähnt bzw. bejaht. Betont wird das konfliktbehaftete Aufeinandertreffen dieses Wunsches mit der elterlichen Anforderung, sich nicht „zu früh" mit dem anderen Geschlecht einzulassen. Die Eltern und die Töchter sind sich bewusst, dass die familiären und die gesellschaftlichen Werte sowie Möglichkeitsräume in dieser Hinsicht nicht übereinstimmen, was häufig zu einem zentralen Konfliktthema in der Familie wird. Jedes Mädchen versucht, seinen ganz individuellen Weg durch die neu entstehende Situation in der Adoleszenz zu finden. Unterschiedliche Aspekte wie die Familienkonstellation, der Grad der Anpassungswilligkeit der Töchter und die Kompromissbereitschaft der Eltern führen zur Entstehung einer großen Pluralität an Orientierungen und Bewältigungsstrategien, die nicht zuletzt die Beziehung zwischen den Müttern und ihren

Töchtern in der Adoleszenz beeinflussen. Aus ihrer heutigen Sicht beschreiben die meisten Frauen ihre Mütter als eine sehr wichtige Bezugsperson in ihrem Leben. Es ist eine beidseitige weibliche Solidarisierung festzustellen, die über eine reine Mutter-Kind-Beziehung hinausgeht.

Während die wissenschaftliche Literatur eine relativ geringe Anzahl an empirischen Untersuchungen über die Mutter-Tochter-Beziehung in der Migration aufweist, konnte in Bezug auf die Vater-Tochter-Bindung keine vergleichende Literatur herangezogen werden. Die Beziehungsstrukturen im Vater-Tochter-Verhältnis in Verbindung mit Migration sind bislang nicht Gegenstand wissenschaftlicher Untersuchungen gewesen. Als Resultat ist über die Beziehung zwischen Vätern und ihren Töchtern unter den Bedingungen der Migration wenig bekannt. Die Analyse der Passagen über die Väter meiner Interviewpartnerinnen zeigt eine liebevolle zwischenmenschliche Bindung auf, die ab der Phase der Pubertät mit vielen Kämpfen und auch Enttäuschungen einhergeht. Diese Enttäuschungen hängen damit zusammen, dass die Tochter sich in ihrem Entdeckungsdrang nicht verstanden, sondern zu sehr bevormundet fühlt und der Vater seine Tochter nicht mit anderen teilen möchte. Die väterliche Eifersucht und die Versuche des Vaters, die Lebensziele der Tochter auf schulische und akademische Erfolge zu reduzieren, kollidieren mit dem Wunsch der Tochter, sich neue gleich- und gegengeschlechtliche Beziehungen außerhalb der Familie aufbauen zu wollen. Die Töchter versuchen mit ihren Vätern im Dialog zu bleiben, was nicht selten zu verbalen Auseinandersetzungen und langfristigen Konflikten führt. Letztlich gelingt es ihnen durch die solidarische Haltung der besten Freundin und der Loyalität der Mütter eigene und neue Freiräume zu erkunden und diese zu gestalten. In der späten Adoleszenz ist teilweise ein Entgegenkommen von Seiten der Väter zu verzeichnen, das beiden Seiten zugutekommt.

Die Analysen weisen ein großes Maß an kritischer Biogrfhiearbeit und Reflektion der inneren und äußeren Welt der Erzählerinnen auf. Unter widrigen Umständen basteln die jungen Frauen zwischen Kindheit und Erwachsensein, zwischen heterogenen Anforderungen aus ihren kulturellen Räumen der Herkunftsfamilie und der Ankunftsgesellschaft an eigenen Träumen und Zukunftsvisionen. Dabei stellen die Mädchenfreundschaften für die Heranwachsenden ein wichtiges Beziehungsforum dar, welches ihnen einen Kommunikations- und Interaktionsraum zur Aushandlung neuer psychischer und soziokultureller Perspektiven ermöglicht. Die Ausführungen meiner Gesprächspartnerinnen über ihre ersten Freundschaften in der frühen Adoleszenz weisen zwei wesentliche Merkmale auf: Zum einen berichten alle von der zentralen Rolle der besten Freundin, mit der gemeinsame Erfahrungen gemacht und Geheimnisse geteilt werden. Da die Freundin zunächst als einzige an der eigenen sich verändernden Gefühls- und Gedankenwelt teilhaben darf, wird ihr ein exklusiver Platz eingeräumt. Ein verbindendes Element innerhalb der Mädchenfreundschaften ist der gemeinsame Versuch, sich von der Ursprungsfamilie loszulösen. Hinsichtlich des erwachten Interesses am anderen Geschlecht ist der Austausch mit der Freundin über Jungen und über das erste „Verliebtsein" ein wichtiger Aspekt in dieser frühen Phase der Adoleszenz. Zum anderen fungieren die Freundinnen als Verbündete, um sich zum Beispiel mit Jungen treffen oder abends in die Disco gehen zu können. Sie unterstützen oder decken sich gegenseitig und fühlen sich gemeinsam in einer stärkeren Position, um ihre Wünsche gegenüber der Familie durchzusetzen.

Weiterhin beinhalten die Analysen der soziokulturellen Aspekte der adoleszenten Lebenswelt meiner Gesprächspartnerinnen die Reflektion über die Herkunftssprache, deren Rolle sich im Laufe der Identitätsbildung verändert. Den Erzählerinnen ist bewusst, dass der Zugang zu einer kulturellen Vielfalt in einem besonderen Maße mit der Beherrschung von Sprachen und deren Eigenheiten zusammenhängt. Besonders die geringen muttersprachlichen Kenntnisse bedeuten für die jungen Frauen den Verlust einer wichtigen Schlüssel- und Handlungskompetenz. Die Rückentwicklung der Zweisprachigkeit führt den Frauen vor Augen, wie sehr Sprache und Handlungsfähigkeit voneinander abhängen. Minu, Shirin und Roxana können sich nicht hinreichend und zufriedenstellend an persischsprachigen Interaktionen beteiligen und bedauern den Verlust ihrer herkunftssprachlichen Fähigkeiten. Sie würden gern ein ausgeglichenes Niveau ihrer Zweisprachigkeit erreichen.

Puneh und Sara, die neben Farsi und Deutsch aufgrund der Herkunft ihrer Eltern bzw. Großeltern aus einem türkischsprachigen Teil Irans auch Türkisch sprechen, würden diese Sprachkompetenzen gerne auch an ihre Kinder weitergeben. Beide schätzen die Möglichkeit, sich in drei sprachlichen Räumen wohlzufühlen. Insofern bieten ihnen die Mehrsprachigkeit und ein Verständnis für die heterogenen kulturellen Hintergründe auch mehr Bewegungsmöglichkeiten in der Begegnung und Kommunikation mit anderen. Die bi- bzw. multilinguale Situation der jungen Frauen beeinflusst ihre Persönlichkeitsentwicklung auf eine positive Weise und stärkt ihr Selbstbewusstsein, wenn sie entsprechend gepflegt werden kann. Demgemäß wäre es sinnvoll, Kinder und Jugendliche auch institutionell in ihrer Herkunftssprache zu stärken und ihre Mehrsprachigkeit als eine Ressource für die Gesellschaft zu betrachten.

Seit den 1990er Jahren existieren einige kritische Werke über den gesellschaftlichen Habitus der Dominanz der Einsprachigkeit, besonders in der Institution Schule (vgl. Gogolin 2001/1994; Luchtenberg 1999/1995; Reich 2001). Der Umstand, einer großen Anzahl mehrsprachiger Schülerinnen und Schülern die Monolingualität überzustülpen, bedeute, die Belange dieser Kinder und Jugendlichen zu ignorieren oder nicht anerkennen zu wollen. Ein zeitgemäßer Umgang mit der Mehrsprachigkeit im Bildungswesen würde beinhalten, die Verkehrssprache Deutsch zu stärken und parallel die anderen vorhandenen Sprachen als eine Bereicherung in der Lebenswelt der Heranwachsenden zu begrüßen und diese nicht als Defizit darzustellen. Eine defizitäre Sicht auf die Mehrsprachigkeit der Heranwachsenden mit Migrationsgeschichte und eine negative Spiegelung durch das Lehrpersonal führen letztlich dazu, dass sich die Jugendlichen in ihren sprachlichen Ressourcen im Stich gelassen fühlen. Die Stärkung dieser Ressourcen bei den Heranwachsenden, die das Beherrschen der deutschen Sprache für selbstverständlich halten und das Zusammenleben in einer demokratischen Welt im Hier und Jetzt anstreben, bedeutet die Stärkung von zukünftigen Müttern und Vätern, die ihren Nachkommen Kompetenzen und Werte für gelungene Lebensmodelle in unserer Gesellschaft vermitteln können.

Die Ergebnisse zeigen zudem, dass die jungen Frauen dem Status einer eigenen Familie eine zentrale Rolle zuweisen und eine potenzielle Familiengründung neben ihrem Bildungsweg in ihr Lebenskonzept integrieren. Trotz der überaus hohen Bedeutung, die das Studium und der Beruf im Leben der jungen Frauen einnehmen, sehen sie sich in der Zukunft nicht als Ganztagskräfte im Beruf, sondern als berufstätige Mütter, die versuchen, Familie und Beruf miteinander zu vereinbaren. Unabhängig davon, ob die jungen Frauen mit berufstätigen Müttern aufgewachsen sind (Shirin, Roxana, Narges, Donya, Lilli, Minu, Shiva, Farideh), mit Müttern, die ihren Beruf nach der Familiengründung aufgegeben haben (Vida, Marjan, Nuran, Sara) oder mit Müttern, die keinen Beruf erlernt haben (Roja, Puneh) ist, das Konzept der Vereinbarung von Familie und Beruf für die jungen Frauen ein erstrebenswertes Lebensmodell, das sie umsetzen möchten.

Das Bemühen um eine auf Vereinbarkeit und Integration heterogener Aspekte ausgerichtete Lebensplanung ist im Laufe des Heranwachsens zu einem Bestandteil der weiblichen Identitätsbildung geworden. Es scheint, dass die Notwendigkeit, eigene, neue und zur Lebenssituation passende Lösungsstrategien zu entwerfen sowie soziale Kategorien ständig beobachten und abwägen zu müssen, zum Entstehen einer differenzierten Denkweise geführt hat, welche sich auf sämtliche Lebensbereiche der jungen Frauen erstreckt. In dieser Hinsicht zeigt gerade ihre besondere Haltung zum Thema Religion und Glaube, die am ehesten als eine sekulär und humanistisch ausgerichtete bezeichnet werden kann, dass in der Adoleszenzphase durch den migrationsbedingten Ausbruch aus alten Strukturen und der kritischen Auseinandersetzung mit der (Herkunfts-) Religion eine *neue* Lebensanschauung entstehen kann. So wird zwischen dem Thema Religion im Allgemeinen und dem eigenen Glauben im Besonderen eine bewusste Unterscheidung getroffen, da die jungen Frauen - nicht zuletzt aufgrund ihres biografischen Werdeganges - institutionalisierten Religionen skeptisch gegenüberstehen. Im Vergleich dazu dient ihnen der persönliche Glaube als ein Leitfaden im Leben, den sie nicht gegen Reglementierungen von Außen eintauschen möchten. Religionen an sich wollen sie akzeptieren, solange diese nicht durch Bevormundung zu einer Belastung werden oder sie als Individuen in ihrem Recht auf die Entwicklung eigener Gedankengänge in der Gemeinschaft dominieren.

VII. Die Entstehung des Neuen - Zusammenfassung und Perspektiven

Neue Wege entstehen dardurch, dass man sie geht.
Franz Kafka

Die Analyse der intergenerationalen Beziehungsstrukturen sowie der identitätsbildenden Themen aus den rekonstruierten Biografien zeigen, dass die Migration und ihre Folgen in der Phase des Erwachsenwerdens und der Neuordnung der unterschiedlichen Lebensbereiche zwangsläufig zu einem zentralen Thema für die Heranwachsenden werden. Sowohl die Migration als auch die Adoleszenz sind Phasen der innerpsychischen Veränderungen und des Überganges. Trennungen und Brüche können als Bestandteile der Migration sowie der Adoleszenz bezeichnet werden, deren Verarbeitung hohe Anforderungen an das Individuum stellt. Die Transformationsprozesse der Adoleszenz und der Migration beinhalten Abschiede und Neuanfänge, deren Bewältigung in dieser geballten Kombination nach besonderen Lösungsstrategien und Handlungskompetenzen verlangt, die zum Teil erst von den Individuen selbst neu erfunden werden müssen.

Die hier zugrunde liegenden Lebensgeschichten zeigen das Beschreiten von unzähligen Wegen und Umwegen auf, ohne dass die Individuen selbst immer wissen, wohin diese Wege führen. Abgesehen von den Müttern der jungen Frauen existieren für die Heranwachsenden keine weiblichen Vorreiterinnen, keine eindeutigen Orientierungshilfen, keine klaren Aussichten, wohin die Identitätsreise geht. In der Bundesrepublik Deutschland der 1980er und 90er Jahre, als noch kein Bewusstsein dafür existierte, dass das Land sich in dieser Zeit bereits seit über dreißig Jahren zu einer Einwanderunggesellschaft entwickelte, haben sich die jungen Frauen als nicht-zugehörig gefühlt. Die monokulturell ausgerichtete bildungspolitische und gesellschaftliche Atmosphäre, in der sie den Übergang von der Kindheit in die Jugend erfahren haben, fühlte sich für sie äußerst rau an. Ihre Situation kann - ganz im Sinne von Paul Mecheril (2003) - am ehesten als eine „prekäre" bezeichnet werden, bei der nationale, ethnische und kulturelle Zugehörigkeitsräume aus eigener Kraft gesucht und gestaltet werden mussten, da es für sie als Individuen keine „Gewissheiten" in der Aufnahmegesellschaft gab.

Auch wenn nur wenige der Gesprächspartnerinnen von konkreten Diskriminierungserfahrungen berichten und auch wenn viele den Aspekt betonen, keine unangenehmen Erfahrungen bezüglich ihrer Herkunft gemacht zu haben, so berichtet trotzdem keine Einzige davon, dass sie etwa in der Schule je aufgrund ihres Zuganges zu zwei Sprachen oder Kulturen gelobt oder zumindest motiviert worden sei. Um Anerkennung zu bekommen, setzen sich die Heranwachsenden intensiv mit den Gegebenheiten ihrer Umwelt auseinander und versuchen, *eigene* Wege der Bewältigung adoleszenter Herausforderungen zu finden. Die Schwierigkeiten, denen die jungen Frauen auf ihrem Weg zum Erwachsenwerden in der Aufnahmegesellschaft ausgesetzt sind, zwingen sie, auf eigene Faust Bewältigungsstrategien zu finden, die vorher in der Form nicht da gewesen sind. Es wird ihnen bewusst, dass sie nur aus eigener Kraft herausfinden können, *wie* sie die heterogenen Aspekte aus ihrem Leben auf eine Weise zusammenbringen, dass sie mit ihnen einen Gewinn erzielen. Es ist ihnen auch bewusst, dass sie *neue* Wege einschlagen, die vielleicht noch frei von Gehspuren sind, denen sie folgen könnten.

Die starke Auseinandersetzung der jungen Frauen mit den soziokulturellen Kategorien ihrer Lebenswelt macht sie zu Grenzgängerinnen, die sich jedem Versuch einer eindeutigen Zuordnung zu existierenden Zugehörigkeitskategorien entziehen. Dafür wird im Möglichkeitsraum der Adoleszenz zu viel ausprobiert, gemischt, hinterfragt und umgestaltet. Jedoch entsteht genau aus diesem Chaos, das dabei verursacht wird, das neue Leben, ein neuer Wegweiser, der die Individuen hinausführt aus einer monolinguistischen, monotheistischen und monokulturellen Denkweise hin zu neuen mehrdimensionalen Lebensperspektiven. Die neuen Lebensweisen, die so entstehen, mischen scheinbar widersprüchliche soziokulturelle Aspekte des Zusammenseins miteinander oder lassen sie nebeneinander existieren. Dieser Prozess führt häufig dazu, dass sich als beständig erweisende, scheinbar selbstverständliche Zugehörigkeiten zu einer bestimmten Religion oder zu einer bestimmten Sprache relativieren oder verschieben. Die jungen Frauen machen die Erfahrung, dass es eine Menge an Ausdrucksmöglichkeiten in ihrem Leben gibt, zu denen sie Zugang haben. Aus dieser Perspektive heraus entsteht der Mut, selbst aktiv zu werden und neue identitätsstiftende Möglichkeiten zu formen und lebbar zu machen.

Eine Reihe von Wissenschaftler:innen, die seit den 1990er Jahren den Fokus auf die Untersuchung migrationsspezifischer Wandlungen gelegt haben (u. a. Apitzsch 2003/1996; Gutierrez Rodriguez 1999; Hamburger 1999), betonen, dass die identitätsstiftenden Prozesse weiblicher und männlicher Heranwachsender mit Migrationshintergrund und deren

Überlebensstrategien Hilfsquellen bei der Lösung der heutigen pluralen Anforderungen des Lebens an sich bieten können. Die von den Heranwachsenden entdeckten Bewältigungsstrategien im Umgang mit scheinbar widersprüchlichen soziokulturellen Aspekten im Zusammenspiel von Individuum und Gesellschaft können für die Gestaltung von Lebenskonzepten, die alle Menschen unabhängig ihrer Herkunft in der (post-) modernen Gesellschaft betreffen, eine Chance bedeuten. Franz Hamburger hebt in diesem Zusammenhang das „differenzierte Gesellschaftsbild" bildungserfolgreicher Migrantenjugendlicher hervor, die wir alle für ein Zusammenleben in Gesellschaftssystemen der (Post-) Moderne benötigten (Hamburger 1999: 52f.). Aus dieser Perspektive kommt biografischen Untersuchungen über weibliche und männliche Identitätsprozesse in der Migration und der wissenschaftlichen Analyse der Handlungskompetenzen im Umgang mit den pluralen und scheinbar widersprüchlichen Anforderungen an das Individuum eine zusätzliche Bedeutung zu.

Die Ergebnisse der Studie zeigen die Entstehung *neuer* Identitäten, die die Vereinbarkeit unterschiedlicher soziokultureller Aspekte aus der Lebenswelt der jungen Frauen in der Migration beinhalten. Mit Eintritt der körperlichen und psychischen Veränderungen in der Pubertät und dem damit einhergehenden Abschied von der Kindheit beginnt für die Heranwachsenden eine intensive Auseinandersetzung mit ihrer Herkunftssozialisation sowie den eigenen Wünschen und Entfaltungsmöglichkeiten in der Aufnahmegesellschaft. Die Migrationserfahrung und deren Verarbeitung innerhalb der Familie sowie die mit der Migration verbundenen Erwartungen der Eltern werden kritisch reflektiert, was häufig zu besonderen Konflikten und Veränderungen der familialen Beziehungsdynamiken führt. Die Töchter sehen sich mit Anforderungen in und zwischen zwei Kulturen konfrontiert, die sie miteinander in Beziehung setzen und verknüpfen möchten. Der Zustand des Dazwischenseins erweist sich in der Phase des Erwachsenwerdens als ein verzweifelter Zustand, der jedoch wie die Lebensgeschichten zeigen, aufgehoben werden kann. Bedingt durch die Erfahrung der Migration betrachten meine Gesprächspartnerinnen sowohl die kulturellen Gegebenheiten der Aufnahmegesellschaft als auch die ihrer iranischen Sozialisation mit einem distanzierten Blick, woraus die Fähigkeit zum Perspektivenwechsel entsteht. Gleichzeitig orientieren sich die jungen Frauen an der Idee von der Vereinbarkeit zentraler Themen aus ihren Lebensräumen und deren Integration in die eigene Biografie. Dieser fließende Prozess führt zur Entdeckung von neuen Umgangsweisen mit der kulturellen Vielfalt, die sich jenseits von zwei „Räumen", „Grenzen" oder „Stühlen" positionieren.

Die Transformationsprozesse der Adoleszenz in der Aufnahmegesellschaft, basierend auf dem Prozess der Suche nach Bewältigungsstrategien und Lösungsmöglichkeiten zur Herstellung einer biografischen Kontinuität, bergen große kreative Potenziale, die die Entstehung von *Neuem* ermöglichen. Es ist der Aufbruch in eine *dritte* Dimension und in eine Zukunft, in der es nicht um die Inklusion und Exklusion natio-ethno-kulturell definierter Einheiten geht, sondern um die Akzeptanz von Differenzen und um das Kennenlernen und Anerkennen des „Anderen" in uns selbst. Diese Zukunft benötigt vor allem entsprechende soziale und bildungspolitische Rahmenbedingungen, die die Chancengleichheit fördern sowie unterstützend wirken können, wenn es gelingen soll, auf Bewährtem aufzubauen und gleichzeitig neue Wege des interkulturellen Zusammenlebens zu finden.

Literatur

Adler, Matthias (1993): Ethnopsychoanalyse. Das Unbewusste in Wissenschaft. Kultur. Stuttgart

Adorno, Theodor W./ Horkheimer, Max (2004): Briefe und Briefwechsel. Band 4. 1927-1969. Berlin

Afshar, Karin (1998): Zweisprachigkeit oder Zweitsprachigkeit. Zur Entwicklung einer schwachen Sprache in der deutsch-persischen Familienkommunikation. Münster

Agha, Tahereh (1997): Lebensentwürfe im Exil. Biographische Verarbeitung der Fluchtmigration iranischer Frauen in Deutschland. Frankfurt am Main

Akashe-Böhme, Farideh (2000): In geteilten Welten. Fremdheitserfahrungen zwischen Migration und Partizipation. Frankfurt am Main

Akashe-Böhme, Farideh (2002): Lebensentwürfe und Verstrickung: Biografien im Exil und in der Migration. In: Rohr, Elisabeth/ Jansen, Mechthild M. (Hg.): Grenzgängerinnen. Frauen auf der Flucht, im Exil und in der Migration. Gießen, S. 53-63

Alund, Aleksandra (2003): Buch, Brot und Denkmal – „Ethnic Memory" bei jugendlichen Migrantinnen der 2. Generation. In: Apitzsch, Ursula/ Jansen, Mechthild M. (Hg.): Migration - Biografie – Geschlechter-Verhältnisse. Kritische Theorie und Kulturforschung, Band 6, Münster, S. 39-64

Anderson, Benedict (1998): Die Erfindung der Nation. Zur Karriere eines folgenreichen Konzepts. Berlin

Apitzsch, Ursula (2003): Migrationsbiografien als Orte transnationaler Räume. In: Apitzsch, Ursula/ Jansen, Mechthild M. (Hg.): Migration - Biografie - Geschlechterverhältnisse. Kritische Theorie und Kulturforschung, Band 6. Münster, S. 65-80

Apitzsch, Ursula (2003): Zur Dialektik der Familienbeziehungen und zu Gender-Differenzen innerhalb der zweiten Generation. Psychosozial, 26. Jg., H. III, Nr. 93, S. 6-80

Apitzsch, Ursula (1996): Biografien und berufliche Orientierung von Migrantinnen. In: Kersten, Ralf/ Kiesel, Doron/ Sargut, Sener (Hg.): Ausbilden statt Ausgrenzen. Jugendliche ausländischer Herkunft in Schule, Ausbildung und Beruf. Frankfurt am Main, S. 133-147

Arendt, Hannah (1986): Elemente und Ursprünge totaler Herrschaft. Antisemitismus, Imperialismus, totale Herrschaft. München/ Zürich

Assmann, Aleida (2001): Wie wahr sind Erinnerungen? In: Welzer, Harald (Hg.): Das soziale Gedächtnis. Geschichte, Erinnerung, Tradierung. Hamburg, S.103-122

Atabay, Ilhami (1999): Ist das mein Land? Identitätsentwicklung türkischer Migrantenkinder und -jugendlicher in der Bundesrepublik. Pfaffenweiler

Attia, Iman/ Basque, Monika/ Kornfeld, Ursula (1995): Multikulturelle Gesellschaft, monokulturelle Psychologie? Frankfurt am Main

Auernheimer, Georg (2001): Migration als Herausforderung für pädagogische Institutionen. Opladen

Auernheimer, Georg (1995): Einführung in die multikulturelle Erziehung. 2. Auflage. Darmstadt

Aufenanger, Stefan/ Garz, Detlef/ Zutavern, Michael (1981): Erziehung zur Gerechtigkeit: Unterrichtspraxis nach Kohlberg. München

Badawia, Tarek (2002): Der dritte Stuhl. Eine Grounded Theory-Studie zum kreativen Umgang bildungserfolgreicher Immigrantenjugendlicher mit kultureller Differenz. Frankfurt am Main

Bank, Stephen P./ Kahn, Michael D. (1989): Geschwister-Bindung. Paderborn

Baros, Wassilios (2006): Adoleszente Generationenbeziehungen in Migrantenfamilien als Untersuchungsgegenstand. Theoretische Ansätze und methodische Perspektiven. In: King, Vera/ Koller, Hans-Christoph (Hg.): Adoleszenz-Migration-Bildung. Wiesbaden, S. 137-158

Baros, Wassilios (2001): Familien in der Migration. Eine qualitative Analyse zum Beziehungsgefüge zwischen griechischen Adoleszenten und ihren Eltern im Migrationskontext. Frankfurt am Main

Beauvoir, Simone de (1951): Das andere Geschlecht. Hamburg

Beck, Ulrich (1986): Risikogesellschaft. Auf dem Weg in eine neue Moderne. Frankfurt am Main

Becker-Schmidt, Regina/ Knapp, Gudrun-Axeli (2001): Feministische Theorien. Zur Einführung. Hamburg

Becker-Schmidt, Regina/ Knapp, Gudrun-Axeli (1987): Geschlechtertrennung - Geschlechterdifferenz. Suchbewegungen sozialen Lernens. Bonn

Bednarz-Braun, Iris/ Heß-Meining, Ulrike (2004): Migration, Ethnie und Geschlecht. Wiesbaden

Behnke, Cornelia/ Meuser, Michael (1999): Geschlechterforschung und qualitative Methoden. Opladen

Belgrad, Jürgen (1996): Detektivische Spurensuche und archäologische Sinnrekonstruktion - Die tiefenhermeneutischeTextinterpretation als literatur-didaktisches Verfahren. In: Belgrad, Jürgen/ Melenk, Hartmut: Literarisches Verstehen, literarisches Schreiben. Positionen und Modelle zur Literaturdidaktik. Hohengehren, S. 133-148

Benjamin, Jessica (1993): Fantasie und Geschlecht. Frankfurt am Main

Benjamin, Jessica (1988): Die Fesseln der Liebe. Psychoanalyse, Feminismus und das Problem der Macht. Frankfurt am Main

Blasi, Augusto (1993): Die Entwicklung der Identität und ihre Folgen für moralisches Handeln. In: Edelstein, Wolfgang/ Nünner-Winkler, Gertrud/ Noam, Gil (Hg.): Moral und Person. Frankfurt am Main, S.119-147

Bohnacker, Anke (2001): Verknüpfungsprozesse. Biographische Fremdheits-erfahrungen und Gesundheit, dargestellt am Beispiel iranischer Frauen im Exil. Frankfurt am Main

Böhnisch, Lothar (1993): Sozialpädagogik des Kindes- und Jugendalters: Eine Einführung. 2. Aufl.Weinheim

Bohnsack, Ralf (2008): Rekonstruktive Sozialforschung – Einführung in qualitative Methoden. Opladen

Bohnsack, Ralf (2007): Dokumentarische Methode und Wissenssoziologie. In: Schützeichel, Rainer (Hg.): Handbuch Wissenssoziologie und Wissensforschung. Konstanz, S. 180-190

Bohnsack, Ralf/ Nohl, Arnd-Michael (1998): Adoleszenz und Migration.Empirische Zugänge einer praxeologisch fundierten Wissenssoziologie. In: Bohnsack, Ralf/ Marotzki, Winfried (Hg.): Biografieforschung und Kulturanalyse. Transdisziplinäre Zugänge qualitativer Forschung. Opladen, S. 260-282

Boos-Nünning, Ursula/ Karakasoglu, Yasemin (2005): Viele Welten leben. Zur Lebenssituation von Mädchen und jungen Frauen mit Migrationshintergrund. Münster

Bourdieu, Pierre (2005): Die männliche Herrschaft. Frankfurt am Main

Bourdieu, Pierre (1982): Die feinen Unterschiede. Kritik der gesellschaftlichen Urteilskraft. Frankfurt am Main

Bosse, Heinz (1994): Der fremde Mann. Jugend, Männlichkeit, Macht. Eine Ethnoanalyse. Frankfurt am Main

Breitenbach, Eva (2000): Mädchenfreundschaften in der Adoleszenz. Eine fallrekonstruktive Untersuchung von Gleichaltrigengruppen. Opladen

Breuer, Franz (1996): Theoretische und methodische Grundlinien unseres Forschungsstils. In: Breuer, Franz (Hg.): Qualitative Psychologie. Grundlagen, Methoden und Anwendungen eines Forschungsstils. Opladen, S. 14-40

Brüsemeister, Thomas (2000): Qualitative Sozialforschung. Ein Überblick. Wiesbaden

Bude, Heinz (2000) Die biographische Relevanz der Generation. In: Kohli, Martin/ Szydlik, Marc (Hg.): Generationen in Familie und Gesellschaft. Opladen

Büchergilde, Gutenberg (2002): Sehnsucht nach Sinn. Wertvorstellungen junger Menschen im vereinten Europa. Frankfurt am Main

Bühler, Charlotte (1922): Das Seelenleben des Jugendlichen. Jena

Bukow, Wolf-Dieter/ Yildiz, Erol (2003): Islam und Bildung. Opladen

Bude, Heinz (2000): Die biographische Relevanz der Generation. In: Kohli, Martin/Szydlik, Marc (Hg.): Generationen in Familie und Gesellschaft. Opladen

Bünting, Karl-Dieter/ Karatas, Ramona (1996): Deutsches Wörterbuch. Chur/Schweiz

Chodorow, Nancy (1985): Das Erbe der Mütter. München

Coenen-Huther, Josette (2002): Das Familiengedächtnis. Wie Vergangenheit konstruiert wird. Konstanz

Connell, Robert W. (1999): Der gemachte Mann. Opladen

Dannenbeck, Clemens (2002): Selbst- und Fremdzuschreibungen als Aspekte kultureller Identitätsarbeit. Ein Beitrag zur Dekonstruktion kultureller Identität. Opladen

Dannenbeck, Clemens/ Esser, Felicitas/ Lösch, Hans (1999): Herkunft (er)zählt. Befunde über Zugehörigkeiten Jugendlicher. Münster

Dausien, Bettina (2006): Biografieforschung. In: Behnke, Joachim u.a. (Hg.): Handbuch Empirische Methoden der Politikwissenschaft. Neuere qualitative und quantitative Analyseverfahren. Baden-Baden, S. 59-68

Dausien, Bettina (2006): Geschlechterverhältnisse und ihre Subjekte. Zum Diskurs um Sozialisation und Geschlecht. In: Bilden, Helga/ Dausien, Bettina (Hg.): Sozialisation und Geschlecht. Theoretische und methodologische Perspektiven. Leverkusen, S. 16-43

Degele, Nina (2008): Gender/ Queer Studies. Eine Einführung. München

Devereux, George (1984): Angst und Methode in den Verhaltenswissenschaften. Frankfurt am Main

Devereux, George/ Parin, Paul/ Parin-Mathey, Goldy u.a. (1982): Das Fremde verstehen. Gespräche über Alltag, Normalität uns Anormalität. Frankfurt am Main

Diefenbach, Heike/ Nauck, Bernhard (2000): Der Beitrag der Migrations- und Integrationsforschung zur Entwicklung der Sozialwissenschaften. In: Gogolin, Diehm, Isabell/Radtke, Frank-Olaf (Hg.): Erziehung und Migration. Stuttgart

Dietz, Barbara/ Roll, Heike (1998): Jugendliche Aussiedler - Porträt einer Zuwanderergeneration. Frankfurt am Main

Dilthey, Wilhelm (1973): Die Entstehung der Hermeneutik. In: Reiß, Gunter (Hg.): Materialien zur Ideologiegeschichte der deutschen Literaturwissenschaft, Band 1, Tübingen, S. 55-68

Dimen, Muriel (1994): Dekonstruktion und Differenz: Gesellschaftsspaltung, Differenz und Übergangsraum. In: Benjamin, Jessica (Hg.): Unbestimmte Grenzen. Beiträge zur Psychoanalyse der Geschlechter. Frankfurt am Main

Duerr, Hans Peter (1987): Die wilde Seele. Zur Ethnopsychoanalyse von Georges Devereux. Frankfurt am Main

Ebadi, Shirin (2007): Iran awakening. A Memoire of Revolution and Hope. UK

Eickelpasch, Rolf/ Rademacher, Claudia (2004): Identität. Bielefeld. Erdheim, Mario (1998): Adoleszenzkrise und institutionelle Systeme. Kulturtheoretische Überlegungen. In: Apsel, Roland (Hg.): Ethno-Psychoanalyse, Bd. 5: Jugend und Kulturwandel. Frankfurt am Main, S. 9-30

Erdheim, Mario (1992): Das Eigene und das Fremde. Über ethnische Identität. In: Psyche. 48. Jg., Heft 8, S. 730-744

Erdheim, Mario (1988): Die Psychoanalyse und das Unbewusste in der Kultur. Frankfurt am Main

Erdheim, Mario (1988): Adoleszenz zwischen Familie und Kultur. In: Ders. (Hg.): Die Psychoanalyse und das Unbewusste in der Kultur. Frankfurt am Main, S. 191-214

Erdheim, Mario (1982): Die gesellschaftliche Produktion von Unbewusstheit. Eine Einführung in den ethnopsychoanalytischen Prozess. Frankfurt am Main

Erikson, Erik H. (1968): Jugend und Krise. Die Psychodynamik im sozialen Wandel, 2. Aufl., Stuttgart

Faulstich-Wieland, Hannelore/ Weber, Martina/ u.a. (2004): Doing Gender im heutigen Schulalltag. Empirische Studien zur sozialen Konstruktion von Geschlecht in schulischen Interaktionen. Weinheim

Faulstich-Wieland, Hannelore (2003): Einführung in Genderstudien. Opladen

Faulstich-Wieland, Hannelore (2002): Sozialisation in Schule und Unterricht. Neuwied

Fend, Helmut (2003): Entwicklungspsychologie des Jugendalters. 3. Aufl., Opladen

Fend, Helmut (1998): Eltern und Freunde. Soziale Entwicklung im Jugendalter. Entwicklungspsychologie der Adoleszenz in der Moderne. Bd. 2, Bern/ Stuttgart/ Toronto

Fend, Helmut (1990): Identitätsentwicklung in der Adoleszenz. Soziale Entwicklung im Jugendalter. Entwicklungspsychologie der Adoleszenz in der Moderne, Bd. 2, Bern/ Stuttgart/ Toronto

Fischer, Dietlind (1997): Das Tagebuch als Lern- und Forschungsinstrument. In: Friebertshäuser, Barbara/Prengel, Annedore (Hg.): Handbuch qualitative Forschungsmethoden in der Erziehungswissenschaft. Weinheim, S. 693-703

Fischer-Rosenthal, Wolfram/ Rosenthal, Gabriele (1997): Warum Biografieanalyse und wie man sie macht. In: Zeitschrift für Sozialisationsforschung und Erziehungssoziologie 17, H.4., S. 405-427

Flaake, Karin (2005): Junge Männer, Adoleszenz und Familienbeziehungen. In: King, Vera/ Flaake, Karin (Hg.): Männliche Adoleszenz. Sozialisation und Bildungsprozesse zwischen Kindheit und Erwachsensein. Frankfurt am Main/ New York, S. 99-119

Flaake, Karin (2004): Körper, Sexualität und Identität. Zur Adoleszenz junger Frauen. In: Rohr, Elisabeth (Hg.): Körper und Identität. Gesellschaft auf den Leib geschrieben. Königstein/ Taunus, S. 47-68

Flaake, Karin (2003): Psychosexuelle Entwicklung, Lebenssituation und Lebensentwürfe junger Frauen. Zur weiblichen Adoleszenz in soziologischen und psychoanalytischen Theorien. In: Flaake, Karin/ King, Vera (Hg.): Weibliche Adoleszenz. Zur Sozialisation junger Frauen. Weinheim/ Basel/ Berlin, S. 13-39

Flaake, Karin (2001): Körper, Sexualität und Geschlecht. Studien zur Adoleszenz junger Frauen. Gießen

Flaake, Karin (2000): Genderforschung in der Psychoanalyse. In: Braun, Christina von/ Stephan, Inge (Hg.): Gender Studien. Eine Einführung. Stuttgart/Weimar, S.169-179

Flaake, Karin (1997): Zur Bedeutung der körperlichen Veränderungen in der weiblichen Adoleszenz. In: Krebs, Heinz/ Eggert-Schmid Noerr, Annelinde (Hg.): Lebensphase Adoleszenz. Junge Frauen und Männer verstehen. Mainz, S. 93-107

Flammer, August/ Alsaker, Francoise D. (2002): Entwicklungspsychologie der Adoleszenz. Die Erschließung innerer und äußerer Welten im Jugendalter. Bern

Flick, Uwe (2002): Qualitative Sozialforschung. Eine Einführung. Reinbek

Flick, Uwe (1995): Qualitative Forschung. Theorien, Methoden, Anwendung in Psychologie und Sozialwissenschaften. Reinbek

Freud, Anna (1987): Probleme der Pubertät. In: Die Schriften der Anna Freud, Band VI 1956-65, München, S. 1739-1769

Freud, Sigmund (1999): Zwangshandlungen und Religionsübungen. In: Gesammelte Werke. Werke aus den Jahren 1906-1909. Frankfurt am Main, S. 128-139

Freud, Sigmund (1994): Das Unbehagen in der Kultur. Frankfurt am Main

Friebertshäuser, Barbara (1995): Jugendsubkulturen – Orte der Suche nach einer weiblichen oder männlichen Geschlechtsidentität. In: Deutsche Jugend, 43. Jg., Heft 4, S. 180-189

Frosh, Stephen/ Phoenix, Ann/ Pattman, Rob (2002): Young masculinities. Basingstoke.

Fuch, Peter (1992): Die Erreichbarkeit der Gesellschaft. Zur Konstruktion und Imagination gesellschaftlicher Einheit. Frankfurt am Main

Fuchs-Heinritz, Werner (1995): Lexikon zur Soziologie. 3. Aufl., Opladen

Fuchs, Werner (1984): Biographische Forschung. Eine Einführung in Praxis und Methoden. Opladen

Gergen, Kenneth J. (1998): Erzählung, moralische Identität und historisches Bewusstsein. Eine soziokonstruktionistische Darstellung. In: Straub, Jürgen (Hg.): Erzählung, Identität und historisches Bewusstsein. Frankfurt am Main, S.170-202

Geertz, Clifford (1994): Dichte Beschreibung. Beiträge zum Verstehen kultureller Systeme. Frankfurt am Main

Gestring, Norbert/ Janssen, Andrea/ Polat, Ayca (2002): Zwischen Integration und Ausgrenzung - Lebensverhältnisse türkischer Migranten der zweiten Generation. Forschungsprojekt der Arbeitsgruppe Stadtforschung, Universität Oldenburg

Ghaseminia, Morteza (1996): Iraner und Iranerinnen in Deutschland. Migrationsgeschichte, Lebenssituation und Integrationsprobleme. Unveröffentlichte Dissertation. Hannover

Gidion, Heidi (1999): Töchter und ihre Väter. Literarische Entdeckungsreisen. Frankfurt am Main

Gilligan, Carol (1984): Die andere Stimme. Lebenskonflikte und Moral der Frau. München

Glaser, Barney G./ Strauss, Anselm L. (2005): Grounded Theory. Strategien qualitativer Forschung (1967). Bern

Glinka, Hans-Jürgen (1998): Das narrative Interview. Eine Einführung für Sozialpädagogen. Weinheim und München

Gogolin, Ingrid (2008): Förderung von Kindern und Jugendlichen mit Migrationshintergrund. Ein länderübergreifendes Programm zur Optimierung der Sprachbildung. In: Gesellschaft, Wirtschaft, Politik. Jg. 57, H. 1, S. 65-75

Gogolin, Ingrid (2006): Sprachliche Heterogenität und der monolinguale Habitus der plurilingualen Schule. In: Tanner, Albert/ Bardetscher, Hans/ Holzer, Rita (Hg.): Heterogenität und Integration. Umgang mit Ungleichheit und Differenz in Schule und Kindergarten. Zürich, S. 291-299

Gogolin, Ingrid (2000): Minderheiten, Migration und Forschung. Ergebnisse des DFG-Schwerpunktprogramms FABER. In: Gogolin, Ingrid/ Nauck, Bernhard (Hg.): Migration, gesellschaftliche Differenzierung und Bildung. Opladen, S. 15-35

Gogolin, Ingrid (1998): Sprachen rein halten – eine Obsession. In: Gogolin, Ingrid/Graap, Sabbine/List, Günther (Hg.): Über Mehrsprachigkeit. Tübingen, S. 71-98

Gogolin, Ingrid (1994): Das nationale Selbstverständnis der Bildung. Münster

Gogolin, Ingrid (1994): Der monolinguale Habitus der multilingualen Schule. Münster

Gomolla, Mechthild (2005): Schulentwicklung in der Einwanderungsgesellschaft. Strategien institutioneller Diskriminierung in Deutschland, England und der Schweiz. Münster

Gomolla, Mechthild (2000): Ethnisch-kulturelle Zuschreibungen und Mechanismen institutioneller Diskriminierung in der Schule. In: Attia, Iman/ Marburger, Helga (Hg.): Alltag und Lebenswelten von Migrantenjugendlichen. Frankfurt am Main, S. 321-341

Gomolla, Mechthild/Radtke, Frank-Olaf (2000): Mechanismen institutionalisierter Diskriminierung in der Schule. In: Gogolin, Ingrid/ Nauck, Bernhard (Hg.): Migration, gesellschaftliche Differenzierung und Bildung. Opladen, S. 321-341

Gottburgsen, Anja (2000): Stereotype Muster des sprachlichen Doing Gender. Eine empirische Untersuchung. Wiesbaden

Granato, Mona (2000): Junge Frauen beim Übergang zwischen Schule und Ausbildung. In: Bundesinstitut für Berufsbildung (Hg.): Jugendliche in Ausbildung und Beruf. Bonn, S. 91-104

Granato, Mona/ Meissner, Vera (1994): Hochmotiviert und abgebremst. Junge Frauen ausländischer Herkunft in der Bundesrepublik Deutschland. Eine geschlechtsspezifische Analyse ihrer Bildungs- und Lebenssituation. Bundesinstitut für Berufsbildung (Hg.), Bd. 165, Bielefeld

Gross, Michaela (2000): Junge Frauen, Identität und Elternhaus. Münster

Grundmann, Mathias/ Keller, Monika (1999): Familiale Beziehungen und soziomoralische Entwicklung. In: Leu, Hans Rudolf/ Krappmann, Lothar (Hg.): Zwischen Autonomie und Verbundenheit - Bedingungen und Formen der Behauptung von Subjektivität. Frankfurt am Main, S. 352-356

Gutierrez Rodriguez, E. (1999): Intellektuelle Migrantinnen – Subjektivitäten im Zeitalter von Globalisierung. Eine postkoloniale dekonstruktive Analyse von Biografien im Spannungsfeld von Ethnisierung und Vergeschlechtlichung. Opladen

Gültekin, Neval (2003): Bildung, Autonomie, Tradition und Migration. Doppelperspektivität biographischer Prozesse junger Frauen aus der Türkei. Opladen

Gümen, Sedef (1998): Das Soziale des Geschlechts. Frauenforschung und die Kategorie „Ethnizität". In: Das Argument. 40. Jg., Nr. 224, Heft 1-2. Hamburg, S. 187-201

Ha, Kien Nghi (2004): Kolonial-rassistisch-subversiv-postmodern: Hybridität bei Homi Bhabha und in der deutschsprachigen Rezeption. In: Habermas, Rebekka/ von Mallinckrodt, Rebekka (Hg.): Interkultureller Transfer und nationaler Eigensinn. Europäische und anglo-amerikanische Positionen und Kulturwissenschaften. Sonderdruck, S. 52-69

Ha, Kien Nghi (1999): Ethnizität und Migration. Einstiege. Münster

Habermas, Jürgen (1996): Die neue Unübersichtlichkeit. Frankfurt am Main

Hackmann, Kristina (2002): Adoleszenz, Geschlecht und sexuelle Orientierungen. Eine empirische Studie mit Schülerinnen. Opladen

Haeger, Kaja Swanhilt (2005): Die Beschneidung als Initiationsritus und ihre Bedeutung für die Herausbildung männlicher Geschlechtsidentität. Marokkanische Jungen in der Pubertät. Eine qualitative Untersuchung. Stuttgart

Hagemann-White, Carol (2003): Berufsfindung und Lebensperspektiven in der weiblichen Adoleszenz. In: Flaake, Karin/ King, Vera (Hg.): Weibliche Adoleszenz. Zur Sozialisation junger Frauen. Weinheim, S. 64-83

Hagemann-White, Carol (1997): Adoleszenz und Identitätszwang in der weiblichen und männlichen Sozialisation. In: Krebs, Heinz/ Eggert-Schmid Noerr, Annelinde u.a (Hg.): Lebensphase Adoleszenz. Junge Frauen und Männer verstehen. Mainz, S. 67-79

Hagemann-White, Carol (1984): Sozialisation: Weiblich – männlich? Opladen

Hämmig, Oliver (2000): Zwischen zwei Kulturen: Spannungen, Konflikte und ihre Bewältigung bei der zweiten Ausländergeneration. Opladen

Halbwachs, Maurice (1985): Das kollektive Gedächtnis. Frankfurt am Main

Halbwachs, Maurice (1985): Das Gedächtnis und seine sozialen Bedingungen. Frankfurt am Main

Hall, Stuart (1994): Rassismus und kulturelle Identität. Ausgewählte Schriften 2. (Argument-Sonderband neue Folge AS 226). Hamburg

Hamburger, Franz (1999): Modernisierung, Migration und Ethnisierung. In: Gemende, Marion/ Schröer, Wolfgang/ Sting Stephan (Hg): Zwischen den Kulturen. Pädagogische und sozialpädagogische Zugänge zur Interkulturalität. Weinheim, S. 37-53

Hamburger, Franz (1994): Pädagogik der Einwanderungsgesellschaft. Frankfurt am Main

Hamburger, Franz (1990): Der Kulturkonflikt und seine pädagogische Kompensation. In: Dittrich, Eckhard J. / Radtke, Frank-Olaf (Hg.): Ethnizität, Wissenschaft und Minderheiten. Opladen.

Han, Petrus (2003): Frauen und Migration. Strukturelle Bedingungen, Fakten und soziale Folgen der Frauenmigration. Stuttgart

Hesse-Lehmann, Karin (1993): Iraner in Hamburg. Verhaltensmuster im Kulturkontakt. Berlin

Herwartz-Emden, Leonie (1997): Die Bedeutung der sozialen Kategorien Geschlecht und Ethnizität für die Erforschung des Themenbereiches Jugend und Einwanderung. In: Zeitschrift für Pädagogik, 43. Jg., Heft 6, S. 895-913

Hettlage-Varjas, Andrea (2002): Frauen unterwegs. Identitätsverlust und Identitätssuche zwischen zwei Kulturen. In: Rohr, Elisabeth/ Jansen, Mechthild M. (Hg.): Grenzgängerinnen. Frauen auf der Flucht, im Exil und in der Migration. Gießen, S. 163-195

Hettlage, Raphaela (2000): Welche Lebenswelten vermitteln Eltern ihren Kindern in der Migration? Drei Portraits einer gelungenen Integration. Unveröffentl. Diplomarbeit. Zürich

Honneth, Axel (1994): Kampf um Anerkennung. Zur moralischen Grammatik sozialer Konflikte. Frankfurt am Main

Horkheimer, Max/ Adorno, Theodor W. (1989): Dialektik der Aufklärung. Philosophische Fragmente. Leipzig

Hufnagel, Erwin (1982): Wilhelm Dilthey. Hermeneutik als Grundlegung der Geisteswissenschaften. In: Nassen, Ulrich (Hg.): Klassiker der Hermeneutik. Paderborn, S. 173-206

Hummrich, Merle (2006): Migration und Bildungsprozess. Zum ressourcenorientierten Umgang mit der Biografie. In: King, Vera/ Koller, Hans-Christoph (Hg.): Adoleszenz-Migration-Bildung. Wiesbaden, S. 85-102

Hummrich, Merle (2002): Bildungserfolg und Migration. Biografien junger Frauen in der Einwanderungsgesellschaft. Opladen

Hummrich, Merle (2003): Generationsbeziehungen bildungserfolgreicher Migrantinnen. In: Badawia, Tarek/Hamburger, Franz/ Hummrich, Merle (Hg.): Wider die Ethnisierung einer Generation. Beiträge zur qualitativen Sozialforschung. Frankfurt am Main, S. 268-281

Hurrelmann, Klaus (2005): Lebensphase Jugend. Eine Einführung in die sozialwissenschaftliche Jugendforschung. Weinheim/ München

Huth-Hildebrandt, Christine (1999): Die fremde Frau. Auf den Spuren eines Konstrukts der Migrationforschung. Münster

Kaplan, Louise J. (1988): Abschied von der Kindheit. Eine Studie über die Adoleszenz. Stuttgart

Karakasoglu-Aydin, Yasemin/ Neumann, Ursula (2001): Bildungsinländerinnen, Bildungsinländer. Situation, Datenlage und bildungspolitische Anregungen. In: Forum Bildung (Hg.): Bildung und Qualifizierung von Migrantinnen und Migranten. Köln, S. 61-74

Kasten, Hartmut (1993): Die Geschwisterbeziehung. Band 1. Göttingen

Kaya, Asiye (2009): Mutter-Tochter-Beziehungen in der Migration.Biographische Erfahrungen im alevitischen und sunnitischen Kontext. Wiesbaden

Kelek, Necla (2007): Die verlorenen Söhne – Plädoyer für die Befreiung des türkisch- muslimischen Mannes. München

Kelek, Necla (2005): Die fremde Braut. Ein Bericht aus dem Inneren des türkischen Lebens in Deutschland. Köln

Keller, Barbara (1996): Rekonstruktion von Vergangenheit. Vom Umgang der Kriegsgeneration mit Lebenserinnerungen. Opladen

Keller, Monika/ Gummerum, Michaela (2003): Freundschaft und Verwandtschaft – Beziehungsvorstellungen im Entwicklungsverlauf und im Kulturvergleich. In: Sozialersinn, Heft 1, S.95-121

Keller, Monika (2000): Denken über moralische Verpflichtung und interpersonale Verantwortung im Zusammenhang unterschiedlicher Kulturen. In: Edelstein, Wolfgang/ Nunner-Winkler, Gertrud (Hg.): Moral im sozialen Kontext. Frankfurt am Main, S.375-406

Keller, Monika (1996): Moralische Sensibilität. Entwicklung in Freundschaft und Familie. Weinheim

Keller, Monika/ Edelstein, Wolfgang (1993): Die Entwicklung eines moralischen Selbst von der Kindheit zur Adoleszenz. In: Edelstein, Wolfgang/ Nunner-Winkler, Gertrud/Noam, Gil (Hg.): Moral und Person. Frankfurt am Main, S.307-334

Keupp, Heiner (1994): „Ambivalenzen postmoderner Identität". In: Beck, Ulrich/ Beck-Gernsheim, Elisabeth (Hg.): Riskante Freiheiten. Individualiserung in modernen Gesellschaften. Frankfurt am Main, S. 226-274

King, Vera/ Koller, Hans-Christoph (2006): Adoleszenz als Möglichkeitsraum für Bildungsprozesse unter Migrationsbedingungen. Eine Einführung. In: King, Vera/ Koller, Hans-Christoph (Hg.): Adoleszenz-Migration-Bildung. Wiesbaden, S. 9-26

King, Vera (2006): Ungleiche Karrieren. Bildungsaufstieg und Adoleszenzverläufe bei jungen Männern und Frauen aus Migrantenfamilien. In: King, Vera/ Koller, Hans-Christoph (Hg.): Adoleszenz-Migration-Bildung. Wiesbaden, S. 27-46

King, Vera (2005): Bildungskarrieren und Männlichkeitsentwürfe bei Adoleszenten aus Migrantenfamilien. In: King, Vera/ Flaake, Karin (Hg.): Männliche Adoleszenz. Sozialisation und Bildungsprozesse zwischen Kindheit und Erwachsensein. Frankfurt am Main/ New York, S. 57-76

King, Vera/ Flaake, Karin (2005): Sozialisation und Bildungsprozesse in der männlichen Adoleszenz. Einleitung. In: King, Vera/ Flaake, Karin (Hg.): Männliche Adoleszenz. Sozialisation und Bildungsprozesse zwischen Kindheit und Erwachsensein. Frankfurt am Main/ New York, S. 9-16

King, Vera (2002): Die Entstehung des Neuen in der Adoleszenz. Individuation, Generativität und Geschlecht in modernisierten Gesellschaften. Opladen

King, Vera/ Schwab, Angelika (2000): Flucht und Asylsuche als Entwicklungs- bedingungen der Adoleszenz. In: King Vera/ Müller, Burkhard (Hg.): Adoleszenz und pädagogische Praxis. Bedeutungen von Geschlecht, Generation und Herkunft in der Jugendarbeit. Freiburg, S. 209-232

King, Vera (1999): Der Ursprung im Innern – Weibliche Genitalität und Sublimierung. In: Brech, Elke/ Bell, Karin/ Marahrens-Schürg, Christa (Hg.): Weiblicher und männlicher Ödipuskomplex. Göttingen, S. 204-229

Klann-Delius, Gisela (2005): Sprache und Geschlecht. Eine Einführung. Stuttgart/ Weimar

Klein, Regina (2002): In der Zwischenzeit – Eine tiefenhermeneutische Analyse weiblicher Verortungsmuster im Modernisierungsprozess 1900-2000. Gießen

Klein, Regina (2000): Am Anfang steht das letzte Wort. Eine Annäherung an die ˋWahrheitˊ der tiefenhermeneutischen Erkenntnis. In: BIOS, 13. Jg., Heft 1, S. 77-97

Kohlberg, Lawrence (1996): Die Psychologie der Moralentwicklung. Frankfurt am Main

Kohli, Martin/ Szydlik, Marc (Hg.) (2000): Generationen in Familie und Gesellschaft. Opladen

Kohli, Martin (1985): Die Institutionalisierung des Lebenslaufs. Historische Befunde und theoretische Argumente. In: Kölner Zeitschrift für Soziologie und Sozialpsychologie 37, S.1-29

Kohte-Meyer, Irmhild (1999): Gerüche des Basars in meinem Behandlungszimmer - Zum psychoanalytischen Verständnis psychosomatischer Zusammenhänge im Migrationsprozess. In: Rodewig, Klaus (Hg.): Identität, Integration und psychosoziale Gesundheit: Aspekte transkultureller Psychosomatik und Psychotherapie. Gießen, S. 87-106

Kohte-Meyer, Irmhild (1999): Spannungsfeld Migration. Ich-Funktion und Ich-Identität im Wechsel von Sprache und kulturellem Raum. In: Kultur, Migration, Psychoanalyse. Therapeutische Konsequenzen, theoretische Konzepte. Tübingen, S. 71-97

König, Hans-Dieter (2001): Ein Neonazi in Auschwitz. Psychoanalytische Rekonstruktion exemplarischer Szenen aus einem Dokumentarfilm über Rechtsextremismus [62 Absätze]. Forum Qualitative Sozialforschung. http://www.qualitative-research. net/ index. php/ fqs/ article/ view/905/1976

König, Hans-Dieter (2000): Tiefenhermeneutik. In: Flick, Uwe/ von Kardorff, Ernst/ Steinke, Ines (Hg.): Qualitative Forschung. Ein Handbuch. Reinbek, S. 556-569.

König, Hans-Dieter (1997): „Tiefenhermeneutik". In: Hitzler, Ronald/ Honer, Anne (Hg.): Sozialwissenschaftliche Hermeneutik. Eine Einführung. Opladen, S. 213-244

König, Hans-Dieter (1996): Neue Versuche, Becketts Endspiel zu verstehen. In: König, Hans-Dieter (Hg.): Sozialwissenschaftliches Interpretieren nach Adorno, Frankfurt am Main, S. 383-388

König, Hans-Dieter (1993): Die Methode der tiefenhermeneutischen Kultursoziologie. In: Junge, Thomas/ Müller-Doohm, Stefan (Hg.): Wirklichkeit im Deutungsprozess. Verstehen und Methoden in den Kultur- und Sozialwissenschaften. Frankfurt am Main, S. 190-222

Krappmann, Lothar (2000): Soziologische Dimensionen der Identität. Strukturelle Bedingungen für die Teilnahme an Interaktionsprozessen. Stuttgart, (Original 1969)

Krenke-Seiffge, Inge/ Seiffge Jakob Moritz (2005): „Boys play sport...?" Die Bedeutung von Freundschaftsbeziehungen für männliche Jugendliche. In: King, Vera/ Flaake, Karin (Hg.): Männliche Adoleszenz. Sozialisation und Bildungs-prozesse zwischen Kindheit und Erwachsensein. Frankfurt am Main/ New York, S. 267-285

Kreppner, Kurt (2000): Entwicklung von Eltern-Kind-Beziehungen. Normative Aspekte im Rahmen der Familienentwicklung. In: Schneewind, Klaus A. (Hg.): Familienpsychologie im Aufwind. Göttingen, S. 174-195

Krüger-Potratz, Marianne/ Lutz, Helma (2002): Sitting at a crossroad – rekonstruktive und systematische Überlegungen zum wissenschaftlichen Umgang mit Differenzen. In: Tertium Comparationis. Journal für Internationale Bildungsforschung. Münster, S. 81-92

Küsters, Ivonne (2006): Narrative Interviews. Grundlagen und Anwendungen, Wiesbaden

Lamb Michael E./ Sutton-Smith, Brian (1982): Sibling relationships. Their nature and significance across the life-span. Hillsdale/ New Jersey

Lanfranchi, Andrea (1995): Immigranten und Schule. Transformationsprozesse in traditionellen Familienwelten als Voraussetzung für schulisches Überleben von Immigrantenkindern. In: Biografie und Gesellschaft. Opladen

Lange, Heike (1996): Deutsche Einwanderer in Kalifornien. Lebensläufe zwischen zwei Welten. In: Breuer, Franz (Hg.): Qualitative Psychologie. Grundlagen, Methoden und Anwendungen eines Forschungsstils. Opladen, S. 196-211

Leiprecht, Rudolf (2001): Alltagsrassismus. Eine Untersuchung bei Jugendlichen in Deutschland und den Niederlanden. Münster

Leiprecht, Rudolf (2001): Internationale Schüler- und Jugendbewegungen. Als Beitrag zur Förderung interkultureller Kompetenz. Arbeitsstelle Interkulturelle Pädagogik. Münster

Leithäuser, Thomas (2001): Psychoanalyse und tiefenhermeneutische Sozialforschung. Hannoversche Schriften, 4, S. 118-145.

Leithäuser, Thomas/ Volmerg, Birgit (1988): Psychoanalyse in der Sozialforschung. Eine Einführung. Opladen

Liebau, Eckart (Hg.) (1997): Das Generationenverhältnis. Über das Zusammenleben in Familie und Gesellschaft. Weinheim

Lorenzer, Alfred (2002): Die Sprache der Sinne und das Unbewusste. Psychoanalytisches Grundverständnis und Neurowissenschaften. Stuttgart

Lorenzer, Alfred (1986): Tiefenhermeneutische Kulturanalyse. In: König, Hans-Dieter u.a. (Hg.): Kultur-Analysen. Psychoanalytische Studien zur Kultur. Frankfurt am Main, , S. 11-98

Luchtenberg, Sigrid (1999): Interkulturelle kommunikative Kompetenz: Kommunikationsfelder in Schule und Gesellschaft. Opladen

Luchtenberg, Sigrid (1995): Interkulturelle sprachliche Bildung: Zur Bedeutung von Zwei- und Mehrsprachigkeit für Schule und Unterricht. Münster

Lüscher, Kurt/ Liegle, Ludwig (2003): Generationenbeziehungen in Familie und Gesellschaft. Konstanz

Lutz, Helma (2000): Biographisches Kapital als Ressource der Bewältigung von Migrationsprozessen. In: Gogolin, Ingrid/ Nauck, Bernhard (Hg.): Migration, gesellschaftliche Differenzierung und Bildung. Opladen, S. 179-210

Lutz, Helma (2000): Migration als soziales Erbe. Biographische Verläufe bei Migrantinnen der ersten und zweiten Generation in den Niederlanden. In: Dausien, Bettina/ Calloni, Marina/ Friese, Marianne (Hg.) Migrationsgeschichten von Frauen. Werkstattberichte des IBL, Bd. 7. Bremen: Universität Bremen, S. 38-61

Lutz, Helma/ Huth-Hildebrandt, Christine (1998): Geschlecht im Migrationsdiskurs. In: Das Argument, Nr. 224, S.159-173

Maihofer, Andrea (2002): Geschlecht und Sozialisation. Eine Problemskizze. In: Erwägen – Wissen – Ethik. Stuttgart, Jg. 13, Heft 1, S. 13- 26

Mann, Klaus (1939/1999): Der Vulkan. Roman unter Emigranten. Hamburg

Mansel, Jürgen/ Rosenthal, Gabriele (1997): Generationenbeziehungen, Austausch und Tradierung. Opladen

Mayring, Philipp (2003): Qualitative Inhaltsanalyse. Grundlagen und Techniken. 8. Auflage. Weinheim

Mayring, Philipp (1996): Einführung in die qualitative Sozialforschung. Eine Anleitung zu qualitativem Denken. 3. überarbeitete Auflage, München, S. 70 - 73

Mead, Margaret (1971): Der Konflikt der Generationen. Freiburg

McGinn, Colin (2001): Das Gute, das Böse und das Schöne. Über moderne Ethik. Stuttgart

Mecheril, Paul/ Hoffarth, Britta (2006): Adoleszenz und Migration. Zur Bedeutung von Zugehörigkeitsordnungen. In: King, Vera/ Koller, Hans-Christoph (Hg.): Adoleszenz-Migration-Bildung. Wiesbaden, S. 221-240

Mecheril, Paul (2003): Prekäre Verhältnisse. Über natio-ethno-kuturelle (Mehrfach-) Zugehörigkeit. Münster

Mecheril, Paul (1997): Andere Deutsche. Zur Lebenssituation von Menschen multiethnischer und multikultureller Herkunft. Berlin

Meister, Dorothee M. (1997): Zwischenwelten der Migration: Biographische Übergänge jugendlicher Aussiedler aus Polen. Weinheim

Memarian, Annemarie (2002): Die eine Hälfte der Mehrheit. Junge Iranerinnen im Aufbruch. In: Zeitschrift für Frauenforschung. Geschlechterstudien. 20. Jahrgang, S.28-131

Mertens, Wolfgang (2005): Psychoanalyse: Grundlagen, Behandlungstechnik und angewandte Psychoanalyse. 6. Aufl., Stuttgart

Mertens, Wolfgang (1996): Entwicklung der psychosozialen Entwicklung und der Geschlechtsidentität. Kindheit und Adoleszenz. 2. Aufl., Stuttgart

Mester, Jens (1998): Europa wächst zusammen. Interkulturelles und politisches Lernen in europäischen Jugendbewegungen. Bonn: Europa Union Verlag. Schriftenreihe Band 6. Forschungsgruppe Jugend und Europa

Mey, Guenter (1999): Adoleszenz, Identität, Erzählung. Theoretische, methodologische und empirische Erkundungen. Berlin

Meyer, Dorit/ Von Gingsheim, Gabriele (Hg.) (2001): Gender Mainstreaming. Zukunftswege der Jugendhilfe. Berlin

Müller, Angelika/ Scheller, Ingo (1993): Das Eigene und das Fremde. Flüchtlinge, Asylbewerber, Menschen aus anderen Kulturen und wir – Szenisches Spiel als Lernform. Oldenburg

Nadig, Maya (1985): Ethnopsychoanalyse und Feminismus – Grenzen und Möglichkeiten. In: Feministische Studien, 4. Jg., Nr. 2, S. 105-118

Nauck, Bernhard (1998): Intergenerationale Transmission von kulturellem Kapital unter Migrationsbedingungen. Zum Bildungserfolg von Kindern und Jugendlichen aus Migrantenfamilien in Deutschland. In: Zeitschrift für Pädagogik, 44, 5, S. 701-722

Nave-Herz, Rosemarie (2002): Family change and intergenerational relations in different cultures. Würzburg

Nave-Herz, Rosemarie (1994): Familie heute. Wandel der Familienstrukturen und Folgen für die Erziehung. Darmstadt

Nestvogel, Renate (1998): Aufwachsen in verschiedenen Kulturen. Weibliche Sozialisation und Geschlechterverhältnisse in Kindheit und Jugend. Weinheim

Nick, Peter (2002): Ohne Angst verschieden sein. Differenzerfahrungen und Identitätskonstruktionen in der multikulturellen Gesellschaft. Frankfurt am Main

Nieke, Wolfgang (2000): Interkulturelle Erziehung und Bildung. Werteorientierungen im Alltag. 2. Aufl. Opladen

Nirumand, Bahman/ Yonan, Gabriele (1994): Iraner in Berlin. Eine Publikation des Ausländerbeauftragten des Senats Berlin

Nohl, Arnd-Michael (2005): Bildung, Migration und die Entstehung neuer Milieus in der männlichen Adoleszenz. In: King, Vera/ Flaake, Karin (Hg.): Männliche Adoleszenz. Sozialisation und Bildungsprozesse zwischen Kindheit und Erwachsensein. Frankfurt am Main, S. 77-95

Nohl, Arnd-Michael (2001): Migration und Differenzerfahrung. Junge Einheimische und Migranten im rekonstruktiven Milieuvergleich. Opladen

Nohl, Arnd-Michael (1996): Jugend in der Migration. Türkische Banden und Cliquen in empirischer Analyse. Hohengehren

Nökel, Sigrid (2002): Die Töchter der Gastarbeiter und der Islam. Zur Soziologie alltagsweltlicher Anerkennungspolitiken. Eine Fallstudie. Bielefeld

Ochse, Gabriele (1999): Migrantinnenforschung in der BRD und den USA. Oldenburg

Oevermann, Ulrich (1989): Objektive Hermeneutik – Eine Methodologie soziologischer Strukturanalyse. Frankfurt am Main

Ortland, Eberhard (2009): Nachgelassene Schriften. Abteilung IV. Band 1. Erkenntnistheorie. Berlin

Pagenstecher, Lising/ Jaeckel, Monika, u.a (1985): Mädchen und Frauen unter sich: Ihre Freundschaften und ihre Liebesbeziehungen im Schatten der Geschlechterhierarchie. In:

Kavemann, Barbara/ Lohstöter, Ingrid: Sexualität - Beschädigung statt Selbstbestimmung (Alltag und Biografie von Mädchen Bd. 9). Opladen, S. 95-143

Parin, Paul (1983): Der Widerspruch im Subjekt. Ethnopsychoanalytische Studien. Frankfurt am Main

Petri, Horst (2002): Der Verrat an der jungen Generation. Welche Werte die Gesellschaft Jugendlichen vorenthält. Freiburg

Polm, Rita (1997): Iraner/ Iranerinnen. In: Schmalz-Jacobsen, Cornelia/ Hansen, Georg (Hg.): Kleines Lexikon der ethnischen Minderheiten in Deutschland. München, S.72-74

Pörnbacher, Ulrike (1999): Ambivalenzen der Moderne. Chancen und Risiken der Identitätsarbeit von Jugendlichen. Opladen

Pott, Andreas (2002): Ethnizität und Raum im Aufstiegsprozess. Eine Untersuchung zum Bildungsaufstieg in der zweiten türkischen Migrantengeneration. Opladen

Radtke, Frank-Olaf/ Gomolla, Mechthild (2002): Institutionelle Diskriminierung. Die Herstellung ethnischer Differenz in der Schule. Opladen

Reich, Hans. H. (2001): Sprache und Integration. In: Bade, Klaus J. (Hg.): Integration und Illegalität in Deutschland. Osnabrück, S. 41-49

Reichmayr, Johannes (1995): Einführung in die Ethnopsychoanalyse. Geschichte, Theorien und Methoden. Frankfurt am Main

Renken, Azita A. (2012): Adoleszenz und Migration. Oldenburger Beiträge zur Geschlechterforschung, Oldenburg

Renken, Azita A. (2006): Adoleszenz-Migration-Geschlecht. Posterpräsentation, Tagung „Re-Visionen der Zukunft", Braunschweig

Renken, Azita A. (2005): Identitätsentwicklung zwischen zwei Kulturen. In: Zeitschrift für Frauenforschung und Geschlechterstudien, 23. Jg., Heft 4, S. 86-96

Ricker, Kirsten (2003): Migration, Biografie, Identität - Der biographische Ansatz in der Migrationsforschung. In: Badawia, Tarek/ Hamburger, Franz/ Hummrich, Merle (Hg.): Wider die Ethnisierung einer Generation. Beiträge zur qualitativen Sozialforschung. Frankfurt am Main, S. 53-65

Ricker, Kirsten (1995): Sprache und Identität - Zur Rekonstruktion und Präsentation von Identität in Migrationsbiografien. In: Grazer Linguistische Studien 44 (Herbst 1995), S. 101-112

Richter, Horst-Eberhard (1978): Engagierte Analysen. Über den Umgang des Menschen mit dem Menschen. Reinbek

Riemann, Gerhard (1987): Das Fremdwerden der eigenen Biografie. Narrative Interviews mit psychiatrischen Patienten. München

Rohr, Elisabeth (2006): Scham und Individuation in der Migration. In: Gruppenanalyse - Zeitschrift für gruppenanalytische Psychotherapie, Beratung und Supervision, 16 (1), S. 10-28.

Rohr, Elisabeth (2002): Frauen auf der Flucht, im Exil und in der Migration. In: Rohr, Elisabeth/ Jansen Mechthild M. (Hg.): Grenzgängerinnen. Gießen, S. 11-38

Rohr, Elisabeth (2001): Die Liebe der Töchter. Weibliche Adoleszenz in der Migration. In: Sturm, Gabriele/ Schachtner, Christina/ Rausch, Renate/ Maltry, Karola (Hg.): Zukunfts(t)räume. Geschlechterverhältnisse im Globalisierungsprozess. Königstein, S. 138-162.

Rohr, Elisabeth (2001): Ganz anders und doch gleich. Weibliche Lebensentwürfe junger Migrantinnen in der Adoleszenz. In: Rohrmann, Eckhard (Hg.): Mehr Ungleichheit für alle. Fakten, Analysen und Berichte zur sozialen Lage der Republik am Anfang des 21. Jahrhunderts. Heidelberg 2001, S. 115-134.

Rommelsbacher, Birgit (2002): Anerkennung und Ausgrenzung. Deutschland als multikulturelle Gesellschaft. Frankfurt am Main

Rommelsbacher, Birgit (1995): Dominanzkultur. Texte zur Fremdheit und Macht. Berlin

Rosenthal, Gabriele/ Köttig, Michaela/ Witte von Budrich, Nicole (2006): Biographisch-narrative Gespräche mit Jugendlichen. Chancen für Selbst- und Fremdverstehen. Leverkusen

Rosenthal, Gabriele (1995): Erlebte und erzählte Lebensgeschichte. Gestalt und Struktur biographischer Selbstbeschreibungen. Frankfurt am Main

Rosenthal, Gabriele (1989): Wie erzählen Menschen ihre Lebensgeschichte? Forschungsberichts des Lehrprojekts: „Biografie". Universität Bielefeld, Fakultät für Soziologie

Rottacker, Jens/ Akdeniz, Yücel (2000): Lebe du meinen Traum. Vater-Sohn-Beziehungen in türkischen Migrantenfamilie. EREV Schriftenreihe 4/2000, 41. Jg., H. 12867, Hannover

Ruthven, Malise (2000): Der Islam. Eine kurze Einführung. Stuttgart

SAID (2001): Der lange Arm der Mullahs. Notizen aus meinem Exil. München

Said, Edward W. (1994): Culture and Imperialism. London

Schiffauer, Werner (2002): Migration und kulturelle Differenz. Studie für das Büro der Ausländerbeauftragten des Senats von Berlin. Berlin

Schimmel, Annemarie (1990): Die Religion des Islam. Eine Einführung. Stuttgart

Schreiber, Birgit (2005): Versteckt. Jüdische Kinder im national-sozialistischen Deutschland und ihr Leben danach. Frankfurt am Main

Schreiber, Birgit (2000): „Ausgelassene" Gefühle. Analysen lebensgeschichtlicher Interviews mit versteckten jüdischen Kindern. In: Kramer, Helgard (Hg.): Die Gegenwart der NS-Vergangenheit. Berlin, S. 239-259

Schröder, Achim/ Leonhardt, Ulrike (1998): Jugendkulturen und Adoleszenz. Verstehende Zugänge zu Jugendlichen in ihren Szenen. Kriftel

Schröter, Hiltrud (2002): Mohammeds deutsche Töchter. Bildungsprozesse, Hindernisse, Hintergründe. Königstein

Schütze, Fritz (2001): Rätselhafte Stellen im narrativen Interview und ihre Analyse. In: Handlung Kultur Interpretation. Zeitschrift für Sozial- und Kulturwissenschaften, Heft 1, S. 12-28

Schütze, Fritz (1995): Verlaufskurven des Erleidens als Forschungsgegenstand der interpretativen Soziologie. In: Krüger, Heinz H. Marotzki, Winfried (Hg.): Erziehungswissenschaftliche Biografieforschung, Opladen, S.116-157

Schütze, Fritz (1983): Biografieforschung und narratives Interview. In: Neue Praxis, 3, S. 283-293

Schütze, Fritz (1982): Narrative Repräsentation kollektiver Schicksalsbetroffenheit. In: Lämmert, Eberhard (Hg.): Erzählforschung. Ein Symposion. Stuttgart, S. 568-590

Schütze, Fritz (1981): Prozessstrukturen des Lebenslaufs. In: Matthes, Joachim (Hg.): Biograpfe in handlungswissenschaftlicher Perspektive. Nürnberg, S. 67-156

Schütze, Fritz (1976): Zur Hervorlockung und Analyse von Erzählungen thematisch relevanter Geschichten im Rahmen soziologischer Feldforschung. München

Seghers, Anna (2008): Das siebte Kreuz. Roman aus Hitlerdeutschland. Berlin

Smith, Valerie (1998): Not just race, not just gender. Black feminist readings. London

Stausberg, Michael (2005): Zarathustra und seine Religion. München

Steinbach, Anja/ Nauck, Bernhard (2002): Dreißig Jahre Migrantenfamilien in der Bundesrepublik. Familiärer Wandel zwischen Situationsanpassung, Akkulturation, Segregation und Remigration. In: Nave-Herz, Rosemarie (Hg.): Kontinuität und Wandel der Familie in Deutschland. Eine zeitgeschichtliche Analyse, S.315-339

Stern, Lori (2003): Vorstellungen von Trennung und Bindung bei adoleszenten Mädchen. In: Flaake, Karin/ King, Vera (Hg.): Weibliche Adoleszenz. Zur Sozialisation junger Frauen. Weinheim/ Basel/ Berlin, S. 254-265

Stiegler, Barbara (2000): Wie Gender in den Mainstream kommt. Konzepte, Argumente und Praxisbeispiele zur EU- Strategie des Gender Mainstreamings. Bonn: Friedrich Ebert Stiftung

Strauss, Anselm/ Corbin, Juliet (1994): Grounded theory methodology. An overview. In: Denzin, Norman K./ Lincoln, Yvonna S. (Hg.): Handbook of qualitative research. London, S. 1-18

Strauss, Anselm (1968): Spiegel und Masken. Die Suche nach Identität. Frankfurt am Main

Strobl, Rainer/ Kühnel, Wolfgang (2000): Dazugehörig und ausgegrenzt: Analysen zu Integrationschancen junger Aussiedler. Weinheim

Szydlik, Marc (2000): Lebenslange Solidarität? Generationenbeziehungen zwischen erwachsenen Kindern und Eltern. Opladen

Szydlik, Marc (1995) Die Enge der Beziehung zwischen erwachsenen Kindern und ihren Eltern - und umgekehrt, Zeitschrift für Soziologie, 24,2, S.75-94

Terhart, Ewald (1997): Entwicklung und Situation des qualitativen Forschungsansatzes der Erziehungswissenschaft. In: Frieberthäuser, Barbara/ Prengel, Annedore (Hg.): Handbuch Qualitative Forschungsmethoden in der Erziehungswissenschaft. Weinheim/ München, S. 27-42

Timmermann, Franz (2001): Psychoanalytische Indikationsgespräche mit Adoleszenten. Eine sozialwissenschaftlich-psychoanalytische Untersuchung. Frankfurt am Main

Todd, Emmanuel (1998): Das Schicksal der Immigranten. Deutschland, USA, Frankreich, GB. Hildesheim

Treibel, Annette (1999): Migration in modernen Gesellschaften. Soziale Folgen von Einwanderung, Gastarbeit und Flucht. 2. Aufl. Weinheim/ München

Villwock, Jörg (1999): Die Familie. Studien zu ihrer geistigen Wirklichkeit im Abendland. Hamburg

Von Felden, Heide (2003): Bildung und Geschlecht zwischen Moderne und Postmoderne. Zur Verknüpfung von Bildungs-, Biografie- und Genderforschung. Studie zur Erziehungswissenschaft und Bildungsforschung. Band 21, Wiesbaden

Walper, Sabine/ Pekrun, Reinhard (Hg.) (2001): Familie und Entwicklung. Aktuelle Perspektiven der Familienpsychologie. Göttingen

Weber, Martina (2003): Heterogenität im Schulalltag. Konstruktion ethnischer und geschlechtlicher Unterschiede. Opladen

Wiedemann, Peter Michael (1986): Erzählte Wirklichkeit. Zur Theorie und Auswertung narrativer Interviews. Weinheim

Wieviorka, Michel (2003): Interkulturelle Differenzen und kollektive Identitäten. Hamburg

Witzel, Andreas (1982): Verfahren der qualitativen Sozialforschung. Überblick und Alternativen. Frankfurt am Main

Wolbert, Barbara (1995): Der getötete Pass. Rückkehr in die Türkei. Eine ethnologische Migrationsstudie. Berlin

Würker, Achim (1999): Worüber uns die psychoanalytisch-tiefenhermeneutische Literaturinterpretation die Augen öffnet oder: Das unsagbare Sagen. In: Würker, Achim/ Scheifele, Sigrid/ Karlson, Martin (Hg.): Grenzgänge – Literatur und Unbewusstes. Würzburg, S. 9-32

Ziegler, Meirad (2000): Das soziale Erbe. Eine soziologische Fallstudie über drei Generationen. Wien

Zinnecker, Jürgen (1996): Jugendforschung in Deutschland. Bilanzen und Perspektiven. In: Edelstein, Wolfgang / Sturzbecher, Dietmar (Hg.): Jugend in der Krise. Ohnmacht der Institutionen. Potsdam, S. 189-203

Transkriptionssystem

...	= kurze Sprechpause
... ...	= lange Sprechpause
(Pause)	= Pause
(lacht), (seufzt)	= nichtsprachliche Äußerungen
(...)	= unverständlich
[...] , [... ...]	= ausgelassene Worte
Mhm	= Rezeptionssignal
h	= Formulierungshemmung, Drucksen
<u>Wort</u>	= besonders betont gesprochenes Wort
//Ja, verstehe.//	= Worte der Interviewerin
- z.B. in vertei-digen	= kurzes Absetzen innerhalb des Wortes
- z.B. in bekomm-	= Absetzen am Ende eines Wortes

ibidem.eu